新世紀叢書

當代重要思潮・人文心靈・宗教・社會文化關懷

權力與無知
羅洛・梅經典
探索暴力的根源
現代人熱中競爭、冷漠無情、習慣暴力、
已將暴力視為一種生活方式？
Power and Innocence
A Search for the Sources of Violence

作者◎羅洛・梅Rollo May
譯者◎朱侃如

權力與無知：羅洛．梅經典

【目錄】本書總頁數共352頁

〈導讀〉迎向暴力，走出無知 ◎蔡昌雄

〈前言〉探索暴力的來源 ◎羅洛．梅

第I部

1 瘋狂與無能

無能的腐化 8

瘋狂與社會 13

無能與毒品 20

價值的渴求 24

本書的論證 30

2 無知世紀末

美國的榮枯 45

其他的無知形式 54

3 語言：一切的根本

對語文的不信任 70

淫穢與暴力 75
語文與象徵 78
語文與經驗 80

第Ⅱ部

4 黑人與無能：莫西荻的一生
消失的怒氣 90
再生的儀式 98
毀滅與創生的暴力 102

5 權力的意義
權力的定義 111
權力與知識分子 115
權力的種類 118
權力與愛 129

6 存在的力量
童年期的權力起源 143
奧立佛的一生 147

自我肯定 163
自我堅持 169

7 侵略

侵略的意義 178
侵略的種類 184
侵略心理學 186
破壞性侵略 190
建設性侵略 191

8 狂喜與暴力

文學中的暴力 206
戰爭中的狂喜 210
認同的追尋 219

9 解剖暴力

暴力的神經心理面 225
暴力的種類 231
破壞性的暴力 233
建設性的暴力 238

第Ⅲ部

10 無知與謀殺

肯特大學的悲劇 247
國民兵 251
比利・巴德的致命傷 254
處女與龍怪 261

11 反叛者的人道精神

文明需要反叛者 276
反叛與社會的辯證關係 281
反叛的藝術家 289
反叛者的局限 294

12 邁向新社群

告別無知 303
「如果我能說出心裡的話」 308
愛與權力 312
邁向新倫理 318

〈導讀〉迎向暴力，走出無知

——為權力的反叛者塑像

南華大學生死學研究所助理教授
蔡昌雄

美國存在心理學家暨心理治療大師羅洛・梅（Rollo May），在一九七二年越戰尾聲，美國國內反戰運動高張之際，推出了這本名爲《權力與無知：探索暴力的來源》（*Power and Innocence: A Searches for the Sources of Violence*）的書，其寫作意圖深受當時時空大環境影響的痕跡，昭然若揭。本書英文版的國會圖書分類項目，除了「暴力」與「侵略性」（aggressiveness）這兩個主題之外，另外還列了「社會歷史（1945- ）」（social history）一項，可見本書的整體論述與一九四五年到一九七二年這段近三十年的社會脈動，是脫離不了關係的。這是讀者在閱讀本書時首先必須留意的一點。

心理學家和心理分析師從他熟悉的人類心理剖面和個案身上，感知到社會、文化與歷史等環境脈絡交織下的影響，並因此將他關懷與探索的觸角，延伸到社會心理、政治心理或文化心理的領域去，是很可以理解的事。羅洛・梅的問題探索起點是反映時代特性的暴力現象，以及隱含其中的人類侵略性問題，這在心理學與心理分析的探討中並不陌生，但是作者眞正的企圖卻是把討論的層次，拉高到「權力與無知」這個主題上去分析，而這就無可避免地要涉入權力現象分析的諸多領域。

從常識的觀點出發，我們可能會納悶，身為一位存在心理學家，羅洛・梅如何把權力現象置入我們的實存處境呢？難道他要形塑一套權力心理學嗎？他的權力概念與分析，和政治學、社會學的權力思維有何不同嗎？權力如何與知識有關？是培根所說的「知識即力量」嗎？他的葫蘆裡到底賣的是什麼藥？這些很可能是許多讀者乍見本書書名時，可能會產生的疑惑。

羅洛・梅完全可以理解這樣的疑惑，也期待這樣的疑惑，因為它反映了我們對暴力與權力的既定看法，也是羅洛・梅致力深掘和顛覆的對象。梅氏認為，**權力是生命的根本要素之一，它不僅與個人的權能感、安全感、尊嚴感、價值感等存在範疇的意義密切相關，同時也與個人的人格發展以及社會互動的倫理不可分割**。依據作者的看法，我們的問題在於以負面的觀點來看待權力，而且對於暴力現象的產生，只停留在先天論（生物心理觀點）與後天論（社會文化觀點）的表面爭議上；因此，我們便在道德與倫理的層次上，對暴力與權力採取一貫拒斥的態度，甚至呈現出一種天真爛漫的無知形貌。這種虛飾僞善的認識取向與價值判斷，使我們無法觸及暴力與權力經驗的存有論核心與正向價值，以致當代社會普遍瀰漫的暴力問題似乎變得沒有出路，而各種政治與社會倫理的緊張狀態也無法得到紓解。歸根究底，**逃避暴力的體驗以及否認暴力帶給我們的內在狂喜，是最需要被挑戰的作為。而迎向暴力與走出無知，則是社會心理療癒的不二法門**。

但是，迎向暴力究竟是什麼意思呢？難道作者要我們與已然充斥於社會每個角落的暴力現象妥協嗎？這的確不容易說清楚。梅氏在書中提到，一位當時參與示威運動的學生提議去搶電腦，另一位學生則想說：「我這一生就一直想砸爛一部電腦！」當梅氏每次在學校演講中說到這件事時，都會引起學生的笑聲，可見我們樂於抒發「暴力的傾向」。這是爲什麼呢？因爲我們已經受夠了科技、制度、規範的宰制，我們對此感到憤怒！而**當我們以暴力展現憤怒的那一刻，我們似乎才真正在做自己，著實為自己出了一口惡氣**！然而，一旦脫離事件現場，要我們承認暴力是快樂的，馬上就便變成了道德上的難題。我個人認爲，這個在心理上陡然生出的道德防衛機轉，正是我們突破認識局限和開啓視野的地方。這讓我聯想到兩部以暴力爲主軸的電影，兩者間鮮明的對照，生動地側寫出科技社會和暴力與權力之間的關連，以及作者想要表達的暴力與權力觀點。

第一部是自一九八〇年代即系列開拍的《魔鬼終結者》三部曲，第二部則是新近上映漫畫改編的《綠巨人浩克》。《魔》劇的主要故事情節在敘述，來自未來機器統治時代的機器人，被派來終結代表人性的反抗軍領袖，而雙方一連串的阻殺與保護行動，不僅營造了暴力電影引人入勝的激越氛圍，同時也表達了人類被科技宰制與壓迫的窘境，因爲人性與世界的安危和存亡，竟微弱地繫乎一人之身！其實，觀衆被電影虛擬的暴力時空敘事激起熱情，如癡如醉，最主要還是機器與人性對抗所喚起的生命掙扎所致，但是《魔》劇終局卻以人類核子毀滅的悲劇收場，不能不說是心理恐懼科技戰勝人類的反映。但是該劇僅止於此，就像其他多如牛毛的現代暴力電影一樣，除了間接透露了暴力帶給人類的狂喜經驗之外，就再無其他暴力課題的深刻反省空間了。於是，我們依然困在潛意識喜歡暴力，卻有意識地否定暴力的虛僞兩難中。

《綠》劇則不然。主角浩克是一位典型的生化科學家，冷靜理性得近乎完美，從來不會顯現出自己的情緒來，但是一次實驗室的意外，卻讓他發現了自己與生俱來的超能力；他越是憤怒能力越強，而且從中徹底體驗到孤獨、自由、解脫與狂喜的人生況味。與《魔》劇不同的是，故事主人翁浩克的憤怒，是可以衝破機器、制度與規範等一切人類束縛與框限的，但是他的人性掙扎反而更趨深刻；他必須修補自己兒時的創傷記憶，洗淨父子間糾纏多年的複雜情結，也要把超能的自己重新放回到這個因恐懼而不能接受他的社會裡去。凡此種種，正凸顯出科技、暴力、權力與人性之間辯證發展的特質。換言之，科技並沒有征服人類，反而使主體在矛盾衝突的暴力戰場中，自覺到超越善惡渾沌間的良知，從而走向自己的靈性試煉之路。羅洛・梅爲我們指出的權力體驗與超越之道，也盡在其中。

而這個徹底面對暴力經驗挑戰的完美人格典範，是個怎樣的形貌呢？我體察作者字裡行間的深意，認爲就是所謂的「權力的反叛者」。這是怎麼回事？以上不是才說要迎向暴力嗎？怎麼忽然又要反叛暴力源頭的權力呢？說明個中的原由，對於了解「走出無知」這個主題的意涵固然十分關鍵，但是說理的難度則更甚一層。從前面的解釋中，我們已經初步了解**作者所謂無知的第一層意義；也就是與暴力劃清界線、故作天真、冷漠以對的生活態度。這顯現個人框限在自我中心的困局中，對於暴力與權力隱含的「我群狀態」（We-ness）或個人與他者世界的「共命連結」（solidality），缺乏真切的體認與面**

對的存在勇氣。至於無知的第二層意義，我個人認為（作者沒有直接觸及），則是指整合暴力這個他者所需辯證知識的欠缺；而這也正是反叛者的挑戰所在。

羅洛·梅在書中清楚地區分了革命者與反叛者的不同，前者致力於外部權力條件的改變如推翻政府等，後者則把焦點放在權力內在條件的轉化功夫上。從梅氏的存在分析觀點而言，這裡所謂的內在條件指的是，存有在面對永恆虛無時的張力，或是道德論中善惡共存的實相體認。羅洛·梅引述亞瑟·米勒的話說得好，**人類在邪惡中發現了自己的共謀；革命者對此渾然不覺，只求改變現狀取而代之，但是反叛者則清楚地知道，自己所反對的社會文化，也是孕育塑造今日自己現有一切的根源，所以他尋求的是社會良知的覺察與改革**。例如奴隸制度不能因為奴隸以暴力除去主人後便消失，因為主人也是奴隸制度的受害者，支撐制度本身的存有狀態才是需要著力的地方，而這也是走出無知的終極出路。像美國民權運動領袖金恩博士和印度聖雄甘地等人，都是反叛者精神的具體化現。從另一個角度說，**權力不是讓人「擁有的」，雖然擁有也是經驗它的方式之一；它毋寧是一種「存有的」召喚，讓自己徹底地開放，去經驗生命的一切可能。這就是反叛者細膩反叛權力的方式；他們是健全社會所不可或缺的良心**。

梅氏基於以上由暴力分析引申出來的權力與無知觀點，應用討論了相當廣泛的社會議題，如家庭暴力、藥物成癮、黑人暴力、越戰、反戰示威、奴隸制度、權力體制、警察暴力、媒體溝通、知識分子與權力等，幾乎無所不包。他同時非常細緻地把不同層次的暴力經驗，以及不同種類的權力加以區分，並從生活實例中旁徵博引，以引領讀者在這個集孤寂、無能、瘋狂、冷漠於一身的時代，徹底省思暴力現象背後所透露的解脫訊息。筆者個人忝爲現代社會學術體制中的一員，對於作者提到知識分子圈內虛假的權力態度，頗有深刻的體會與共鳴。我相信讀者也都能在書中，各自找到與自己相關的議題和反省空間。

我十分欣賞羅洛・梅在書末結尾的那句話，**「人生不是脫離惡，才成就善，而是雖然有惡，依然為善。」我認為，這是主體精神昇華的產物，也是存在心理分析為這個暴力充斥的社會，所指引的一條權力解脫之道**。畢竟，權力的知識不是身外之物，我們只有像卡繆所說，「活在問題的當下」，才有可能「活出答案來」！

〈前言〉／羅洛．梅

探索暴力的來源

年輕的時候，我對無知（innocence）極爲看重。而不論是在理論或應用層次，我都不喜歡權力（power），也嫌惡暴力。我在三十出頭時，羅患了當時尚無藥可醫的肺結核。有一年半的時間，我的生死未卜。我所能做的，便是盡可能遵守醫囑。依我當時自己的解釋，這就意味著接受醫生的休養計劃，並將自己的康復完全交付他人。因此，我只能躺在床上，注視著天花板上的光影變化，等著一個月一次的X光檢驗，來告訴我肺部的空洞是擴大或縮小。

不久之後我便發現，自己肺部內的那些桿菌，就是利用我這種無知的心態，而恣意肆虐；這番景況對我在道德與智識上皆造成極大的震撼。無知使我的無助變爲消極，這不啻是公開邀請細菌來傷害我的身體。我也注意到自己會感染肺結核，正是因爲我的絕望和失敗主義態度。於是我目前缺乏自我肯定與堅持，雖然被方便地合理化爲無知，但卻無法改變結果。在療養院周遭那些無知的病人身上，我看到染患疾病者消極接受自己的無助，便是邁向死亡的表徵。

直到我展現出一點「戰鬥力」，產生了是「我」感染了肺結核，是我決意要活下去的責任感時，我的健康才持續地好轉。我學會以冥想內觀傾聽自己身體的聲音，指導自己何時該運動或休息。我了解到，療癒和治療是我自己需要親身參與的積極過程。

此番道理雖然是我在康復過程中的親身體驗，但並不怎麼管用，因爲我一直無法將其系統化。直到我在精神分析的案主身上，發現類似的經驗描述時，才迫使我再度深入思考這個問題。實際上，所有的案主會來求助，都是因爲他們感到無力或處於無助狀態之故。他們無法與生命中的重要他者有效溝通；當他者（在我個人的譬喻中就是肺結核桿菌）對他們暴力相向時，他們就只能消極地承受。而這道與重要他者間的橋樑，弗洛依德則從未直接面對。蘇利文曾經指出這點，但卻未詳究其本質。它實際上就是權力。不過，它比較近似個人克服肺結核的療癒力量，而不近似戰場將軍的軍事權力，或企業領袖的經濟權力。

接下來，我必須直接面對自己和權力的關係。我無法再將自己對掌權者的妒嫉之情，隱藏在我的無知之後。我發現這只不過是依循我們文化中的常規罷了：權力被廣泛覬覦，卻極少得到認可。通常，擁有權力者會抑制自己對此事實的覺察。是我們社會中的那些被剝奪者，在自己有能力時，迫使我們直接面對這個議題；所謂的「女性權力」或「黑人權力」運動，便是代表。

當我們顯然必須加入這場面對面的衝突時，我們立刻發現自己要對抗暴力這個議題。暴力和無知有關係嗎？或者就像我在書中提問的，無知必然會埋葬自己嗎？這裡引出了迷人的難題。我們只得同意布魯諾斯基（Jacob Bronowski）在《暴力的容顏》（*The Face of Violence*）這本書中所言不虛：

暴力就在此處，
就在常人的世界中，
暴力是表徵。
我在失敗者的狂烈哭聲中聽到。
我在男孩們的惡夢中看到它，
他們的青澀少年只在重蹈歷史的覆轍。

一旦這些哭泣的男人和幻想的青少年，能夠實現自己的權力，他們便能夠在某種程度上，將自己的暴力轉向建設性的用途，將他們的夢想和靈視轉向社會和個人的利益。我希望本書不是提出權力與暴力的**周邊**問題，而是能**透析**這些問題。

要了解權力以及暴力的來源，我們必須提出比平常更深刻的問題。我們必須深入探究人之所以爲人的意義問題。

寫作本書的艱辛孤寂，因爲多位摯友相伴而得以稍減；他們或與我討論書的主題，或預讀我寫好的章節，或二者兼而有之。同樣涉入此一主題的安東尼（Anthony Athos）與我討論的程度，遠超過友誼的付出。我同樣也要感謝亞伯特（Alberta Szalita）、黛芬妮（Daphne Greene）、大衛（David Bazelon）、萊斯利（Leslie H. Farber）和史丹利（Stanley Kunitz）所提供的寶貴意見。我在耶魯大學討論這個主題課上的學生，他們的洞見揭露了權力心理學的其他面向。在這本書中，我的案主一如往常地成爲我學習的豐沛資源，我對他們衷心感激。

——於美國新罕布夏州

1 | *Power and Innocence*

瘋狂與無能

Madness and Powerlessness

太多人覺得自己沒有權力，也無法擁有權力，
甚至連自我肯定也被否決，
再也沒有任何事物值得他們去肯定，
於是除了宣洩暴力之外，別無他途。

找到生命，便找到權力的意志（will to power）。

——尼采（Friedrich Nietzsche）

《查拉圖斯特拉如是說》（*Thus Spake Zarathustra*）

權力是一切生物的根本。尤其是人類，數十億年前被拋到這荒瘠的地球表面上，期待存活，也必須求生；他們在每次與天地人群的競爭中，都必須運用權力並面對挑戰的勢力。雖然人類自始以來就感到不安，被局限與脆弱摧折、被疾病侵擾，最終被死亡擊倒，但是卻反而因此肯定了自己的創造力。文明就是這樣的成果之一。

權力（power，譯註：power 是個中性的詞彙，有時指內在的、個人的力量，有時也指展現的、外顯的、人際的權力，本書中作者論述的 power 多指後者，因此多翻譯成「權力」，有時則譯為權能、能力，powerlessness 則譯為無能或無力）這個字的字源是拉丁字 *posse*，意思是「能夠……」（to be able）。從嬰兒呱呱落地開始，我們便可以看到權力浮現的種種情狀——嬰兒舞動小手哭著嗷嗷待哺。在人類存在中，合作關愛與掙扎奮鬥是同時並存的，不過生命若要得到滿足，二者缺一不可。我們對大地感恩並獲得同胞支持，不是因為我們捨棄自己的權力，而是因為整合運用權力的緣故。

嬰兒爲生活所需爭鬥的能力，成年後便成爲自尊與做人意義的奮鬥。後者是人類生存的心理因素，有別於嬰兒生存的生理因素。人對認同的渴求成了最重要的心理渴求：我必須能夠**肯定自己的存在**，在世界中確認自己，且經由自我肯定的能力，爲這個世界賦予意義、**創造**意義；而且這必須是在冷酷無情的大自然壓力下做到的才算數。

在尼采的「權力意志」宣言中，我們必須提醒自己，他所指的並不是現代具有競爭意味的「意志」或「權力」，而是指自我覺醒與自我實現，這一點是極其重要的。如果我們能夠不以輕蔑的眼光思考權力，便比較能夠同意尼采的觀點。

我不把權力看成是用來屈辱他人或用到敵人身上的字詞（例如：**他們**是受權力驅使的，**我們**是受慈愛、理性和道德激勵的），而是把它當成對生命過程的基本面向的描述。它與生命本身不能劃上等號；人類存在的內涵遠甚於此——諸如好奇、關愛與創意等，也許在一般情況下的確與權力有關，但其本身卻不應被稱爲權力。但是，如果我們忽略權力這個因素，像平日那樣反抗濫用權力造成的毀滅性後果的話，我們便會失去做人的基本價值。①

人生基本上可以被視爲是權能（例如：影響他人的有效方法、在人際關係中獲致自我的意義感）與無能之間的衝突。在這樣的衝突情境中，我們的努力格外困難，原因在於我們把兩邊都阻絕了；權能是因爲「權力動機」的邪惡聯想而被阻絕，無能則是因爲令人難以接受而被阻絕。事實上，人們抗拒不願徹底面對權能這個議題的主因，便是因爲他們果眞卯上了它，就必須吞下自己的無能。

一旦無能以比較私人的語彙如無助或軟弱表達出來時，許多人便會因此感受到沈重的負擔。小薛勒辛格（Arthur M. Schlesinger, Jr.）寫道：「事實上，今日流傳最廣泛的社會情緒莫過於個人是無能的這個信念，那種被侵擾、被包圍和被迫害的感覺。」（小薛勒辛格，〈七〇年代的精神〉〔The Spirit of '70〕，《新聞週刊》〔*Newsweek*〕，一九七〇年七月六日，pp. 20-34）摩根索（Hans Morgenthau）也對此提出政治層面的評論：「數百年來人類爭取的多數統治，已使得人類比一百五十年前更無能、更無力去影響政府了。」（摩根索，出自《紐約時報》〔*New York Times*〕，一九六九年五月二十九日）國家的神話持續地運作，不會把注意力放到我等身上。目前多數人已不再相信「美國是世界最強大的國家」，但仍要想辦法適應地活下去；這種信心儘管不切實際，但許多人過去卻是以此方式攀附，讓個人覺得有地位。

要承認我們個人是無能的——我們無法影響他人，我們無足輕重，我們父母一生信奉不渝的價值對我們毫無意義，我們像奧登（W. H. Auden）筆下「『無名的他者』（faceless Others）」那樣，對他人和自己都不值一文——眞是情何以堪。過去四十年來，關於個人能力與潛能的言論是**這樣地多**，但是對於個人具有在心理與政治上改變現況能力的信心卻是**少得可憐**。這類言談至少有一部分是基於補償心理所顯現的症狀，因爲我們不安地發覺到自己的權力喪失了。

因此，在人類認爲以按鈕的方式便可將地球毀滅的過渡年代裡，有人會提議人類放棄此一恐怖的實驗，是可以理解的。克拉克醫師（Dr. Kenneth B. Clark）在美國心理學會（American Psychological Association）會長的就職典禮中論證說：在我們身處的時代中，要信任個人的心情與選擇，是太危險的事了。……我們不再能掌控當權者，因此必須靠鎮定劑來控制我們的領袖。」（克拉克，出自美國心理學會會長就職演說，華盛頓特區，一九七一年九月四日）慮及克拉克熟知紐約哈林區及黑人族裔的無力感才有此提議的背景，我們可以同情他的絕望論調。但是我們不能不了解，當化學藥物立意要治療當代人的侵略性，並發展其「合群」人格時，卻發現藥物的使用與人格的萎靡以及個人責任感的消失，是息息相關的，讀來怎不令人沈痛。這樣的改變實際上意味著人性正逐漸喪失。

另外有些心理學家，因爲注意到我們在自我控制方面表現不佳，便提議以變因控制的方式代替我們來進行控制的工作。我們聽過某些帶孩子的新式方法，可以磨掉他們的侵略傾向，使他們安靜而馴良。我驚問自己：在此絕望聲中，大家是否忘了威爾斯（H. G. Wells）〈時光機器〉（The Time Machine）中的寓言呢？是不是要像故事描述的那樣，把人極端地分成兩個族群，然後讓那些被教化成馴服、乳牛般順從、肌肉又軟又嫩的多數人，任由強悍的工程師族群宰殺呢？

會產生「神經失調」（failure-of-nerve）這樣的理論，乃是基於權力運作已對當代造成巨大傷害的眞實觀察。這類提議既能吸引人們表達對權力的反抗，又能吸引人們對烏托邦的期待。這些理論在飽受無能威脅，以及對尋找某種權力替代品寄予厚望的人群中，會得到強烈的支持。正如麥克連倫（David McClellan）所說：「美國對權力可能被濫用的關心程度，有時幾乎已著魔到神經質的地步。」（麥克連倫，〈權力的兩面〉〔The Two Faces of Power〕，《國際事務》〔*Journal of International Affairs*〕, XXIV/1, 1970, p.44）然而，關鍵問題並不在於這些理論的對或錯。更重要的是，我們是否會爲了要去除人類的侵略傾向，而置那些人性的根本價值於不顧，例如自我肯定與自我堅持便是。這樣是否又會加深我們的無能感，並因此爲那矮化現有一切的暴力鋪好現身之路呢？

因爲無能與冷漠乃是孕生暴力的溫床。沒錯，因爲侵略性一向被提升到暴力的層次，所以人們會對它感到害怕或不喜歡，是可以理解的。然而，我們**沒有**注意到的是，無能的狀態會造成冷漠，也會因上述根除侵略性的計劃而產生；它是暴力的源頭。當我們使人們無能為力時，我們正鼓動而非控制了暴力。我們社會中的暴力行為，大多是出自那些試圖建立自尊、護衛自我形象，或想顯現自己份量的人。不論這些動機有多偏差，是如何被誤用，或是其展現多具破壞性，它們仍舊是人際需求的正向呈現。我們不能漠視的事實是，儘管要導正這些需求十分困難，但是它們的確具有建設性的潛能。暴力不是出於權能的過剩，而是來自無能。漢娜・鄂蘭（Hannah Arendt, 1906-1975，譯註：猶太人，德國哲學大師海德格的學生，兩人亦曾發生戀情）說得好：暴力是無能的表現。

無能的腐化

多年前當我開始心理治療師的生涯時，無能與精神病的關係便讓我印象深刻。心理治療師可以在精神受困者的身上，看到極端的行為以及我們每個人都會有的經驗。這佐證了弗登堡（Edgar Z. Friedenberg）所說的話：「一切的軟弱都會腐化，無能則會帶來絕對的腐化。」

普莉西拉（Priscilla）這位年輕的音樂家，是我最早的案主之一。根據為她做羅氏墨漬測驗（Rorschach，譯註：由當事人對墨水點繪圖形的解釋，以判斷其性格）的人員所述，她的「一隻腳落在精神分裂症的領域，另一隻腳則踩在香蕉皮上（譯註：表示岌岌可危）。」在我和她會談的那些時段，她會長篇大套、巨細靡遺地比較從紐沃克（Newark）開出的火車的音符顏色，和從紐布朗斯維克（New Brunswick）開出的火車的音符顏色有何不同。我對她所說的內容大多毫無頭緒——這點她也知道。但是她似乎就需要有我這麼一位肯傾聽、願意試著去了解她的人，不管我懂了沒。她也是一位矜持自重、具有幽默感的女士，這些特質後來幫了我們很大的忙。

但是，她從不生氣。無論是對我、對她父母或對任何人，都是如此。她的自尊薄弱模糊得好像根本不存在一樣。有一次，和她同屬一個合唱團的年輕人，邀請她一起去參加一個音樂會。她接受了。但是第二天，一股頓生的自我懷疑促使她打電話給對方說：「如果你不願意，就不用帶我去。」她自信不足，不覺得有人會**想**要和她一起去參加音樂會。她在八、九歲的時候，曾經和一位比她年紀稍長的男孩玩足球；他用力撞得使她受了傷。其他孩子可能會向對方吼叫，或打架、哭鬧、不願再玩；這些反應不論好壞，都是因應的方式。但是普莉西拉完全沒用這些方法；她只是坐在地上看著男孩，靜靜地想說，他不應該這麼用力撞她。

當她在財務上或性事上被利用時（她常常遭遇這種景況），她完全不會防衛自己，不知道該如何說「不」，因爲沒有足夠的憤怒支持她說不。（任誰都會覺得這類人被利用幾乎是自找的——它至少賦予他們某種關係和意義。）隨著她無法生氣這件事而來的後果，就是一種深沈的無能經驗，以及幾乎無法在人際關係中去影響他人的處境。

但是，這樣的人有著完全不同的一面，這一點我在爾後與許多邊緣性病患的共處經驗中已經獲得確認。普莉西拉的夢不是裝在袋子裡的屍塊，就是血腥與戰爭——簡言之，她的意識生活有多馴良，她的夢就有多**暴力**。

後來我經常反思無能與瘋狂之間的關係，部分原因也是這位年輕女士的緣故。在此我要刻意強調**瘋狂**（mad）這字眼的雙重意義：其一是個人的憤怒已達暴力程度的感受；其二是傳統精神醫學對精神病的觀點。這二者之間有其關連，而且這兩種語義的使用將引導我們進入問題的核心。

我們知道，精神病患的共同特徵就是「無能」，這造成了他們的持續焦慮，而焦慮又與他們的軟弱互爲因果。病患牢不可破地認定自己是無足輕重的，並且認爲這是與生俱來的，在人生歷程中，常常用卑微可憐的姿態去獲取那一丁點的首肯。某位青春期的少女在正午時分來找我諮商時，竟然穿了一件有著篷篷裙的夜禮服，這可能是她最漂亮的衣服之一，她以此表示對我的注目與關心有多在意，但卻沒有覺察到這樣多麼時地不宜。

當普莉西拉無法再以這種生活方式過下去時，她的內在便會「垮掉」，進入一種瘋狂的狀態，似乎完全變了一個人。普莉西拉夢裡的暴力現在成了她清醒時的生活內容。當事人似乎**完全**瘋了，這就是爲什麼數百年來精神病會被稱爲瘋病的原因。當事人會對所有人都很生氣，包括自己在內，她會威脅或試圖自殺，割腕後將血塗抹在醫院的門上，以戲劇性的手法凸顯出自己對醫護人員的需求。她對自己和所投射的人公開地施行暴力。

我們在其他案主身上也看到同樣的舉動。在描述本身精神分裂症的自傳體小說《未曾許諾的玫瑰花園》（*I Never Promised You a Rose Garden*）中記載著，女主角漢娜・格林（Hannah Green）是在十六歲時被送到栗樹屋（Chestnut Lodge）療養院的。她是馴良安靜性格的典範，從來不曾發怒。只要她有需要，就會退入自己私密精神世界的神話中，和裡頭的神話角色談話。治療她的精神醫師瑞奇曼（Frieda Fromm-Reichman）尊重漢娜的個人神話，並保證只要漢娜需要，就不會剝奪她的神話。但是當瑞奇曼去歐洲的那個夏天，醫院指派了一位比較年輕的醫師治療漢娜。他樂觀而勇氣十足地衝入漢娜的神話世界，並搗毀了它。結果慘不忍睹。暴力一旦迸發，漢娜便在療養院裡火燒自己和隨身的衣物，要爲自己烙印下一輩子的傷疤。這位年輕醫生所犯的錯誤在於，不能體會神話對於漢娜存在的意義。關鍵不是神話在理論上的對錯問題，而是它對漢娜發揮的功能。這位沈靜的病患看似不具侵略性，卻從馴良的一端擺盪到公然暴力的另一端去。

這看起來感覺像是針對醫院照顧人員所施展的權力，但它是一個虛假的權力（*pseudo-power*），是軟弱無能的表現。如今我們可以說她「瘋了」，意思是她不符合我們社會既定的標準，也就是她沒有穿戴上所有社會皆偏好的馴良「臉面」。被壓抑的怒氣與忿懟，若與因無能而生的持續恐懼相結合，終將導致暴力，了解這一點很重要。我們在瘋狂的虛假權力背後看到的景象，往往是人們奮力求取某種意義感，以及某種改變現況和建立自尊的方法。

我在爲普莉西拉進行治療期間，她收到家鄉寄來的一份報紙，報導說她的村子有一位男人自殺了。她對我說：「如果村裡有人認得他的話，他便不會自殺了。」請注意，她不是說「如果**他認得**某人的話」，而是「如果有人**認得他**的話」。我相信她在告訴我，只要我繼續陪著她，她便不會以暴力結束生命。然而她也說出了爲人所需的至寶——**必須有人傾聽、認同和了解**。如此人們才會認定自己是有價值的，他的生命與其他人的一樣重要；也才會給他某種方向感，讓他在這個原本無意義的世界找到一個立足點。

當普莉西拉能對我生氣時，值得大書特書，因爲那時我將知道，她在這個廣闊的世界，已經開始懂得在人我交往中保護自己了。更重要的是，她敢於活出自己豐沛的能量，做一個既有原味又討人喜愛的人。

瘋狂與社會

我們在普莉西拉身上看到的消極——瘋狂模式，與已屬當代男女嚴重問題的社會暴力之間，有什麼樣的關連呢？

我有一位朋友，既不是處於被分析的狀況，也不是精神病患；以下是他和太太吵架之後，所感受到那種暴怒之情的自白：

這樣的憤怒和暫時的精神病有多接近啊！當我沿著那條看似遙無止盡的街道走時，我無法思考；我感到暈眩迷亂。但這種模糊困惑只是外在的——在心裡，我是極有精神的，對每個念頭和感受都能敏銳地覺察，彷佛自己置身在一個光明透亮的世界，所有的事物都非常逼真。我唯一的困擾是，這種內在的清醒和外在世界可說毫無關連。

說到我與外在世界的聯繫，我略感羞赧——羞赧而且無力抗拒。如果有人嘲弄我，或突然極為需要我（譬如說街上發生了車禍），我將無法反應。如果我有所回應，就必須顯露出我的「瘋狂」；它會一股腦兒地爆裂開來。

街道是陌生的；雖然人們一如往常在路上走著，但是街道看起來卻空蕩蕩的。我對那些街道覺得生疏（雖然我曾見過它們千百次）。

我像酒醉般地走著，抬起腿來，又刻意地放了下來。我走進一家餐廳，很怕出納小姐認不得我——我的膚色不一樣了——或者她會以為有什麼事情不對勁。（她確實認得我，也如往常般友善）。

我走進男生廁所，不帶任何情緒地讀著如廁區上方的塗鴉。我仍舊害怕有人會要我做什麼或侵略我，而我卻無法抵抗。我回到座位上，盯著餐廳盡頭的窗子往外看。我覺得與世界只有模糊的關連。食物送上來了；我對於吃或品嚐食物沒太大興趣；我只是糊里糊塗地完成動作。

我試著回想我們爭吵的細節，卻徒勞無功——只有兩三件事非常清楚地浮現出來；其餘的則是一團亂。我只吃了一點點。

侍者走了過來，他是一位中年的中國人，他對我說：「我覺得你想太多了。」他指指自己的前額。「你有困難嗎？」我笑著點點頭。他繼續說：「近來人人都有麻煩事。」他的話有種奇異的舒緩作用。他搖著頭走開。這是我對外在世界的第一次突圍。它使我大笑起來，對我有莫大的幫助。

我了解，當這種狀態漫長地持續下去，人們會做出傷害自己的事情來，例如站到車子前面等著被撞。他們會這麼做多半是因為對周遭的真實世界欠缺覺察。他們也會出於報復而這麼做，或拿出一把槍來殺人。

陷入這種暴怒情緒中的經驗，與歷史記載中的「瘋狂」經驗，相去不遠了。例如，以下是一位哈林區的年輕黑人所陳述的「瘋狂」意義：

那些白人條子，他們有種可惡的虐待本性。……哈林區不需要他們！……他們引起的暴力比任何人都多。……當我們無法回家而在街頭跳舞時，就來了個條子，追趕著每個人。他瘋了。我的意思是他真的瘋了！……他又氣又瘋地跑到這附近來。

這位黑人說的是，警察的「瘋狂」與哈林區的暴力是有關連的。警察是否以誘發暴力反應的方式激怒自己，來維護他所認定的法律與秩序呢？這是否是人們選擇當警察的原因之一呢？難道他只要緊抓住被文化認可的精神病，並以此和保守的社會現狀站在同一陣線，就可以使他在值勤時，合法地攜帶警棍和警槍發洩暴力嗎？

犯罪學教授托赫（Hans Toch）在《暴力人》（*Violent Men*）一書中的逐字報告，可以讓我們更仔細地來考量這些問題。譬如，托赫相信：

黑人小孩與白人警察——他們的驕傲、恐懼、孤立、需要自我肯定，特別是需要被尊重——有著奇異的相似性；雙方都是受害者，都是囚犯，受制於日益升高卻不是由他們造成的衝突。②

根據他們自己的報告顯示，警察覺得他們必須維護「法律與秩序」，而且把此舉和他們個人的自尊與男子氣概劃上等號。事實再清楚不過了，警察長久以來從「法律與秩序」的概念，在自己內心中投射延伸出一場證明自己有無能力（impotence-potency）的戰爭來。警方把對他們的羞辱，解釋爲對國法的羞辱。於是他們會堅持，「嫌犯」得尊重他們的權威與權力。他們覺得自己的男性氣概受到挑戰，而且他們自尊仰賴的名聲也岌岌可危。以下是個典型的實例。某位接到家庭糾紛報案的警官，看到一位坐在車內的黑人，他認爲對方可以爲這件口角之爭提供相關的線索：

警官叫黑人走到車外。黑人回答說：「你不能叫我這麼做。我是在私有的領域裡。」警官的報告說，這黑人看起來很討厭，他的「態度讓我很煩」。黑人最後出來到車外，但是雙手一直插在防水夾克的口袋內。此舉仍舊讓警官很討厭，於是叫黑人把手拿出來。由於黑人一再拒絕配合，警官於是叫來另一名警察，他們一起迫使黑人把手伸出口袋。

警察認為這是蔑視權威，是不可原諒的。他必須不計代價地伸張警察的權威。……（「我覺得黑人將手從口袋伸出來，是絕對必要的。……我們抓住他時，他便開始惡言相向。……我們逮捕他，並讓他坐上巡邏車後座，他恐嚇說要小便在座位上，並在玻璃窗上又踢又搥的。」）③

在此案例中，這個黑人認爲，做爲白人政府武力，以及整個黑人族群敵人的警察，任意地羞辱了他。他確實沒錯，因爲警察必須恐嚇黑人來維持權威。二者都是「暴力人」。事件中制服警察的藍色勢力與黑人的黑色勢力，乃是一個銅板的兩面：各自都爲保護自我形象，保護自己做爲「人」的感覺而不遺餘力。只是因爲警察代表法律執行者，而且佩了警徽和警槍，所以特別具有優勢。警力中的「暴力人」，托赫寫道，是「有本事把人際互動提升到爆炸性情勢的專家」。「嫌犯」通常會覺得自己處於極爲不利的位置；他的「決鬥」對手以警徽和警槍爲掩護，以至於「嫌犯」往往會挑釁警官要他拿下警徽，以「男人對男人」的方式來解決彼此的歧異。

手放的位置、身體的接觸以及其他方式的觸碰，都十分重要。「嫌犯」必須保護他的身體使不受侵犯。警察則覺得自己必須侵犯「嫌犯」的身體，用不必要的粗暴手段對付他，好讓「嫌犯」臣服於自己的權威。

我們要留意，這類警察幾乎都報告說，他會要求查核黑人的身分。而身分是極爲私人的事。從心理層面來看，要求驗明身分就像是要求個人脫光衣服一樣；這使得原本就被認爲是人下人的他們，更添羞辱。這挑起了黑人的憤怒感，警察知道他要求身分證明的簡單動作，已經把情勢推到暴動的邊緣。

在這些暴力行爲中，値得注意的是，通常這些最後以入監收場的人，只是以舉動試圖保護他的自我形象、名譽或是權利。幾乎每個人都會以某種形式，試圖建立或保護自己的自尊，那是自己做爲人的價値。警察與「嫌犯」雙方都是在內心中打一場證明自己有無能力的戰爭。他們以自己的方式來詮釋這場戰爭，而且是完全對立的。沒錯，這場權力之戰確實可以被誇大到不成比例的地步，而侮辱則純粹是出於想像；或者，它也可能以幼稚的恫嚇方式或其他變形的行爲呈現。不過爲了看清暴力的根源，我們必須深入到這些心理動力之下，在個人建立與保護自尊的掙扎中，尋找暴力的來源。這基本上是一種正向的需求——它具有建設性的潛能。根據托赫的資料，監獄無法防阻罪犯，因爲「暴力是靠低落的自尊和自我懷疑所滋養的，而監獄則是把男性去勢和非人性化的地方；暴力是以剝削和嗜血爲基礎的，而監獄則是以權力爲中心的叢林。」（托赫，《暴力人》，p.220）

似乎有越來越多的證據顯示，警察、獄卒和被監禁的人屬於相同人格類型。托赫寫道：「我們的硏究指出，執法者的官階就包含了『暴力人』的成分。這些警官的人格、樣貌與行動，和我們案例中的另外一群人是相似的（也就是被抓起來的那些人）。他們反映出同樣的恐懼和不安，抱持著同樣脆弱和自我中心的觀點。他們也同樣展現出喝斥與嚇唬、緊張與懲罰、仇恨與報復等，那些我們在另一群人身上也能找到的舉止。……因爲警察暴力多數是出於警務工作調適的問題，而非因爲幼兒期出了問題，所以實際的結果幾乎沒有兩樣。」④

對於權能的需求是人所共同的，也是爭取自尊的另一種表現方式。我們在紐約艾堤卡（Attica）的監獄叛變中，看到正向的表現；帶頭叛亂的囚犯聲稱：「我們不願再被視爲統計數字、號碼。……我們要求被人道對待，我們**一定要**被人道對待。……」另一位比較年長的囚犯，他的觀點更爲務實：「如果我們無法活得像個人，那麼我們至少會試圖死得像個人。」根據史料，這二十八名囚犯確實在幾天後死去，當時州警攻進監獄並開槍掃射。史料也顯示，某些囚犯因挺身保護獄卒才被射死；這就是獄卒與囚犯之間奇妙的夥伴關係，雙方都是「身處監獄」，也具有同樣的人格類型。

藥物成癮是無能可能造成的另一個後果。認定自己是無能的，對年輕人的影響至爲深刻，這也是藥物成癮最普遍的原因。首先，他們的藥物成癮是暴力的一種形式，因爲他們踐踏了自己的心——這正是毒品的作用；接踵而至的便是吸毒者犯下的大小罪行。⑤

毒癮的根源是「極度的軟弱」和「被阻絕的憤怒」⑥。軟弱會以「我無法符合家庭的期望」、「我找不到工作」、「我性無能」或「我『不是人』」等形式出現。憤怒是吸毒者對家庭與世界的報復，因爲它們迫使他困在如此痛苦的無能處境。性無能的出現，早在使用藥物之前；多數的吸毒者坦承，他們深受早洩或陽痿不舉的困擾。他們的恐懼在於自己「不夠男子氣概」、無法滿足女人。

海洛因可以讓長期疲軟帶來的所有不爽煙消雲散。它可以使人麻醉，一方面是化學藥物的作用，一方面也是心理作用，它讓原本至深且長的痛苦完全得到紓解。不再自卑，不再擔心工作失敗，不再害怕成爲戰場懦夫，不再讓雙親失望——所有這些壓抑的感覺都因此揮發了。

以下是一個白人吸毒者典型個案的概要：他在郊區成長，他的母親以餵食他的方式來澆息焦慮（這個症候群就是「吃，寶貝，吃。證明你愛我」）。他的父親很會賺錢，但在其他方面很軟弱。他有二輛凱迪拉克轎車，但是在家裡卻只能以罵髒話或其他虛矯的方式，來展現自己的份量。案主後來被徵兵去打越戰，從此染上毒癮。返鄉途中，他將動章丟入太平洋中，以示自己對戰爭無用與瘋狂的態度。回到家鄉後，他找不到工作，在家閒混了六個月，與雙親日益失和。因爲他覺得自己越來越沒用，所以便開始吸食海洛因。由於海洛因帶給他極大的慰藉，因此使他找到生命的目標，主要是指他偷父母的錢去買毒品這件事。父親最後發現他是個毒蟲，把他趕了出去，要他「淨身」，否則就別再回家。在整個悲慘的故事中，這個年輕人的無能和缺乏目的感，是最令人印象深刻的。

會有這種無能感的產生，通常是因爲案主缺少強而有力的父親可以連結。（有時候可歸因於案主與母親的關係，但比較不常見。）沒有可以認同的男性人物，他就沒有方向，就沒有應由父親從外界帶入的結構，也就沒有可以引導他或他可以反抗的價值系統。在年輕黑人中，缺少強而有力的父親者比比皆是。黑人吸毒有更多現實的因素——他們的問題已然表面化，所以黑人的吸毒成癮比起白人不算是那麼嚴重的病態。吸毒成癮的白人似乎不具備渴望超越父親的伊底帕斯情結，也就是不具備賦予生命發展建設性力量的動機；相反地，兒子是以吸毒的方式在報復父親。

海洛因成癮爲年輕人打造了一種生活方式。在長期飽受無能之苦後，他現在的生活結構是由怎麼躲警察、怎麼籌錢、到哪裡去取得他的下一劑藥而組成，這一切提供了案主一張全新的能量網絡，取代了他原先那個分崩離析的世界。

治療方式是針對這種無能的處境而產生的。仿效西納隆（Synanon）宗教團體作法的鳳凰屋（Phoenix House）治療中心，設法把互動團體成員渴望絕對完美的龐大能量釋放出來。這些團體成員朝夕相處，在講究誠實原則的情況下，彼此的互動都十分直接（肢體暴力除外）。譬如，「吸毒魔」（dope fiend）這個字眼就可以被使用，因爲它毫不掩飾實情。他們如有遮掩事實的舉動，便會受到他人語言上的侵略，就算是整理自己房間這種微末小事也可以大做文章。這種方式顯然爲他們提供了一個無可逃避的結構；強而有力的父親角色則由團體領袖或某個成員所取代。每個人在宿舍都必須各司其職；他們可以升遷，同時對賞罰十分在意。

這似乎又回歸到個人權力的再發現，以及如何善用權力的問題。數十年前被奉爲圭臬、惡名昭彰的寬容原則已不再獲得青睞，現在採用的則是能帶給個人權力的方式。甚至如**掙扎**（striving）和**競爭**（competition）等令人嫌惡的字眼，又再度回籠。在治療的過程中，所有能夠使成癮者恢復某種權能感的方式都用上了，因爲讓自己覺得有能力是療癒所必需的。成癮者的憤怒與他的能量是相連結的；他變得越憤怒，便越有可能復原；不過怒氣要以直接而非報復或迂迴的方式表達出來。成癮者原本是很有能量的人，但卻因爲藥物而被耗弱。當他戒掉毒癮時，就比較容易擁有龐大的憤怒能量；**他的復原正需要這個「憤怒能量」**。這裡所強調的是社會面向的能力。渴求生命重心這點似乎與阿德勒（Alfred Adler）的「社會關懷」（social interest）概念相符合。

價值的渴求

我說過，權力與價值感是交織在一起的，分別是同一項經驗的客觀形式與主觀形式。能力一般都是外顯的，而價值感則絕無法外顯，不過卻可藉由冥想的方式，或其他內傾的、主觀的方式來顯現（或成就）。儘管如此，當事人仍然會有一種權能的感受，因爲他不僅可以整合自己，而且可以在人際關係上更得心應手。

權力總是在人際間展現的；如果它純粹是個人性質的，我們便稱之爲「力量」（strength）。因此，漢娜・鄂蘭認爲，鳩汶納爾（Bertrand Juvenal）的觀點正確，權力是社會的，而且是由「一致」行動的團體人所組成。這就是爲什麼蘇利文（Harry Stack Sullivan, 1892-1949，譯註：美國精神醫生，蘇利文與他的老師懷特〔William Alanson White〕將弗洛依德精神分析，延伸到嚴重精神失序者的治療，特別是精神分裂症者）的人際觀點如此重要的原因，因爲這是精神分析文化學派的根基。蘇利文相信，覺得自己有權力對於自尊的維繫和成熟的過程是很重要的；所謂覺得自己有權力，是指個人在與重要他人互動過程中具有影響力。當自己不受重視時，個人往往會把注意力轉移到變態或神經症的權力形式去，以獲取某種價值的替代品。

當代美國人的特殊問題，就是個人價值感的普遍喪失，一種內心覺得無能的喪失。我們今日身在比暴力更悲慘的處境，就是太多人覺得自己沒有權力，也無法擁有權力，甚至連自我肯定也被否決，再也沒有任何事物值得他們去肯定，於是除了宣洩暴力之外，別無他途。讓我們探討一下某位激進的哥倫比亞大學學生不斷出現的惡夢。在夢中，當事人卡爾——

放學回家，按了家裡的門鈴。他母親說不認識他，他也不屬於這裡。他到親戚家，他們也說同樣的話。最後他橫越美國，到了加州父親住處，父親也說不認識他，而且他不屬於那裡。夢的最後，他沒入太平洋中。⑦

「父母親不認得我；當著我的面把門關上」，「我不屬於任何地方」；我們只要看看這類夢境在心理治療的過程中有多常出現，就能據此線索了解我們的時代。做此夢的學生是革命運動的成員，這絕非偶然。暴力或準暴力行爲會賦予當事人某種成就感、尊重感和權力感（此刻那感覺是否會被替代，就不重要了）。這反過來也會爲個人帶來某種價值感。

沒有價值感的人是無法長久生存的。⑧不論他是隨意射殺無辜路人，從事建設性的工作，從事反抗運動，在醫院提出瘋狂的要求，或是用華特・米提（Walter Mitty，譯註：一九八一年電影《華特・米提的秘密生活》〔*Secret Life of Walter Mitty*〕的主角，是一位有幻想症的男人）的方式幻想，都必須能夠有「我有點價值」（I-count-for-something）的感受，並且能夠**活出**那種價值感來才行。暴力的潛在原因多半是因爲欠缺這種價值感，而急切想擁有它所造成的。

在參議員羅勃・甘迺迪（Robert Kennedy）和人權運動領袖馬丁路德・金恩博士（Reverend Martin Luther King, Jr.）被謀殺後，美國總統指派成立了「國家暴力防治委員會」（National Commission on the Causes and Prevention of Violence）；歷史學家布朗（Richard Maxwell Brown）在寫給該委員會的報告中，針對美國的暴力提出以下的嚴正聲明：

首先讓我們明確地說，暴力已經太過氾濫了。因為過於倚仗暴力，美國人早已成為「以扣板機為樂」的民族（"trigger happy" people）。……這不只是因為暴力已經和犯罪活動、私刑暴民和家族仇殺等，美國歷史上的負面特質混合在一起；更重要的是，暴力已經和美國歷史中某些最高貴、最具建設性的扉頁，天衣無縫地交織在一起了。……⑨

一九六八年發生政治暗殺事件之後，探討暴力成因及其對治之道的意見與研究，如雨後春筍般地冒了出來，這中間基本上是**先天論**與**後天論**的爭論。前者（主要溯源到弗洛依德）普遍認爲侵略是本能，是人類基因構造的一部分，人類天生便具有侵略性。根據這個觀點，暴力是我們必須背負的十字架，是人類老祖先亞當污染其子孫的必然表現，我們只能期待自己內心的邪惡能獲得控制，或是從戰爭和其他文化允許的暴力形式中釋放出來。

另一個主要觀點**後天論**則宣稱，侵略是一種文化現象，是由大衆傳播或錯誤的教育所造成的，至少是被它們強化的，其中電視更是罪魁禍首。要降服、消除暴力，就要改變我們教育的方式，或是管制電視節目。

我們經常會忽略，這二種途徑其實並不互斥。雖然侵略**是**人類基本構造的一部分，但它也是由文化形塑和強化的，而且至少有一部分是可以被重新引導的。文化並非本來如此，我們自己又何嘗不是。詩人米蕾（Edna St. Vincent Millay，譯註：美國女詩人、劇作家）詩作中所稱的「人類」（homo *called* sapiens），就是這樣的受造物；他們**創造了**無遠弗屆的電視以及其他的大衆傳播形式，並且透過這些媒介讓我們的孩子在不知不覺中習染了侵略性。可是我們又同時不斷告誡他們不可侵略。其中產生的矛盾加深了每個人的無能感，也增添了我們文化中有關權力議題的僞善。

但是，眞正能夠針對這許多非此則彼解釋予以點破的說法爲：他們忽略的討論正是核心的問題，也就是根植於先天與後天中的價值問題；是價值連接了自然與文化，它與侵略和暴力也密不可分。

布朗在對暴力防治委員會所做的報告結論中，引述了我們當前所面對的二個問題：「首先是自我了解的問題。……當我們注意到這個問題後……我們必須明白，暴力並不是莽漢或種族主義者才有的行動，它向來都是我輩中最正直且最受敬重者的行爲指南。有了這個體認以後，第二個問題便是徹底地把暴力從眞正的（但卻不被承認的）美

國價值系統中除去。」（布朗，〈美國暴力的歷史模式〉，p.76）

但是，這其中難道沒有惡質的矛盾存在嗎？如果暴力向來是「我們崇高理想作爲」的一部分，也是「最正直且最受敬重」人士的行爲指南，我們難道不該質問，這些人是不是在暴力中找到了（也許是無意識的）他們珍視的東西？此外，價值系統是不可能透過主觀意志來改變的，也無法用在花園中拔草那樣的有意作爲來達成。價值的根基深植於原型無意識的象徵和社會的神話中。要改變價值系統首先要探問：暴力爲個人**做**了什麼？個人從侵略與暴力達到了什麼目的？

要達到卸除所有人類行爲中的權力與侵略，這個烏托邦式的目標會使我們面臨卸除自我肯定以及存在力量的風險。萬一這個目標達成了，我們養育的將會是一群馴良、軟弱的閹人，並可能會迸發暴力，而使現有的文明倒退。

這樣的說法過度簡化了問題，好像只是在鬥雞與閹人之間做抉擇一樣。困在如此矛盾中的我們，會因爲做人的必要價值被剝奪，而在惡夢中驚醒，也就不令人感到驚訝了；我們忽略的是，在支撐那些使人類意義豐盈的生活價值方面，侵略性是具有正面意義的。

我一直相信，要了解侵略與暴力，必須把**權力**當成問題的根本。我也相信，深層心理學所提供的資料，對於人類權力的萌生以及侵略和暴力等主題，是別具啓發性的。我對權力的關注是要挖掘到比先天論和後天論更深的層次去，也就是比本能論與文化論更深的層次。我在找尋答案的問題是：個人從侵略與暴力中**成就**了什麼？

本書的論證

我認爲在每個人的生命中，都潛藏著五個層次的權力。第一個層次是**存在的權力**（power to be）。這種權力可以在新生兒的身上看到——他以哭泣和振臂的方式來表達自己不舒服，並藉此要求照顧他的饑餓或其他需求。不論我們喜歡與否，權力在嬰兒的人格發展中是佔有關鍵地位的。每個嬰兒長大成人的方式，都反應了權力的種種形變；也就是說，他如何找到自己的權力並運用它，亦即如何**成為**它。這項權力的賦予是打從出生就開始了，它不是來自文化，而只是因爲嬰兒**活著**這項事實。如果嬰兒的行動無法得到旁人的回應，這就像史必茲（René Spitz）針對可憐的波多黎各孤嬰的研究顯示，他們因爲得不到看護或保母的關注，便縮到床角不說話，其他方面的發育也顯得遲滯，身心完全萎靡了。無能的最終結果便是死亡。

存在的權力非善非惡；它先於善惡。但它也**不是**中性的。它必須在生活中體現出來，否則便會導致神經症、精神病或暴力。

第二個層次是**自我肯定**（self-affirmation）。每個生命不是只有存在的需要，更有肯定自己的需要。這對人類有機體的發展特別重要，因爲自我意識既是他的天賦，也是他的宿命。這個意識不是與生俱來的，而是在嬰兒出生幾週後開始發展的，花幾年的工夫也不能克竟全功，窮其一生都在持續發展。於是**價值**的問題浮上檯面，展開了漫長而重要的追求自尊之旅，其間或以其他事物替代，或因欠缺自尊而悲傷。對人類而言，只有生理的存活已非主要關懷，重要的是要能**以**某種自尊活著。

對認同的渴求遂成爲自我肯定需求的重點。如果孩子在家庭中被賦予價值和認同，他們只會覺得理所當然，然後就把注意力轉向其他事物。但是如果自我肯定受到阻礙，它就會變成他一生中的強迫性需要，不斷地驅策著他；在我們這個父母與孩子都極端困惑且分崩離析的社會中，這樣的情況可說司空見慣。父母若是以「**只要**你聽話，我們就愛你」的模式來教導孩子，那麼孩子要自我肯定也會變得很困難。於是，孩子陷入要在自己和外在世界之間做買賣的負面競爭中；換言之，他的自我肯定被他人認爲是對他們不利，而他自己也會因爲他人而不利。孩子的自我肯定已被上述這許多方式，徹底地扭曲或阻礙了。

當自我肯定受到阻礙時，我們會更努力，會爲自己的立足點賦予力量，確立自己的身分認同和信念，據此來對抗反對的力量。這就是屬於第三層次的**自我堅持**（self-assertion）。這是一種更強烈的行爲模式，比自我肯定更明顯公開。回應侵略是我們每個人都有的潛能。我們使他人不得不正視我們的呼喊：「我在這裡；我命令你注意到我！」

在亞瑟·米勒（Arthur Miller）的劇作《推銷員之死》（*Death of a Salesman*）中，主角威利（Willy Loman）的妻子所說的話，就是個好例子：「他必須得到關注……。」儘管「威利不會賺大錢。他的名字從未出現在報紙上，但他是一個人……。因此他必須得到關注。」儘管她的堅持對他人微不足道，但是這並不會改變**她**堅持的事實。有些人因爲他人的緣故，便可以比較堅持自己。這其實只是自我肯定的另一種形式，它往往因爲禮節規範或爲了避免「自吹自擂」，而使得自我肯定變得必要。

第四個層次是**侵略性**（aggression）。當自我堅持被阻礙一段時間後，這種比較強烈的反應形式便會發展出來；猶太人和所有弱勢民族多年來的處境就是如此。

我在薩羅尼加（Salonika，譯註：原屬於土耳其，目前位於希臘境內）待了三年，佔當地人口三分之一強的十萬名西班牙系猶太人（Sephardic Jew，譯註：中世紀時住在西班牙和葡萄牙一帶的猶太人後裔，在一四九二年時被迫遷出），實際上也是該城的文化菁英。那裡完全沒有歐美的反閃族偏見，也完全沒有美國對猶太人的侵略情緒。薩羅尼加城的座右銘是這樣說的：「二個猶太人勝過一個希臘人，二個希臘人勝過一個亞美尼亞人。」位於圖騰柱石底端的亞美尼亞人，已經極富侵略性和貿易能力了。

自我堅持是在特定地點劃出界線，並堅稱「這是我，這是我的」，而侵略則是進入他人的權位、特權或地盤之中，並將其中的一部分佔爲己有。侵略的動機或許正當性十足：例如法農（Frantz Fanon, 1925-1961，譯註：出生於法屬馬提尼克島的法國精神分析學家與社會哲學家，請參見第九章）在《大地的不幸者》（*The Wretched of the Earth*）一書中所描述的非洲原住民，便是爲了矯正過去的錯誤；或是爲了解放的熱情，或是爲了自尊，或是爲了其他成千上百的理由。我們在此先不論動機的問題，只強調這個行爲階段是每個人都具有的潛能；只要時機正確，它就可以被鞭策成行動。一旦個人的侵略傾向被完全否定後，代價便是意識衰竭、神經症、精神病或暴力的借屍還魂。

最後，當所有針對侵略的努力都宣告無效時，**暴力**便爆發了。⑩暴力以肢體爲主，因爲其他階段的講理或勸說，實際上都已經被阻隔了。在若干典型的案例中，從環境傳輸給個人的刺激會跳過大腦，直接轉換成暴力攻擊的衝動。這就是爲什麼當某人暴怒發作時，通常要到事後才會清楚地察覺。

當整個民族置身在不可能受到重視的處境時，眞是很可悲的一件事。黑人當然是最顯而易見的例證。白人最大的罪孽在於，使黑人落入無法自我肯定的處境；他們經歷了數百年的奴隸制度，百年來雖然身體得到了解放，但是心理卻仍然受到壓制。在身體與心理的奴役中，幾個非暴力的層次都很難或根本不可能出現。黑人可以擁有的自我肯定方式，是扮演歌手、舞者或演藝人員等取悅白人的角色，或是做爲白人土地的耕作者，以及後來的白人汽車的組裝工。這會導致普遍的冷漠，後來甚至會爆發激烈的情緒，也就毫不令人意外了。某個哈林區黑人的說法便是例證：

> 當時間到的時候，那就太遲了。一切都要爆炸，因為他們活在壓力下；他們將無法再承受。當他們不能承受時……⑪

他的最後一句話就這麼懸在那兒，正是要我們去想像後面會發生什麼事，因爲就像我們在前面指出的那樣，在暴力爆發之前，我們並不知道會發生什麼事。因爲只要人們被迫停留在這種次人（semihuman）的狀態中，就會有侵略和暴力產生。

如果其他的行爲層次受到阻隔，那麼暴力的迸發或許就成爲個人或團體解除不堪的緊張和獲得價值的唯一方式。我們時常會用「在個人**內心**累積」的方式，來形容暴力的傾向，但是暴力也是對外部情境的回應。暴力的根源必須從它的內部與外部顯現來檢視；它是在其他反應方式都被阻斷的**處境**下所做的回應。

以上的五個層次都是**存有論的**——換言之，它們是人之所以爲人的一部分。存有論致力於描述存有之所以存在的特徵，這裡所指的是人之所以爲人的特徵。三歲小孩子生氣，可能是以花甲老翁的暴怒形式表現出來。儘管我們對老人的評斷可能比較嚴苛，但是暴力行爲在二者身上都可能出現。存有論的觀點並不否認人格發展，只是進行比較深層的探討罷了。它既不特別肯定暴力的「先天」論，也不偏向早先討論過的「後天」論。存有論的探討焦點是指向先天與後天共同根源的結構。

我相信，心理治療進路爲暴力與侵略研究所提供的，乃是成果最豐碩的一條道路。沈思普莉西拉、卡爾或漢娜・格林的處境，我們便可以看到美國「瘋狂」與暴力的種子及根源。我很清楚把個人過度社會化的危險，但是完全避免二者之間的關連，也同樣是錯誤的。社會問題與心理問題已無法各自孤立。我早就從普莉西拉等案主身上學到對權力需求的迫切性，我相信從這樣的脈絡去了解當代社會的侵略與暴力，是具有高度價值的。

註釋

①蘇利文（Harry Stack Sullivan），《當代精神病學的構思》（*Conceptions of Modern Psychiatry*），New York: W. W. Norton, 1953, p.6：「……我們必須特別思考以能力或權力感覺為特徵的狀態。對於人類而言，這種狀態遠比饑餓或乾渴的衝動更重要。……這種權力的動機似乎是與生俱來的。」

②托赫，《暴力人》（*Violent Men: An Inquiry into the Psychology of Violence*），Chicago: Aldine, 1969, p.vii。在對獄囚的研究中，托赫讓受過特殊訓練的受刑人來訪問獄中同僚，認為這是獲得比較眞實故事的方法。該研究取得了犯人和警察雙方的報告，並從對暴力事件的了解，以及暴力人格的肇因等角度加以分析。在這本書中，托赫對警察和被監禁者都公平對待。

③同上，p.125。

④同上，p.240。伯曼（Allan Berman）有關州立監獄獄警申請人的未出版研究（〈矯正官的MMPI特質〉〔MMPI Characteristics of Correctional Officers〕，發表於東部心理學學會〔Eastern Psychological Association〕年會，紐約，一九七一年四月十六日）也提出相同的觀點：「……矯正官候選人就像受刑人一樣，顯得情緒膚淺，與社會習俗疏離，也比較無能從社會制裁中獲益」（p.4）。此外，伯曼也發現，「矯正官候選人和服刑人在侵略性、敵意、怨恨、多疑，以及蓄意採取攻擊行為等方面的感覺，似乎是相同的。」（p.6）

⑤我們在這裡指的是麻醉性藥物，特別是海洛因（heroin）。迷幻藥如ＬＳＤ也會戕害心智，會迫使當事人脫離目前的存有狀態，只是方式不同罷了。

⑥這些字眼出自協助吸毒者的精神醫師里昂（Dr. George De Leon）。這一節大部分的素材出自與里昂醫師的對話，而有關性的素材則取材自里昂醫師與同事魏克斯勒（Harry K. Wexler）共同寫作的一篇未出版論文：〈海洛因成癮：它與性行爲和性經驗的關係〉（Heroin Addiction: Its Relation to Sexual Behavior and Sexual Experience）。他們以紐約鳳凰屋療養院接受治療的二十八名戒毒者和吸毒者爲對象，研究其性行爲與毒癮的關係。性活動的範圍包括自慰、夜間遺精、性交時間長度、性交感覺的好壞等，研究方法是從多樣問題中取得個人和五人一組的答案（後者利用療養院的互動形式，也就是利用團體壓力迫使個人完全誠實回答）。從研究中浮現的性模式如下：(1)在染上毒癮前，性無能且缺乏性能力；(2)毒癮期間，對性沒有感覺，因此吸毒者沒有性欲困擾，若在毒癮期間性交的話，他可以一直不停地進行下去，但是常會有無法達到性高潮的問題；(3)戒毒後通常性能力較強，也比毒癮前更有性欲。研究指出，海洛因是藥性極強的麻醉劑，可以隔離所有的感覺。吸毒者成癮的原因之一，在於個人無法充分享受射精的快感。

⑦漢丁（Herbert Hendin），〈精神分析師診視學生革命分子〉（A Psychoanalyst Looks at Student Revolutionaries），《紐約時報雜誌》（*New York Times Magazine*），一九七一年二月十四日，p.24。

⑧電影《甜美生活》（*La Dolce Vita*，譯註：義大利大導演費里尼的作品，獲得一九六〇年坎城影展最佳影片金棕櫚獎）的第一幕，有點像整部影片的序曲，一開場便是一位白領中上階層的男士，被困在隧道入口的車陣中。他瘋狂地想打開鎖住的車窗。車窗動都不動，他也越來越驚慌。他旁邊相反方向的巴士因爲紅綠燈而停了下來，兩輛車靠得非常近，巴士的乘客一伸手便碰到男人的車窗；但是巴士上每位乘客都沈浸在自己的白日夢中，男人越驚慌，這些人的反應越像完全沒有注意到他的存在。這讓看電影的人不禁有自己住在一個瘋狂世界

的奇異感覺——我們確實在許多方面是住在這樣的世界。

用這樣的序曲做爲這部描寫我們時代的電影的開場，眞是天才之作。影片中的白領中上階層，不斷追逐聲色的刺激，以此比擬在一個彼此看不見也聽不到任何人的世界中，是怎樣接觸交往的。電影中感受到意義與價值的人，只有那些看到聖母瑪麗亞顯靈的孩子們，後來才知道其實是假的。此外，在片中自殺的風琴演奏家以及他的小家庭，也有感受到。

⑨布朗（Richard Maxwell Brown），〈美國暴力的歷史模式〉（Historical Patterns of Violence in America），收錄在《美國暴力史》（*The History of Violence in America: Historical and Comparative Perspectives*），「國家暴力防治委員會」報告，葛拉漢（Hugh Davis Graham）和葛爾（Ted Robert Gurr）主編，New York: Praeger, 1969, p.75。

⑩我在本章只描述最簡單的暴力形式；其他的暴力形式如煽動他人的行爲，將在第九章討論。

⑪克拉克，美國心理學會會長就職演說，p.10。正如另一位黑人所說的：「多少次當我在工作時，我沮喪得要命，好想大哭。我不是人，我們都不是人！我一文不值。我根本不配擁有一家小店；我們誰都不配。」

2 | *Power and Innocence*

無知世紀末

Innocence and the End of an Era

無知被用來完成無知以外的目的，

這就是令人對它起疑之處。

它使我們無法產生新的自覺，

也不讓我們認同人類的苦難與歡笑……

人類永恆的掙扎在於：或許可以不必驚見自己與邪惡的共謀。從全然無知的受害者，以及全然邪惡的暴力煽動者的眼光，來看這個世界，叫人安心多了。不論付出任何代價，都不要驚擾我們的無知。但是，在所有國度中最無知的是什麼地方呢？不就是瘋人院嗎？……完美的無知，真的就是瘋狂。

——亞瑟・米勒（Arthur Miller）

〈向她的痛楚致敬〉（With Respect for Her Agony—but with Love）

我們生活在世紀末。從中世紀曙光中誕生，始於文藝復興的這個時代，如今已走到了盡頭。強調理性主義與個人主義的這個時代，飽經內外更迭的磨難。然而，新時代的願景迄今仍只是風雨如晦中的微明燈火。遙想當年文藝復興的巨擘，哥倫布與麥哲倫等地理探險家，以及哥白尼等天文探險家，近年來我們差可比擬的探險就是月球之旅（譯註：人類首次踏上月球在一九六九年，本書則出版於一九七二年）。但是根本沒人記得漫步月球的太空人名字。我們記得的是機器設備；月球之旅的英雄不是人，而是載人的投射器，人只是這個投射物的看顧者。

但是，我們不要遽下結論，認爲人類在新世紀將成爲科技的附庸。事實可能剛好相反：科技的發展填補了古代的奴隸角色，或許會迫使我們發掘知性和靈性的內容，來填補生活中的空虛。

當前由於世代間的代溝，權力已從傳承的軸線中分離出來，令人感到困惑，而且「任人取奪」（up for grabs）。黑人、墨裔美人、婦女、學生、精神病患、罪犯等，這些原本穩居附庸地位的族群，現在都活了過來，宣稱自己的存在並表達自己的要求。對於這些族群，以及我們文化中試圖獲得自己意義，並在亂世中找到一席之地的人而言，權力都成了嶄新而迫切的議題。身處這樣日子中的無能感受——常見的另類稱呼是疏離和無助——令人覺得極端痛苦。

不過，個人倒是可以把無能變成虛假的美德，來面對自己的無能。這是個人有意剝奪自己權力的作爲；**不**擁有權力於是成爲美德。我稱此爲**無知**（innocence）。這個字源出拉丁文的*in*和*nocens*，字面意思是**無害的**（not harmful），無疚責或無罪的，不狡猾的，以及純潔的；在行動上，它的意思是「不具邪惡影響或效果，或非由邪惡意圖引起的」。

首先，我們必須區分出二種無知。第一種是具有想像性質的無知，也就是詩人或藝術家的無知。那是保留在成人內心中童稚般的澄明。萬物盡是鮮活、純淨、嶄新而色澤亮麗；從這樣純眞的無知中會流露出驚奇與敬畏。它會導向靈性：此即聖方濟（St. Francis,

1182-1226，譯註：義大利阿西西〔Asisi〕富裕布商之子，著名的基督宗教修士，創立聖方濟修會）在「鳥的佈道」（Sermon to the Birds）中所展現的純眞的無知。當他說「你只有變得像小孩，才能進天國」時，應該也說出了耶穌心中的想法。這是在成熟中保留童眞，不抹煞現實中有邪惡的觀點，或是不漠視亞瑟・米勒所謂人「與邪惡共謀」的事實。這是**眞正的無知**。

這樣的無知在關鍵時刻可以發揮眞正的保護作用。一位成長於戰火摧殘下德國的婦女說，法國和摩洛哥的占領軍在攻陷她的故鄉後，得到幾天的「自由」，讓士兵任意姦污他們遇到的婦女。雖然當時她已經十三歲（士兵連九歲女童都強暴），她卻可以毫髮未傷地從一群士兵中走過，因爲她對性交或男人的行徑一無所知。她相信是自己的全然無知救了她；如果她有過任何這方面的經驗，那麼睫毛的閃爍不定，或是不經意的眼神，也許是恐懼的眼神，都可能會引誘狂暴的士兵一把抓住她；就像狗會去咬那些牠聞出散發害怕氣味的人一樣。

另一種無知在梅爾維爾（Melville, 1819-1891，譯註：美國文學家，《白鯨記》作者）的諷刺小說《比利・巴德》（*Billy Budd, Foretopman*）中早有暗示。比利的無知類型不會導向靈性，反而會遮蔽雙眼——換言之，這是**虛假的無知**（*pseudoinoocence*）。極盡幼稚之能事，這樣的無知是永遠長不大的童年，是一種對過去的固著。它是幼稚而非童眞。當我們面對的問題太大或太可怕以至於無法思考時，如投擲原子彈，我們很容易會退縮到這種無知中，並且把無能、軟弱和無助當成是美德。這種虛假的無知會導致烏托邦主義；我們於是毋需面對眞正的危險。我們懷著懵懂的心，昧於現實，自以爲已經逃離了它。這種無知不像第一類的無知那樣，可以讓事情澄明清晰，它只能讓它們看起來簡單容易。當它佇立在我們與邪惡共謀的現實之前時，便凋萎了。這樣的無知不能認同自我與他人內在的毀滅性質；結果就像比利一樣，無知事實上成了自我毀滅。無法涵容魔鬼的無知，就會變成邪惡。

這樣的無知類似於神經官能症中的無知。那是童年時的固著，不但沒有長大，反而攀附童年，以此保護自己，對抗有敵意、不慈愛和獨裁的雙親。一位懂得利用這種軟弱的年輕案主，已經發展出一套非常精緻的模式，有一次他夢到自己是一隻被大野狼追趕的兔子。但是兔子突然間逆轉局勢，倒過來追趕大野狼；原來他是一隻穿著兔皮的野狼。這類人從自己童年中必然學到的唯一策略，就是在表面上接受情境要求的無能，然後透過隱密的手段取得他們的權力。

這個意思就是亞瑟・米勒在本章開頭所說的：「完美的無知，眞的就是瘋狂。」不過，亞瑟・米勒另有一句話，這句話在引文中被刪掉了（我不同意他這句話的觀點），他說：「〔在瘋人院裡〕，人眞正無知地漂過人生大海，完全無法看清自己。」我在上一章的論述很清楚，我不相信人不能「看清自己」，也沒有所謂眞正的無知。就像漢娜・格林這些人一樣，在異化的無知中，他們可以與精靈對話，因爲他們找不到其他願意並能夠了解他們的人。

我在本書中使用「無知」這個詞的意思，大部分是指虛假的無知，因爲那是避免承認或面對自己權力，常會使用的防衛方式。

美國的榮枯

在美國，虛假的無知和這個國家建國的歷史一樣長。做爲「上帝選民」（Chosen People）的我們，揚帆駛離英格蘭，反過來對抗歐洲，因爲它代表原罪、不義、貴族剝削和宗教迫害。這些人希望能在美洲建立實現正向價值的樂土：正義、公理、民主與良心的自由。創建新國家本身便是新耶路撒冷神話的具體表現，它不在遙遠的未來，而是已經出現在「選民」眼前的現實。就像霍夫斯達德（Richard Hofstadter, 1916-1970，譯註：美國歷史學家，著有《美國政治傳統》（*The American Political Tradition*））所言，美國從「相信完美」開始，然後才致力於發展。但是，我們如何能從完美得到進展呢？

很快在新英格蘭就出現了宗教迫害，這該怎麼解釋呢？集體屠殺印地安人又是怎麼開始的呢？於是，現實與理想間的長期掙扎便宿命地展開；沒有毒蛇的新伊甸園、幾近完美的理想美洲，與趕盡滅絕印地安人的現實，是相互對立的。這眞是倫理上的兩難！這裡引出的困惑與僞善，諷刺地出現在富蘭克林（Benjamin Franklin）的文字中：「如果天意要終結這些野蠻人，好騰出空間給拓荒者，那麼以甜酒爲賞賜也就很自然了。所有過去住在海岸的部落都已被消滅了。」從富蘭克林的談話我們可以看到，美國公民是如何把天意與神意等同於他們自己與同胞的利益。美國人是「拓荒者」，是印地安人的滅族者，這乃是神的旨意；然而殺戮印地安人的疚責，我們至今尚未面對。這就是虛假無知的標記：總是把自己的利益與天意等同。正如葛拉漢（Hugh Davis Graham）和葛爾（Ted Robert Gurr）二人所做的結論：

> 或許所有的國家都以某種歷史健忘症，或選擇性的回憶，來對待過去造成的不愉快創傷。美國人自清教徒以降，確實在歷史上把自己視為近代的「上帝選

殺率是歐洲國家的三到十倍；我們是強權國家中，勞工史最血腥的國度；大多數美國大城市的居民害怕晚上在街道行走。英國文學家勞倫斯（D. H. Lawrence）在美國旅行時曾經這麼寫道：「美國靈魂的本質是堅強、孤立、自制和殺戮。」②盧卡克斯（John Lukacs，譯註：美國歷史學家）有一篇討論暴力問題的文章，標題是〈美國的弊病不是暴力而是野蠻〉（America's Malady Is Not Violence but Savagery，收錄在《美國的暴力》〔*Violence in America: A Historical and Contemporary Reader*〕，羅斯主編〔Thomas Rose〕，New York: Vintage, 1970）。奇怪的是，這種暴力和美國人性格中相當溫柔親切的特質同時並存。爲了要解釋暴力與溫柔的同時並存，我們不得不認定，在美國人的意識狀態中，一定會出現某些特殊的衝突。

我的看法是：主要是暴力，其次是溫柔，兩者皆與我們刻意否認權力，以及伴隨的虛假無知連結在一起。就像我前面所說的，暴力起因於無力，且是無能的爆發。當否定自己的權力欲望，實際上變成掩飾高度的權力運作時，就造成了內在的矛盾：於是權力便無法減緩我們的**無力感**。它無法帶來現實權力應該導向的責任感。我們不**承認**自己擁有的，就不可能有責任感。我們無法徹底行使權力，因爲我們總是對擁有權力懷有幾分疚責。如果我們要承認自己擁有權力，就必須先面對自己的疚責。這就是爲什麼「權力」在美國時常會被轉譯成「金錢」的緣故。至少金錢是外在的。我們可以把「冷冰冰的現鈔」給他人或他國；我們大方地把金錢捐給慈善機構，意味著我們對擁有金錢懷有疚責。所以，我們是個披著兔皮的豺狼之國。

美國這個國家也無法以對敵人同理的方式，發展出一種可以減輕我們殘酷的悲憫意識。我們只要讀一讀越戰時駕機轟炸中南半島軍人的報告，便可以找出我們自絕於世界邪惡的證據。（「我不去想底下的婦孺兒童，」飛行員說：「我只想到自己有工作要完成，能把工作做好，我就很快樂。」）「兩次世界大戰都沒有讓〔美國人〕，像舊世界民族那樣，幾乎本能地產生罪惡感或覺得邪惡。……」（康馬杰〔Henry Steele Commager〕，《美國心》〔*The American Mind: An Interpretation of American Thought and Character since the 1880's*〕，New Haven: Yale University Press, 1950）由於美國人缺乏參與犯罪的共犯感，因此也不具有慈悲質素；這就成為美國人可以用人道態度生活在這個世界的必要條件。

此種無知目前正展現出強大的影響力，這點可以在瑞奇（Charles Reich）《亞美利加的興榮》（*The Greening of AmericaThe Coming of a New Consciousness and the Rebirth of a Future*）這本書中看到。批判這本書讓我陷入兩難，因為我對該書標舉的目的與精神，是如此地感同身受。我確信該書的前半部，也就是瑞奇對企業化國家的分析，既豐富又重要。他在美國歷史最初的百年中，正確地看出美國夢和無知的問題。他體認到「美式生活中的任性無知」，以及「用禁止方式去除邪惡」的態度，使得無力感吞噬了美國人民的自信和行動能力。

但諷刺的是，該書的後半部對年輕人和所有讀者的承諾，卻是極大的虛假無知。「沒有敵人……。另一邊什麼都沒有。……除了機器外沒有人想要戰爭。……即使是生意人，一旦得到解放，也喜歡躺在陽光下，快樂地在草地上打滾。因此，美國不會有任何族群的鬥爭。」（瑞奇，《亞美利加的興榮》，New York: Random House, 1970, p.348）書中引述了伍茲塔克事件（Woodstock，譯註：一九六九年八月十五至十七日在紐約上州一連舉行三天的音樂節），並把它稱爲新時代神話柔和光輝的具體實現，而完全沒有注意到該事件的後續餘波；也就是阿爾特蒙事件（Altamont，譯註：一九六九年十二月六日滾石樂團在加州阿爾特蒙舉行演唱會，因爲樂迷與受僱爲保全人員的飛車黨組織「地獄天使」發生衝突，造成一名年輕黑人樂迷死亡的悲劇事件），擔任這些歌手保鑣的「地獄天使」（Hell's Angels），就在那兒幹下了殺人事件。看那純真無知光彩的綻放，以及孩子們在野地上隨著搖滾音樂玩鬧的自在歡暢，不正是人類尚未墮落、焦慮感或疚責感還沒闖入之前的年代，好一幅令人印象深刻的伊甸園畫面。但是，可惜啊！這是屬於兒童而不屬於成人的。所謂的「第三意識」（Consciousness III）根本不是答案，這裡完全沒有「意識」存在，因爲它缺乏在「是」與「非」和善與惡之間的辯證發展，而這正是任何一種意識的誕生所不可或缺的。瑞奇寫道：「政經組織方面的嚴苛問題不僅無關緊要，甚至毫不相干。」（瑞奇，《亞美利加的興榮》，p.357）「第三意識」會完成一切，它「不需要暴力便能成功，也不會被暴力阻礙。」我們於是沈浸在一股幸福洋溢的自在中，像極了希臘古瓶上，諸神懶洋洋地半臥在奧林匹克山上的圖像。

我們真的沒有敵人嗎？當我們憶起貝利根兄弟（Berrigan brothers，譯註：丹尼爾・貝利根和菲利普・貝利根，都是美國一九六○年代的反戰社會運動人士，並因此入獄。丹尼爾是天主教神父；菲利普則曾參與第二次世界大戰，死於二○○二年十二月）後，還會這麼想嗎？蘇洛德兄弟（Soledad brothers，譯註：三名年輕黑人兄弟，他們在北加州一次監獄暴動中，被控殺了一名獄警）呢？戴薇絲（Angela Davis，譯註：一九六○年代的美國黑人激進分子。她是黑豹黨〔Black Panther Party〕的成員，曾參與爭取蘇洛德兄弟自由的行動）呢？紐約艾堤卡監獄的囚犯呢？這些人在屠殺事件後，被迫裸體受笞刑。越戰呢？越戰中使用化武以及非人性的殘酷，又怎麼說呢？瑞奇對於我們國家中已昭然若揭的跛足法西斯主義，可說毫無所悉，比如：年輕人的反抗父親、反智主義、與大眾無力感結合的暴力不斷成長，以及決策機械化和機會主義泯滅人性的官僚作風等，都是具體的例證。

瑞奇也不了解孤立、孤寂和絕望等這些影響年輕人——特別是吸毒者——的心理動因。我有一次到北加州的大瑟爾（Big Sur）參加一場嬉皮式婚禮，現場每個人都穿得五顏六色，就好像歌劇《卡門》（*Carmen*）的場景一樣。但我還是在現場每個人的眼中看到了孤立，即使置身在無知與歡樂的人群中，每位年輕人仍然流露出疏離與孤寂之情。瑞奇的書被認爲是「預言」文學的一部分，提出了美國未來所需的願景。但是，以滿是預言的《舊約聖經》這本預言書爲例，總是把邪惡感包含在內，而在瑞奇的書中卻付之闕如。該書的危險在於，它保證新世界是「暴力所無法阻礙的」，這將使得美國已經非常明顯的冷漠傾向更加嚴重。

該書讓我想起幾年前發生在加州某會議上的事件。我和一位年輕人共進早餐，他是某青春少年團體的成員，十九、二十歲左右，清秀開朗的臉龐上鑲著一雙無邪的藍色大眼睛。言談間他交給我一封他寫的信，該信已寄給他家鄉州政府的徵兵委員會主席，他很有信心自己將不會被徵召。那封信直呼主席名諱，說道：「我認爲不應殺生」，接著又寫了幾句重複相同意思的句子，最後署名「賴瑞」。我問賴瑞是否有留下影本，他說：「我不認爲有必要這麼做，徵兵委員會主席會讀這封信的。」此刻我所注視的他，眼睛和臉龐似乎太清秀、太開朗了；我可以感覺得到，他和同袍們即將步入的命運。我感覺得到那些蹂躪他們的鐵蹄；當他們像花兒一樣被蹂躪時，踐踏他們的人會像鐵蹄一樣冷血無情。我看到這些年輕人被碾碎的頭顱，我眞想大叫：「雖然你們像白鴿一樣無害，但是你們的毒蛇智慧何在？」

瑞奇對權力的否認，再次證明是這些錯誤的關鍵。他經常使用「權力」這個字眼，但幾乎都是負面的意義；它指的是企業化國家的權力、軍隊的權力，以及純粹權力所界定的極權主義。他認爲「好」的權力並不存在，權力總是腐化的。最後，瑞奇益趨狂熱地譴責權力，他寫道：「不是濫用權力才算邪惡；權力的**存在**本身便是邪惡。」我們再度看到無知與否認權力之間的平行關係。因爲這是出自一位四十四歲的法律教授之口，所以我們必須斷言它是虛假的無知。

我們今日的無知就是希望「沒有敵人」，希望可以進駐新的伊甸園，那座不受欲望、疚責與焦慮侵擾的邦園。這也意味著責任的豁免，以及回到意識誕生**之前**的狀態，因爲疚責只不過是道德意識的另一面——我們畢竟已經「吃下了智慧之樹」。我們英勇地試著說服自己，只要能找到那把「關鍵之鑰」，我們就能輕而易舉地創造一個烏托邦，裸裎、疚責與焦慮都將成爲不值得哀悼的過去。

不值得悼念，也不值得研究——這裡顯見美國當代對歷史漠不關心、不願研究的態度。要抓住這幅無知的圖像，就**必須**否定歷史。因為歷史乃是人類原罪與邪惡的記錄，也是權力的戰爭與衝突的記錄，更是人類長期朝向深廣意識發展的掙扎過程的示現。因此許多新世代人士排斥歷史，認為是無關緊要的。他們不喜歡歷史，也不是歷史的一部分，堅持以新規則玩一場全新的球賽。他們完全沒有意識到，這是最嚴重的**傲慢**行為。

這種無知在美國特別誘人，因為我們的確沒有悠久的歷史。我們對空間、根源和鄉土幾乎沒有神聖的感覺。托克維爾（De Tocqueville, 1805-1859，譯註：法國政治家及政治學者）在《美國的民主》（*Democracy in America*）一書中，對這兩者之間的關連做出非常睿智的評論：「美國人蓋了一棟養老用的房子，但是在屋頂蓋好之前，他便把房子賣掉了。……他在某地安頓下來，不久又帶著他善變的渴求，離開到別處去了，……他會跋涉千里，以擺脫他的幸福。」在同一個城市居住上千年的歐洲人就不一樣了，圍繞的城牆訴說的是先民千百年來的奮鬥，他們的信念與文化就是這樣掙來的。

其他的無知形式

讓我們逐一檢視造成當前困境的幾項原因，也就是足以說明這種無知的理由。首先是一種通俗的解釋，認爲當代的不安是因爲無法維繫「法律與秩序」造成的，它是保守政客嘲弄叫喊的最愛。它在兩方面說明了我們的無知。第一，每一項暴力或侵略行爲都可以用明確的方法來處理，也就是遵循十九世紀的美國神話，投入更多硬體及警察、國民兵、士兵等人力，問題就可以解決。這種做法的幼稚在我們的越戰經驗中完全暴露出來，直到現在它仍然對我們的自戀文化造成震撼。

第二項也是更重要的無知表現就是，有意無意地把「法律」與當時存在的某種社會「秩序」劃上等號。於是，我的**秩序**就變成了**權利**；權利與伴隨著它產生的法律歷史一樣悠久；它是神的意志，不論神意是指白人的優越、印地安人的滅族，或是任何其他狹隘的道德傲慢。

一旦與「正義」結合，爲了更大的公共利益，法律也可以被當成一套不斷擴張的彈性原則。但是，「法律」一旦與「秩序」結合，成爲「法律與秩序」這套說詞中的法律時，它通常就會成爲保守現況的辯護者。在這個迅速變遷的年代裡，我們必須極力避免墨守成規；因爲那正是我們要透過變遷去改變與改革的對象。在極速變遷的時期，生存的唯一方法就是彈性地適應改變；然而不幸的是，這正好是在暈眩的改變速度下焦慮的人們，覺得自己所沒有的能力。

強調「法律與秩序」可能會毀掉個人的自尊與自重。詹森總統在任上最後一次的「國情咨文」（一九六八年二月）中，倡議要投入更多的力量去「清除街上的犯罪」，並獲得整場演講中最大的喝采；這表示詹森總統「法律與秩序」的措辭，強烈打動了參眾兩院的國會議員。但是我們要注意的是，要如何把罪犯從街上趕走的問題。下面這段話是一位哈林區的黑人所寫的：

昨晚警察在一二五街將某個傢伙擋了下來。……警察說：「好了，大家不要在街上混，回家去！」天氣非常熱。我們家裡……又沒冷氣。……我們要去哪裡呢？但是警察就這樣冒了出來，帶著警棍，想要打人的頭……他逮捕了一個傢伙。另一個傢伙說：「好啊，我會走，但是你不要像趕狗一樣地對我說話。」……我想我們應該團結起來……每當有人拿出棍子對付我們，或是打了其中一個人的頭時，就奪下棍子打他的頭，這樣他才知道自己的頭被打是什麼滋味，需要的話就宰了他。沒錯，需要的話就宰了他。

強調「法律與秩序」本身，便可能助長暴力，也可能會使終極的革命行動變得更加血腥。

人類的尊嚴因爲警力的展示而被冒犯。幾百名警察列隊在街上，正是最足以煽動暴亂的因素之一。它既冒犯了受保護的人，也冒犯了暴力對象；因爲這種陣仗使我們都變成「無名的『他者』」。雖然我從未置身暴亂的現場，但是當我看到一群警察時，我就有想要暴亂的奇怪衝動，好像衝動正被召喚或期待似的。這樣的行爲有種教唆點火的味道；警力的增加超過一定的比例，只會讓人們覺得有什麼東西就快爆炸了。

「法律與秩序」一詞所隱含的殘酷性質，使當事人往往會以逆向操作的方式來對待自己的罪責。譬如說，我可能在法律的灰色地帶以有問題的管道取得財富，然後卻以遵守「法律與秩序」的忠實公民姿態現身，以防他人奪走我的財富。

就其最好的意義及其本身的意義而言，秩序的意思應該是指，我們共同生活工作所依據的形式與習俗；理想的秩序是指，不使和平以及人身安全受到侵擾，然後可以爲理性、情緒與精神目標的追尋，帶來心理上的安全感。但是當秩序與法律結合時，它便隱含了某種墨守成規的傾向，這是對快速變遷時代的變革加以阻撓。

會無知地緊握法律與秩序的，主要是年老世代，但新世代也明顯會運用無知來逃避，不願面對自己的無能。所謂的世代之戰，有太多荒謬的面向，例如：年輕人持續地把老師與雙親的罪行曝光、不斷地歸咎他人、說一些「LKK」的流行暗語等。但是如果我們太注意它們的荒謬性，可能就會忽略這個衝突的深層意義。這並不是說，年輕一代批評長者的理由不夠充分。漢娜・鄂蘭在寫到年輕世代時，這麼說：

他們從父母親那一代承繼了犯罪暴力大量入侵政治的經驗——他們在高中和大學讀到集中營與殺戮營，讀到滅族和虐待，讀到戰時的大規模屠殺平民百姓……。③

把這個問題看成是青年與老年的衝突，不是模糊焦點了嗎？如果他們身處父執輩的歷史處境，只能運用當時的條件，又會怎麼做呢？只因爲生於新世代的事實本身，就保證任何事一定是對的，這個觀點根本是反歷史的。此外，我們文化中的低俗神話——青春的諂媚，或「年輕怎樣都比年老好」④的錯誤信念——以僞裝的形式，完全掌控了這個社會。

當年輕人被要求表達他們自己的價値，或是有人問他們要打造怎樣的新世界中心時，得到的經常是些無聊或不知所云的答案，如不要殺生、不要丟棄塑膠用品等。這是無知的濫用。我們期待的是，有人能認眞而負責地面對眞正的問題，如權力、全國性團體的組織，以及私人生活的忠誠等，但往往事與願違。

有人覺得，年輕世代只要攻擊這類現有體制，就能得到特殊的滿足。這難道是他們對父母富裕生活感到不安，以及自己在生計上倚靠父母感到疚責，而逆勢操作的反動行爲嗎？但如果只是爲了反抗體制，這是一場不必要的戰爭，因爲所有的體制終將逐漸凋謝。在當前大學生所屬的時代中，所有人生的停泊站如性、婚姻和宗教等，都受到威脅或已經喪失了。我們有了新道德，在性、婚姻和婦女角色等領域特別明顯。新的電子科技正在快速改革我們的經濟與溝通系統，是毋庸置疑的。宗教修行也產生巨大的變革，另類佛教徒、瑜伽士和印度教徒從四面八方冒了出來。舊世代已死，新世代尚未誕生——我們的老少世代都在過渡之中。

最後我們必須要問，把科技當作現況的代罪羔羊，以逃避責任的做法，究竟伊於胡底？在美國進攻柬埔寨期間，有位參加示威的學生，他在心理治療時，談到他就讀大學時，參加示威繞行學校公園的情形，當時已瀕臨暴動的邊緣。他的一位同伴大喊：「讓我們搶電腦去！」這位學生告訴我：「我這一生就一直想砸爛一台電腦！」我在大學校園巡迴演講時，每次提到這則故事，都會引起在座學生的笑聲，這表示他們內在的某種無意識衝動，已經被釋放出來了。

爲什麼會有這種憎恨科技的**報復**情緒呢？至少，年輕人完全清楚科技帶來的災難後果，譬如空氣、大地和水源等的急速污染。他們了解到，「科技的進步似乎在許多例證上都直接導向災難；科技與機械的衍生不僅對某些階層造成失業威脅，更危及整個國家的生存，甚至整個人類的生存。」（漢娜・鄂蘭，《論暴力》，p.7）這當然是眞實的。但是如果我們認眞的話，引用同一段話也可以導出相反的結論：科技對整個國家甚至所有人類，有不可限量的價値。但是爲什麼年輕人會拒絕接受後者呢？甚至連看都不願意看呢？

我相信，他們是以拒絕來保護自己的意識。科技是由能夠擴展人類意識的複雜工具系統所組成的。舉個簡單的例子說明。一隻非洲黑猩猩用二枝木棍，把一根香蕉夾入自己的籠內；若只有一枝棍子，是無法做到的。但是今日科技對我們造成的效應正好相反——年輕人也這麼覺得——它使人類變得渺小、乾枯而且毫無人性。年輕人的痛苦經驗使他們明白，科技的強大破壞力是如何蹂躪他們，而根本不把他們的示威放在眼裡。他們發現自己沈默或高聲地哭喊著：「停止機械的一切！」有趣的是，瑞奇的這項隱喻，與一九六四年柏克萊大學第一次學生抗爭活動領袖薩維奧（Mario Savio）的比喻完全一樣，他說：「你們必須將身體放到裝置上，放到輪子上，放到槓桿和所有器械上，你們必須讓它停下來……。」

要讓機械系統停下來有許多方式，冥想、成立公社和回歸大自然都是。但是最重要的是，一種對主體性價值的新理解誕生了，它可以修正我們過度強調客觀性的傾向。這解釋了瑜伽和禪佛教的興起，也說明出現耶穌崇拜者的部分原因；它是當前各界對神秘現象興起廣泛興趣中，具有建設性的一面。就像海森堡（Werner Heisenberg, 1901-1976，譯註：德國物理學家，一九三二年諾貝爾物理獎得主）引用一則古老的中國寓言時寫道：投身於機械，使我們的舉止——

就像是機械。凡是以機械方式行事的人，便會擁有一顆機械的心。凡是胸中擁有一顆機械的心的人，便失去了自己的質樸。凡是失去質樸的人，他的心靈脈動便會不定。心靈脈動不定，將不見容於真理。⑤

許多新世代的成員已經發現，「心靈脈動」比繼承自父母的俗世物品更珍貴。他們的這項發現有很高的價值，這點沒有疑義。但是針對無知，這裡又出現某種交易現象在模糊焦點。今日的年輕人，不論生活多麼簡樸，都和我們一樣，或多或少享用了科技的好處。那些比較激進的學生，他們的父母通常也過著比較富足的生活方式，這才使得他們可以盡情於激進的行爲，並不時組成公社。他們像電影《逍遙騎士》（*Easy Rider*）中的彼得・方達（Peter Fonda）一樣，落入荒謬的矛盾中；在電影中，方達把小麥種子撒在沒有犁過的堅硬乾土上，並堅稱「它會長出來的」。他此舉證明，如果沒有農業知識，任何的善意也無法保證不讓公社成員冬天免於饑餓。當然，這許多公社失敗和經營困難的事實，並不會減損它們見證自然的道德價值。對於分擁財物的世人而言，它們是吾人良知的警鐘。

但是，只有「崇高目的」是不夠的。一位公社的觀察家說，那些必然失敗的公社，除了團體自我改善的目標以外，就別無其他目標了；然而，若干成功的公社則另有某些凌駕於公社成員之上的目標或價值，譬如特殊的宗教信念。這可以使公社成員不至於無知地相信，他們所要的事物會自動出現；也不會相信，自然不再是中性的，會符應他們的道德觀（就像是在伊甸園裡一樣）；更不會相信，只要質樸地生活，便可以莫名其妙地擺脫生命的悲劇與複雜。

我們看到，無知是貫穿不同世代的現象。因爲面對著多重的選擇，以及感知到自己本質上的無能，所以我們會渴求某種屛障，渴求不受此一無解困境的侵擾，渴求有某人或某種技巧，可以爲我們承擔這不可能的責任。其中的一種防衛方式，便是無知。小孩的無知既眞實又可愛；但是隨著我們漸次成長，成長本身會要求我們對面臨的現實開放，不論是在覺察或經驗方面都是如此。

保持兒時態度不變的無知——例如天眞童稚的無知、泛愛衆人的無知、沒有焦慮或疚責的無知、過度簡化誠實的無知——所有這些無知儘管迷人，基本上卻與現代世界格格不入。這樣的無知，會在任何一張像賴瑞般清秀、開朗、潔淨的容顏上出現；這樣的無知，會希望自然聽到我們的需要，不再中性，使我們免於傷害。這是不負責任的無知。

這類型的無知是面對權力眞相的防衛，包括戰爭機器的外在權力形式，或是身分和特權的內在權力形式。無知被用來完成無知以外的目的，這就是令人對它起疑之處。被當作免除責任盾牌的無知，也是阻擋成長的盾牌。它使我們無法產生新的自覺，也不讓我們認同人類的苦難與歡笑，兩者都被假無知的人排拒在門外。

註釋

①葛拉漢和葛爾，取自《美國暴力史》的結論，「國家暴力防治委員會」報告，葛拉漢和葛爾主編，p.792。

②霍夫斯達德引述勞倫斯的這段話，並且說道：「勞倫斯聲明中包含的眞相，似乎比我們願意承認的更多」（〈自發、零星與散亂〉〔Spontaneous, Sporadic and Disorganized〕，《紐約時報雜誌》，一九六八年四月二十八日）。我不希望自己看起來像是在抹黑美國；我只是試圖澄清事實，以便觸及表面下的心理因素。

③漢娜・鄂蘭，《論暴力》（*On Violence*），New York: Harcourt Brace Javonovich, 1969, p.14。

④這是年輕世代吸納老年世代偏見的第二種方法；第一種方法相信，歷史是無關緊要的。

⑤海森堡，〈當代物理的自然表徵〉（The Representation of Nature in Contemporary Physics），收錄在《宗教與文學的象徵》（*Symbolism in Religion and Literature*），羅洛・梅主編，New York: Braziller, 1960, p.225。

3 | *Power and Innocence*

語言：一切的根本

Language: The First Casualty

欺騙似乎已被接受為一種溝通方式了。

在這樣的困惑下，

我們的公共生活於是出現了一種更為嚴重的失調，

那就是語言與討論的事項越來越無關。

身為詩人，只有一項政治責任，那就是不使自己的語言腐化。如今問題特別嚴重。語言正快速地腐化。語言腐化時，人們對所聽到的會失去信心，這就會導致暴力。

——W・H・奧登（W. H. Auden）

處於一個劇烈變遷的時代，最先瓦解的便是語言。奧登說得好，這將直接導致暴力的風起雲湧。比利・巴德一拳打死船上大副，他在受審時說：「如果我能夠動口的話，就不至於動手了。……我只會用動手的方式來表達要說的意思。」就是因爲舌頭不溜（他嚴重口吃），所以他只能用肢體熱情的方式來表達。

暴力與溝通是彼此互斥的。簡單地說，只要他是你的敵人，你就不可能和他說話，而一旦你能夠和他交談，他就不再是你的敵人。這個過程是相互影響的。當某人想對他人施暴時——譬如一把怒火油然而生，或自尊受傷需要立即報復——說話的能力會自動被神經機制所阻隔，身體釋出腎上腺素後，將能量調整到肌肉去，隨時準備打一架。如果當事人屬於白領中產階級，他可能會迅速地調整步伐，直到可以控制暴力，用語言表達爲止。如果當事人屬於無產階級，他可能就一拳揮出了。

在談到嬰兒身上的權力來源時，蘇利文指出：

哭是嬰兒最有力的工具。哭是口腔、嘴唇、嘴巴、喉嚨、臉頰、聲帶、肋間肌肉以及橫隔膜的表現。從這樣的哭聲中，人們衍生出一大堆強力的工具，並由此發展自己與他人相處的安全感。我指的是包括文字在內的語言行為與操作。①

當我們思考爲什麼會有語言時，我們便能了解這些現象的原因。文字是由理解潛能的無形網絡所產生的；它是一種人際的同理連結，也是一個共享的結構，以及認同他人的能力。這種理解潛能不只是文字而已，它隱含的是一種「我群」（we-ness）的狀態，一種能統合人們的連結，在母親子宮中受孕然後出生的事實，便是這個狀態的雛型。如果沒有胚胎成長所居的子宮，就不可能有語言；如果沒有出生，更沒有必要有語言。這個與他人的辯證連結、我們可任意進出而經過千百年來的演進，人類運用深刻複雜的方式，已經從這個連結中發展出語言來。個人既受限於他人，同時也獨立於他人之外。由於人類具有這種雙重性質，於是有象徵與神話的誕生；它們是語言的基礎，搭建起人際鴻溝的橋樑，使人類得以再次連結在一起。

象徵的「橋樑」功能可在**象徵**（symbol）這個字的二個希臘字源中，看得更爲清楚：「同」（σύν, with）和「抛」（βαλλειν, to throw）。字面上的意思是「拉在一起」。它將不同的經驗面向拉在一起，諸如意識與無意識、個人與社會、過去與當前等。**象徵的**（symbolic）這個詞的反義字是**魔鬼的**（diabolic），也就是「拆散」的意思。於是，所謂「魔鬼般」（devilish）的功能，便有分離、異化、打破關係的意思，和聚集、接結與統合的意思形成對比。古人對語言腐化危險的了解，並不亞於現代人。柏拉圖安排蘇格拉底在《斐多》（*Phaedo*，譯註：柏拉圖晚期作品，談論靈魂不朽的主題）中說：「語言的誤用不僅本身令人討厭，實際上對靈魂也有傷害。」而社會中抑鬱的當代批評者，也有類似說法：「堅強的社會有賴共通的語言與概念，我們很清楚，美國的黑人社群與白人社群說的是不同的語言，對於社會現況的理解也是分歧的。」（亞伯曼斯等〔Richard Abrams, George Vickers, and Richard Weiss〕，《暴力對話》〔*Dialogue on Violence*〕後記，里歐伯德〔Robert Theobald〕主編，New York: Bobbs-Merrill, 1968, p.90）

既然象徵匯聚了豐富的意義，也就會釋出極大的能量來。譬如，年輕世代的長髮和嬉皮式衣服，就是反對競爭與貪得無厭的美國經濟的象徵。尼克森、安格紐（Agnew，譯註：尼克森總統的副手，第三十七任副總統），還有若干其他的美國人，對這種髮式與牛仔褲感到憤怒。長髮和牛仔褲本身是無傷大雅的，但是做爲年輕人反抗美國正副總統所認同的價值的象徵，就十分強而有力了。

當人際間的連結被毀掉時——也就是說溝通的可能性破滅了——侵略性和暴力便會產生。對語言的不信任，以及暴力和侵略性，是同一處境的兩面。②

對語文的不信任

對語言的深度懷疑，以及我們自身與人際關係間相互影響造成的貧乏，正瀰漫在我們的時代中。無法與他人溝通自己的感覺與想法，使我們感到絕望；喪失感受的能力和身分的認同，則使我們更加抑鬱。身分認同喪失的背後，是認同和語言所仰賴的象徵與神話失去了力量。

在喬治・歐威爾（George Orwell, 1903-1950，譯註：英國小說家，代表作有《一九八四》與《動物農莊》）的寓言式小說《一九八四》中，語言崩解的景象被生動地描繪出來。在書中，人們不只歷經「雙重思考」的過程，而且用語上也表達完全相反的意思，例如：**戰爭**表示**和平**。在貝克特（Beckett, 1906-1989，譯註：出生於愛爾蘭都柏林，後移居巴黎並開始從事法文創作，其中《等待果陀》讓他成爲二十世紀最重要的劇作家之一，一九六九年諾貝爾文學獎得主）的《等待果陀》（*Waiting for Godot*）中，當包宙（Pozzo）這位工業家命令他的知識分子奴隸拉奇（Lucky）說：「思考，豬！……思考！」時，同樣也緊扣我們的心弦。拉奇開始講出一堆拼湊的話，冗長的字詞串接起來，沒有一個句點，總共長達三整頁。他最後暈倒在舞台上。這就是「只有空洞贅詞，語言狗屁不通」的生動描寫。

語言崩解的現象在一場學生示威事件中表露無遺，他們抗議的是必須聆聽的「話語，話語，話語」；他們對於必須重複聽到相同的事物感到噁心，隨時準備以「語言垃圾」或「口語意淫」等罪名，來控訴學校的教職員。這大體上是在批判講課方式。但是學生們眞正要說的，是那**種**在說者與聽者之間沒有「生命」交流的講演。我們必須承認，這多半已成爲學術生活的特質，如此一來，學生對與生命脫節的教育抗議，就更擲地有聲了。大學圖書館的書架上，堆積的都是那些爲寫而寫的書；書的精華部分越寫越少，甚至與追求眞理的興味毫無關連，只是爲了地位與名聲。而在學術圈中影響重大的，正是地位與名聲這二項價值。難怪年輕的詩人對言說不再執迷了，他們主張最好的詩就是「一張白紙」，而他們在舊金山的嬉皮情愛會就是如此。

在疏離與孤立的時候，我們渴望簡單而直接地表達我們對他人的情感，那是一種與他人生命的直接關連，例如與他的眼神交會，或靜靜地站在他身邊。我們企盼彼此能夠心緒相通。我們要尋找的無知，就是天堂孩子的純眞無知；它自盤古開天以來就有，但到了我們身上卻是全新的事物。我們渴望透過私密的身體，縮短建立親密關係所需的時間；我們想以身體語言直接躍入，與他人合一，儘管我們知道那並不完整。簡言之，我們渴望能繞過整個象徵／口語系統。

於是有別於談話治療的行動治療，便成爲當代的大勢所趨；而且我們堅信，當我們能夠活出自己的身體脈動和經驗，不迷失在僵死的概念中時，眞理即會浮現。因此，互動團體、馬拉松、裸體治療，以及ＬＳＤ和其他藥物的使用，也就應運而生了。簡言之，這是在**沒有任何人際關係**的情況下，把身體帶入人際互動的運作。一切因緣都如雲露雨電；今日的多采光芒，明日的滄海桑田。

我不想貶抑這些治療形式，也不輕視身體的運用。身體也是自我表達的一種方式；如果我**就是**我的身體，那麼身體當然有其價值。但是我**也是**我的語言。我想要指出的是，行動治療的破壞傾向，就隱含在它們企圖繞過語言的作爲中。

這些行動治療與暴力的關係密切。當它們變得越來越極端時，他們就在暴力的邊緣徘徊，不僅團體本身的內部活動是如此，動員參加外部的反智主義運動也是如此。渴求出於絕望，也就是不被了解、無法溝通，或沒有能力去愛所造成的沮喪。不是跳過建立親密關係所需的時間，就是要立即感受到他人的希望、夢想和恐懼，渴求和絕望就是這樣產生的。③

但是，親密關係必然來自一段情史，儘管這情史必須由兩人共同創造。我們忘記人是創造象徵的動物，這是很危險的；如果象徵（或是由象徵模式組成的神話）變得貧瘠荒蕪，我們應該哀悼而非否認。我們應該正視象徵的破產，事實上，它是絕望之路必經的驛站。

我們對語言的不信任，是由「媒體即訊息」的現象衍生出來的。電視上出現的話語多半是謊言，不是說錯話（若是這樣，至少還隱含著對話語的尊重），是爲了「販賣」講者的人格特質而說話，而不是爲了意義的溝通。不重視語文**意義**，只強調語文**公共關係價值**，這是更精練的一種操作手法。語文在此與眞切和人道的目標——例如分享純眞溫暖的事物——無關。因此，媒體傳達出一項強烈的訊息：只要有媒體運作，就沒有訊息可言。

「信用落差」（credibility gap）不只是單純的想要騙人而已，這種情形在戰時十分顯著，其他時候也會出現。我們在聽新聞播報時，會懷疑眞相何在，以及我們爲何沒被告知眞相。在我們這個時代，欺騙似乎已被接受爲一種溝通方式了。在這樣的困惑下，我們的公共生活於是出現了一種更爲嚴重的失調，那就是語言與討論的事項越來越無關。事實背後的邏輯關係被否定，語言根植於某個共享結構的事實也完全被漠視。

舉例說明將有助於我們理解。美國入侵寮國（譯註：寮國〔Laos〕起源爲八世紀的瀾滄王國，十四世紀爲鼎盛時期。爾後爲法、日占領，直到一九五四年才再度獨立，但立即又捲入美蘇的冷戰中，美國並於一九六四年以支援親美勢力打擊共產黨之名，入侵寮國，直到一九七三年才恢復和平，並於一九七五年成立寮國人民共和國）六天後，美國國內尚未宣佈，當時的國防部長賴德（Laird）在步出三軍委員會（Armed Services Committee）的會議時，遭到一大群駐點記者的圍堵：

記者：部長，各種消息來源都指出美國計畫入侵寮國，這是真的嗎？

賴德：我剛開完三軍委員會議，我要說的是，我們針對徵兵的討論既寶貴又和諧。

記者〔群起抗議〕：那不是我們的問題，部長。〔此外〕《消息報》（*Izvestia*，譯註：蘇俄共產政府的機關報）已經報導了入侵的消息。

賴德〔微笑〕：你們知道《消息報》一向不報導真相。〔記者群針對同樣的

問題又再問一次〕

賴德：我會竭盡所能確保戰場我軍士兵的生命安全。今天到此為止。〔他離開現場〕

我們不能說，賴德部長說的都是假話；他所說的每一句話顯然都是事實。唯一的關鍵是，他的語言否定了整個溝通的結構。他的回答與問題完全沾不上邊。一旦變成慢性、極端，它就是精神分裂的一種，但是在我們的時代，它只被稱作「政治」。

淫穢與暴力

語文解體前，有個中繼階段。那就是淫穢。它運用語文打擊我們的無意識期望，破壞我們的安頓，並切斷我們習慣的關係形式，由此獲得權力。淫穢的文字以虛無的不安威脅我們。淫穢宣洩從前所禁止的，揭露從前所遮蔽的。因此它能持久，並引起我們的注意。

這可以是建設性的，也可以是毀滅性的。當龐德（Ezra Pound, 1885-1972，譯註：美國詩人）寫下：

冬天來了，
讓我們唱該死的……
該死的你，唱：該死的，[4]

出人意料的震撼效果，使詩人緊抓住我們的目光；因爲我們以爲會聽到的，是中世紀英國民謠之類的東西。這樣的語言有其道理：詩人必須寫出「狂」（guts）文。淫穢是種攻擊的過程，針對過去的神聖事物，並發生在文字失去其神聖特性之際。文字已失去所有意義的根源，除了空洞的形式外，什麼都不是，這常常是確有其事的。

當代藝術也出現同樣的情形。許多畫家透過鮮血和血塊，以及傳遞此類印象的煽情色彩，吶喊道：「**你必須凝視，必須注意，必須用新的眼光了解。**」雖然讓我們感到震撼，但這的確可以教導我們，不只要注視，也要去了解。

語言的崩解，對極左派而言，已是非常清楚的事。魯賓（Jerry Rubin, 1938-1994，譯註：嬉皮戰士，新馬克思主義者）在他的書《實踐》（*Do It*）中說：「再也沒有人用文字溝通了。

文字已經失去情感渲染、可親、震撼和造愛的能力。」⑤他繼續說：「但是還有一個字尚未被美國人毀掉，仍能維持其情緒渲染的力量和純粹性。」你可能也已經猜到，那就是**幹**（fuck）這個字。它還能維持它的純粹，是因爲它不合法度，魯賓說；所以它還有點新鮮、有點力道。

我同意這個字確實具有情緒渲染的力量。但是，它的力量與字**義**有關嗎？不，正好相反；它已經背離了原始意義，不再是兩人身心解放下的溫婉關係，而是一種剝削，一種侵略性的表現。**幹**這個字正好證明了我的觀點，文字被扭曲成**相反的**意義。文字逐漸衰敗到某個階段，就會失去它原來的意義，在淫穢中披上激進的外衣，然後逐步被遺忘了。

當語言被用來煽動人們的侵略情緒時，其暴力程度並不亞於肢體的力量。美國入侵柬埔寨後，在紐約華爾街抗議的學生群衆有一句特別的口號：「嘰哩呱啦，去你媽的鬼戰爭。」他們似乎完全忽視了一個事實，如果你對中上階層的股票經紀商不斷地叨唸，會把他搞瘋掉，而出現第一章提到的那種不理性爆發，好像你用警棍打他時那樣的抓狂。他的憤怒和戰爭毫無關連。全是因爲**幹**這個字引起的，這些白領人士對於該不該在公共場合使用這個字眼，有非常嚴格的信念。

淫穢是一種心靈暴力的形式，可以被非常有效地運用，也是可以激起致命肢體暴力的武器。使用它的人，應該要了解這一點。意見不同的兩方會使用暴力語言，乃是我們這個時代的標記。這根本是以暴制暴，不論使用者是警察、政府或年輕人自身，都是行不通的。

語文與象徵

在流變的文化中，語言所以重要是因爲它提供了**象徵形式**，讓我們藉此展現自己，也使他人向我們展現。溝通是我們互相了解的方式，少了它，我們就像在夢中流浪異鄉的人，完全聽不懂旁人所說的話，對旁人也毫無感覺。這樣的人眞是孤立極了！

在人類登陸月球的那個週末，電視台記者在事件發生後，立即訪問了中央公園現場的民衆。針對爲何在此等候的問題，有人這麼回答：「我們等著看太空船以外的活動。」這個「太空船以外的活動」（extravehicular activity）片語，引人遐思。它的主要字詞由六個音節組成（譯註：即 ex-tra-ve-hi-cu-lar 六個音節），而且是高度技術性的；就像許多技術性用語一樣，它所說的是太空人**不**會做的事，而不是他們要做的事。「活動」這個詞泛指一般行爲——游泳、飛翔、爬行、潛水等。該句不是詩句，沒有任何想像空間，純粹是技術性、普遍性的描述。最後我們才弄明白，原來這個多音節片語的意思是「月球漫步」。這就是個**具有詩文意義的**片語了。句子裡都是單音節的字詞，直接取材自我們的生活（我們從一歲起就開始學走路），讓我們想起所有浪漫的月亮傳說。事實上它比科學的句子更眞實，因爲它揭示的不是抽象，而是你我都會從事的行爲。

我們越仰賴技術，越欠缺人際溝通意義的相對發展，我們就會變得益加疏離。溝通已被形式的公報取代。

溝通的崩解是靈性的課題。語文所以有溝通的力量，是因爲它們融入象徵。象徵把意義聚合成某個「完形」（Gestalt），因此具有神秘特質，可以指涉超越自身的眞實。象徵賦予字詞力量，可以把某人的情緒形成意義傳遞給他人。因此，象徵的崩解乃是靈性的悲劇。象徵總是意在言外，義蘊無窮。凡是象徵性的文字總是超越明言的層次；要緊的是弦外之音，那石頭丟入湖中泛起的意義漣漪，是字詞蘊含的深義，而非確切的定義。它與詩人運用的「完形」類似。那是在語言的陳說中自然浮現的形式，而這就是爲什麼人們在壓力下做的報告會更具詩意的原因。

當然，這一切和我們向來被教導的恰恰相反。我們被教導說，用詞越限定，說話越精確。更精確是沒錯，更眞實倒未必。有了這種觀點，我們的語言便越來越技術化、普遍化和客觀化，直到完全用科學術語交談爲止。這種溝通方式當然沒有問題，而且也是科技時代風行的方式。最後誕生了電腦語言；然而，我對比肩漫步鄉間的友伴卻一無所知，有如置身在兩根眞空管裡一樣。

語文與經驗

年輕世代所謂的「只有思想」或「只有文字」，與**經驗**之間的差別，是一個要緊的問題。這點對我們特別重要，因爲在歷史上，「經驗」也曾被設定與無知對立。凡是「無知」的女孩便是處女，而有性交行爲的女孩或婦女，便是「有經驗」的。⑥經驗被設定與「概念」對立，例如，存在主義經常被誤認爲是否定思想的，但是當新信徒讀到沙特或田立克（Paul Tillich）時，卻往往驚訝地發現，存在主義者也是偉大的思想家和論理家。

經驗強調行動，重視體現，或是引用麥克雷斯（Archibald MacLeish）的話，「要有如人飲水般」的感受。在體驗中，我們讓事物的意義滲透全身，從情感、行動、思想，一直到最後全體作用的決定爲止。熱中體驗乃是把更完整的自我納入生命圖像的努力；也就是以整體來體驗生命。經驗被設定用來對治人的一隅偏見，譬如，行爲主義當然是經驗的一部分，但是當行爲主義變成整體理解人類的方式，以及膚淺的生命哲學時，它就具有破壞力了。

人可以且應該**反思**經驗。這樣做不僅賦予思想力量，也是一種生命交流。在我的教育過程中，最重要而澎湃的經驗便是聆聽田立克的講課。田立克是德國人，一流的學者，很看重課堂的講授。他對生命與眞相滿懷信念，也是深具邏輯思考能力的思想家，往往將其發揮得淋漓盡致。他的每次講課都富有生命力，喚醒了我的生命。他的講課便成爲我理想中的講課形式。

說反思也是經驗的一部分，既武斷又令人困惑；我們必須讓思想回歸它自己應有的功能。用經驗阻絕思考，或用「當下」的經驗規避歷史的意涵，都是錯誤的。年輕一代攻擊「只有」思想、「只有」文字等現象並沒有錯；但是當他們在「體驗生活」的僞裝下，「只有」緊握情感、行動，或任何其他人類的部分功能時，也犯了同樣的錯誤。「經驗」於是成爲知識怠惰、疏於執行的藉口。

文化是人群溝通的結果，一個漫長建構的過程，得來不易，非千萬年不能竟其功。

其間，溝通和概念的思考交織爲一體；相互涵泳，彼此成就。勞倫茲（Konrad Lorenz, 1903-1989，譯註：奧地利動物學家，現代行爲主義創始人，一九七三年的諾貝爾醫學獎共同得獎人）說：

> 人活著，但文化會死去，這是我們今日的威脅，因為這個堆疊的龐大知識體，其成長與擴充是不能缺少頭腦、書本與傳統的。文化不是打高空的事。它就是人的自身。⑦

勞倫茲認爲，盧梭（Rousseau, 1712-1778，譯註：法國思想家、文學家，主張人權平等崇尚自然，著有《民約論》、《愛彌兒》、《懺悔錄》等）妄想的高貴野蠻人（noble-savage），將會造成巨大的傷害。這種高貴的野蠻人最多只是個白癡。想要抹去一切重新開始的年輕人最好了解，這表示我們將回到石器時代之前的克魯馬農人（Cro-Magnon）時代。

> 傳統的語言花了數十萬年才進化完成，卻可能在幾代間便消失掉。語言在當代已變得貧瘠，因此，邏輯表達能力也變差了。⑧

在我們這個年代，當概念失去了生命力，會產生拋棄概念性思考的傾向，是可以理解的事。不過，沒有概念，就沒有眞正的經驗；而沒有經驗，也不會有活潑的概念。概念賦予經驗形式，但是經驗的存在，可以賦予概念內容和活力。

註釋

①蘇利文，〈基本概念〉（Basic Conceptions），收錄在《當代精神病學的構思》（*Conceptions of Modern Psychiatry*），New York: W. W. Norton, 1953, p.15。

②我說的侵略性，不是「情人吵架」的那種，此時的侵略其實是想要復合的表達。這是出於「愛」，而不是其反面；我們仍想交談，它是可以促發生機的。我說的是愛的眞正反面——憎恨。那是盡可能要遠離他人的狀態，此時語言死了，說話和溝通的能力也都死了。這裡的難題在於，導致暴力的憎恨必然與愛有某種關連，否則它便失去能量，也不値得努力爭取了；這一點和上述的情況不同。我們努力爭取的任何事情都是愛恨交織的，受到壓抑的愛，因爲壓抑而提供了憎恨的動能。

③我收到的許多來函告訴我，他們在閱讀《愛與意志》（*Love and Will*）時，不斷地受到「感動」，我彷彿「即刻現身於〔讀者〕眼前」，儘管寫信的讀者可能從未見過我，或者根本就在千里之遙的地方。接下來，信中通常會對我具有當下現身的能力表達敬意。然而多數來函者不了解的是，這種存有體驗其實是我八年來不斷寫作和改寫的成果。僅有寫作和改寫，是無法「感動」讀者的，只靠我的體驗也無法單獨成就。二者缺一不可。

④利維（Alan Levy，譯註：著名新聞記者，一九三二年出生於紐約市，曾專訪龐德、奧登等多位大師），〈龐德的沈默之聲〉（Ezra Pound's Voice of Silence），刊載在《紐約時報雜誌》，一九七二年一月九日。

⑤魯賓特別在每個標點符號和印刷技術上極盡運用之能事，以展現單靠寫作所無法發揮的效應。魯賓，《實踐》，New York: Simon & Schuster, 1970, p.109。

⑥即使在今日的法國，當有人問你是否「有經驗」時，指的也是性方面的意思。

⑦〈與勞倫茲對話〉（Talk with Konrad Lorenz），《紐約時報雜誌》，一九七〇年七月五日，p.4。

⑧同上，p.5。

4 | *Power and Innocence*

黑人與無能：莫西荻的一生

Black and Impotent: The Life of Mercedes

如果我們像美國人的傾向一樣過度譴責暴力，
甚至想將暴力的潛能從人的身上連根拔除，
那麼我們便奪走了完整人性的要素。
對於一位自重的人而言，暴力總是最後的可能……

黑人的真正悲劇是他沒有認真看待自己，因為從來就沒有人認真看待過他。黑人的希望在於他能確知自己真的是個人，並且要求人的權利。如果他成功贏得這些權利，他面對白人的排擠時，就能尊重並信任自己了。少了尊重和珍惜人性的能力，黑人就無法贏得擁有人類尊嚴的權利。

——克拉克（Kenneth Clark），《黑暗貧民窟》（*Dark Ghetto*）

本章是心理治療的一個案例，說明一位年輕黑人女性的心理進展過程：她從幾乎完全無能的狀態，發展出自尊和侵略的能力。她在一種無能的狀態下出生、長大；既是黑人，又是女性，這兩個要件大幅增加她的無能感受，絕非偶然。

有一種極端無能的形式，會使婦女無法懷孕。我們姑且稱這位女案主爲莫西荻（Mercedes），她眞心想生個孩子，先生也希望如此。但是她每次懷孕都流產，或是爲了各式各樣的理由而墮胎。不論一般人對生產的看法如何，那的確是個人權力的顯現，是自我的延展，是自己新生命的育成，也是一個新的存在體。這點在女性身上特別明顯：許多婦女只有在懷胎時，才會綻放出信心。但是男性也有肯定男子氣概的經驗。身爲父親的驕傲，雖然是陳腔濫調，但也不該因此而貶抑其價值。

我初見這位三十二歲少婦的莫西荻時，她看起來像是西部的印地安人，異國風味的外貌令人驚艷。她解釋說，自己有四分之一的查拉幾（Cherokee，譯註：北美洲印地安人的一支，原居住在美國東岸）印地安人血統，四分之一的蘇格蘭人血統，剩下的一半是黑人血統。她和一位白人男性專業人士結婚八年，並經由先生的治療師推薦到我這裡。他們的婚姻瀕臨破碎邊緣，部分原因是莫西荻所說的脆弱，她對自己的先生毫無「性」趣。

她從不認眞看待「自己需要幫助」這件事，只是宿命地接受自己的問題，對她而言，每個困境都是不可避免的命運展現。她唯一承認而且想要對抗的問題，就是上述的不孕。當時她已經流產或墮胎了八次。

前二位治療師已判定她無法進行精神分析，他們認爲她動機不足，對自己的問題無法產生足夠的內在衝突。他們覺得她對自己的問題沒有充分的內省，也沒有足夠的感覺讓她長期投入與治療師共同合作的過程。她似乎沒有壓抑自己的問題，只是不相信自己有改變的能力。

我會接手此一個案，部分原因是基於自己的信念：「無法治療」這個標記不是指案主的狀態，而是個別心理治療師的方法局限。重要的是，心理治療師要試著敲開通往案主問題的大門。

在第一次治療中，莫西荻告訴我，繼父從她十一歲到二十一歲期間，一直逼迫她賣淫賺錢。放學後，繼父會在她母親下班前帶男人上門，每週好幾次。她的母親表面上似乎毫不知情。

莫西荻並不覺得自己賣淫有什麼大不了的；除了極少數的例外，她從未有過性的興奮感，只感到男人對自己的欲求。不論交易的金錢有多少，她分毫未得。但是她無法拒絕繼父，至於不配合繼父，更是她想都不敢想的事。她後來去上社區大學——在治療過程中，她想起大學時的IQ測驗爲一三〇～一四〇之間。她當時加入某個姊妹會，在那兒經歷了應有的一切成長。在那段時間，被迫賣淫的勾當持續進行。一直到她唸完社區大學，離家去上護校，搬出母親的房子後，才脫離繼父的魔掌。

莫西荻是一位看似溫馴的「好」人，接納自己在家中的協調者角色。她在黑人區長大，幾乎一出生便學會討好所有的人；她是被動的，不論生命要她做任何形式的犧牲，她都接受。她盡心照顧同住的祖母。但是她不完全懦弱，就像周遭的人一樣，她也學會打鬥。她不只在學校和街上爲自己而戰，並保護成長中的弟弟，她與街上小孩打鬥時非常兇悍。

我假設在某個層次上，她必定痛恨被迫賣淫，這個假設在稍後治療中，得到她兒時記憶的支持。她在小時候到維吉尼亞州親戚家玩的時候，目睹一隻公驢不斷想要和一隻母驢交配，但是母驢只是冷漠地站在一旁。「我**痛恨**那隻驢子！」她抗議說。她這句話中突然冒出的熱情與眞誠，顯示她一直認爲賣淫是令人痛恨的屈辱。但是在剛開始治療的頭幾個月，根本不可能確認她對賣淫勾當有何信念。

我知道莫西荻在表面下，深感無助、冷漠且長期憂鬱。但是上述診斷對我們的幫助不大，因爲任何人身處其境一定會同感抑鬱的。我們必須要看到更多生命中的內在動能才行。

消失的怒氣

當我問她，想從我和治療中得到什麼時，莫西荻有好一會兒完全無法回應。她最後說，她發現自己經常祈求地說著下面這段話：「讓我生個小孩！讓我成爲一位好太太！讓我享受性！讓我有點**感受**吧！」

第二次治療時，她說了下面兩個夢。都是和她的寵物狗露比有關，就像她所說的，她經常把自己看成是露比。

> 我的狗露比受傷了。那一定是割傷，因為我也有。我帶牠回家，但是牠再度離家出走，跑進地鐵去了。那兒有個男人護著一隻小獵犬。我問說：「露比往哪裡跑？」男人說有一個高大的警察打中牠，並把牠抱上一輛救護車載走了。我說：「那是我的狗！」但是他們不讓我去看牠。

> 露比再度跑掉，我邊喊邊追牠。我將露比從一個男人手下救走。因為這樣我必須接待那男人。男人認得我，因為他曾經看過我在運動。我邀請他到家裡晚餐。他靠過來，色迷迷地碰我。我試圖踢他，但是我後面被撞了一下。每一次我想踢他時，便被人從後面推向男人。我轉過頭去，看到母親將我推向男人。

這兩個夢活生生地描繪出一位極端無助女性的圖像。在第一個夢中，狗被射殺並帶走，警察不顧她哭訴狗是她的——一幅「當權派」分子專橫釋放「白種男人負擔」的生動圖像。他們對莫西荻的感受或權利完全不尊重，認定她沒有任何權利或感受。她在夢中反映創造的處境，本身便足以毀滅任何未臻成熟的個人自尊——如果她身上出現過這種自尊感的話。任何試圖接近自己受傷寵物的努力——救她自己——都是無用的；這—個—世—界—就—是—這—樣。

因爲這個夢出現在治療初期，所以我們必須問：莫西荻是否在第二個夢中，透露出她對我這位治療師的態度。夢中所有的變形都可被解讀成是指我——我射殺了狗（或**莫西荻**，因爲她把自己看成那隻狗）；我不尊重她的感受；她要從我手中解救露比，也就是那個她「虧欠某些東西」，並對她毛手毛腳的人。難怪她無法投入治療中！她對我這些隱含的意思完全不自覺（我早就注意到了，但認爲不宜太早在治療中提出）。我極爲確定，這兩次治療沒有什麼變化，都要歸因於她的這種態度。我們必須假定，她把自己與男人的所有關係，都看成是一種權力掙扎，特別是白種男人：男人是贏家，她是無能的受害者。

這種我—只—是—個—奴—僕的態度，在第二個夢中有了更進一步的發展：**因為她從某個男人手中救出露比，所以她欠這個男人一份「招待」**。這個奇怪的「不義邏輯」竟然出現在這樣的人身上，他們被迫接受別人尊貴而自己貧賤的事實。這正好違背了做人有其價値的假設；她是天生就簽下了賣身契；即使是拯救她的行爲也要求她回報男人。性是她給予的形式之一，也是她擁有而男人渴求的條件；男人以性剝削她，做爲她的回報。而這個案例中的回報，本來就是她自己應該擁有的東西。如果她對男人說不，如果她得到本來便屬於她的東西，那麼她就會覺得從這個世界奪走了某些東西。

但是，這個夢最重要的還是她母親的角色。她將自己的女兒推向男人。這個夢說明，母親不只從頭到尾都知道這回事，而且主動教唆。她的母親很清楚自己女兒被迫賣淫的事。

莫西荻開始治療後不久便懷孕了。我接著注意到一個極端有意思的現象。她在每二週一次的治療時，都會報告自己的陰部出血，以及一個自己做的夢，前者不論就醫療或她自己的判斷而言，都是流產的症狀。而在夢中攻擊並試圖殺她的，通常是她的母親，而不是她的繼父或其他人。這類夢境與預告流產的出血一起出現，此點最讓我感到震驚。

我最初便假設，莫西荻對夢中有人要暗殺她會感到憤怒；我試著引導她的憤怒。她會靜坐在那兒，對我表示同意，但卻毫無感覺。我越來越明白，她對母親、繼父或任何出現要殺她的人，完全無法生出怒氣。這實在於理不合：當有人要殺你時，你應該感到憤怒才對。這正是怒氣在生理上的作用——對毀滅你存在力量的人的情緒反應。

我從第二個夢得到提示，並假定她與母親的爭鬥是她慣性流產的眞正原因，我也假設她懷了孩子後，便暗自覺得母親（或繼父）會殺了她。懷孕等於將自己的死亡請入甕中。

但是，我們面對的是急迫的實際問題：不論理論多正確，通常都需要好幾個月的時間才能真正說服案主，進而產生效應。我們可能會面臨類似的自發性流產。怒氣無論如何得表達出來才行，可是房間內另外的人只有我。我於是有意無意地決定取代她的位置，表達出我的怒氣來。

每次她的陰部開始出血，並引發這類夢時，我便會以言語對那些想殺她的人反擊。基本上，我會利用夢中不時冒出的人物，來攻擊她的母親。這些因爲她懷孕便想置她於死地的可恨人物，究竟是怎麼回事？她那可恨的母親，從頭到尾一定都很清楚賣淫這檔事，並且就像在夢中的情境一樣，逼迫她接客。她不斷犧牲莫西荻，以此巴結留住丈夫，或爲了其他人神共憤的理由，剝削了自己的女兒。畢竟，莫西荻（我繼續發洩）已經盡力服侍了所有的人，甚至接受身體的奴役。這些人卻還有權力不讓她擁有她唯一想要的事物——自己的孩子！

我提供莫西荻一個發洩怒氣的出口，這是她永遠不敢表現出來的。當時我所訴求的，是每個人身上都應該有的微小自主性，雖然這在莫西荻身上從來就不曾存在。

起初她還是靜坐著，對我所表達出的怒氣略感驚訝。**但是她的出血停止了**。她一有出血徵兆和這類的夢，我便跳出來反擊，並表達出她無能也不敢擁有的侵略性。她在懷孕期做了一些夢：

> 我繼父會猛打我，以干擾寶寶。他對我懷孕一事氣壞了。我的丈夫並沒有出現救我。
>
> 我與一個女人打鬥。我動彈不得。我的聲音逐漸消失，我也無法控制自己的情緒。我的繼父不讓我有片刻安寧。我對母親和繼父尖聲大叫。……我對母親大喊：「如果妳願意，那就快幫我。如果妳不願意，不要干擾我！」

三、四個月後，她開始感受到自己內在的侵略性，並在夢中對攻擊者表達出憤怒。就好像她已經從我這裡，把憤怒這檔事接手過去一樣；從這層意義上看，我的怒氣乃是她最先的自我肯定。她分別打電話給母親、生父和繼父，並要他們在嬰兒平安出生前，無論如何都不要打電話給她，或透過任何其他方式與她聯繫。這個行動嚇了我一跳，我並沒有特別這麼期待，但是我很高興她能這麼做。我確定，莫西荻已經發展出肯定自己、要求自身權益的新能力。

預產期前一個月，她的夢更出現某些確定臨盆的情節。「琳達・柏德（Lynda Bird，當時的總統女兒）生了個小孩」是其中的一個夢，「我有個工作」是另一個夢。在那當頭，她也做了一個關於他繼父的夢，但她顯然並不怕他：「他非常生氣，手中握了把刀」。「那又怎樣？」就是她的回應。

嬰兒如期順利誕生，莫西荻和她的先生欣喜若狂。他們挑了個意指人類歷史新開端的名字——像是「普羅米修斯」（Prometheus，譯註：希臘神話人物，根據希臘神話，普羅米修斯自諸神那裡盜火給人類，帶來人類文明的開端）。就我所知，她和先生完全沒有意識到這個名字的重要性。但是我認爲這個名字恰如其分，眞的，一個人類的新族群誕生了！

我必須澄清有關「我的怒氣」這檔事。我不是在扮演某個角色——我是眞的**感受**到我對她母親和繼父的怒氣。心理治療中的人際關係，像是個充滿磁力的場域，其中有案主與治療師二個人。有個夢被引入這個磁場，需要某種暴怒來對抗夢中的毀滅者。如果案主能夠產生怒氣，便更具療效。但和這個個案一樣，如果當事人沒這麼做，感受到同樣怒氣的治療師便可以代爲表達出來。同樣地，我不只是在「訓練」莫西荻，建立她自己能夠表達怒氣的「習慣模式」。不，我們是爲了保護而演出——爲了保住她子宮中的胎兒。這也不只是一般「淨化」或宣洩的概念。岌岌可危的是生命本身，是她的寶寶。

這個女人爲何而戰呢？爲什麼在她夢中有拳腳交加和刀光血影的大戰？答案既單純又複雜：她爲了自己**存在**的權益而戰，爲了能像個人一樣的存在，爲了人所不可少的自主與自由而戰。她在爲自己存在的權利而戰——如果我能夠以最強烈的意義表達這個動詞的話；而且能夠——從巴斯卡（Pascal, 1623-1662，譯註：法國數學家、文學家與神學家，其數學成就在巴斯卡定理和機率論，對後世最大影響還是在《冥想錄》一書。他認爲雖然透過虔誠宗教生活帶來永恆幸福的機率很小，但是因爲幸福的價值無窮，所以宗教生活還是值得付出）的角度來看——爲對抗整個宇宙而戰，如果必要的話。這些詞彙——存有的權利，以及爲自己的存在而奮鬥——雖然不盡其義，但卻是我們所僅有的。

戰場上是一幅刀光拳影的景象，那些都是莫西荻成長背景所熟悉的街頭語言。她知道除非以殘忍粗魯的暴力建立自己，否則她不可能確立自己的存有。她稍後說，不透過心理治療，她無法對抗自己的母親：「我從你那裡獲得對抗我媽媽的力量。」一旦取得之後，那就是她的力量了，抗衡她母親的也是**她**。

另外還有一個重點。莫西荻與一般精神分析案主不同的是，她能夠假裝自己的夢是另一個世界的一部分（這是拒絕爲她治療的分析師，無法在她身上看到的）。這就像某些案主的「魔幻世界」。她可以假裝自己眞的沒有怒氣而繼續下去。此時，與夢中世界相連的暴怒和焦慮，卻讓她付出不孕的極高代價。刻意去承認這股怒氣，一直是她無法處理的威脅；因爲那等於承認，母親便是自己不共戴天的敵人。然而，這位母親在她小時候的確**救過她**——譬如說，在她生父離家一走了之時，一肩挑起家計的重擔。因此，她無法承認自己這種敵意；她無法過著中產階級案主所特有的表裡不一生活，也就是在此雙重的束縛下繼續過日子。因此，她即使從我這裡得到的不只是**許可**而已，還有對表達她求生存掙扎的譴責。她從某位權威人士獲得自己先前欠缺的**經驗**，也就是對自己權利和存有（這可回溯到第一個夢）的經驗。我爲自己的怒氣提供宣洩的出口，是我相信她擁有自己權益的具體表現。我不需要說出口，因爲她從我的動作中便能看出。

再生的儀式

但是，兒子的誕生，才解決莫西荻生命問題的一半。產後她休息半年沒來做心理治療，因爲她不能（也不願意）在自己做心理諮商時，讓別人照料她的寶寶。這點我同意，因爲我希望心理治療能配合其意願，盡量由她自主地主導。當她又回來治療時，我發現她明顯比第一次治療時的狀況好得多。她對母親的怨恨仍在——我們可以在此補充說不盡的細節（「在我出生前媽媽便想要把我打掉」，「她吻我的時候嘴唇硬梆梆的，一點都不柔軟」，「每一場我參加演出的學校表演她都遲到，連我的畢業典禮也一樣」，「她像個法國婊子一樣四處招搖」）。這股仇恨已不再排山倒海而來，它不再造成症狀，一切在她的控制之中。

然而，莫西荻開始以新生兒做爲自己生命的中心；那是一位漂亮、活潑、藍眼紅髮的男孩。如果他呼吸不太順暢，她便會擔心；如果他晚上在睡夢中醒來，她立刻安慰他。她哺乳的時間很長，耐心的程度讓小兒科醫生都驚訝不已。她晚上睡不好的部分原因，是對兒子過度關心。因此，她多數時間裡都非常疲倦。

有一天因爲保母沒有來，她便帶兒子一起來做心理治療。那個二歲小男孩立刻掌控大局，要他媽媽「坐這裡，不，那兒，不，坐到這張椅子上」（她順從地照辦）。他也隨時隨意對我下命令。在那段時間，我不斷聽到她說：「托兒所內他最聰明」、「他很特別」、「我們能夠有這麼出色的小孩多幸運啊」等等。這些評語大致沒錯，但是卻明白指出她與自己小孩的從屬關係，那事實上是她原始問題的一部分。

關鍵不在她對孩子的讚美，那是所有以子爲榮父母的正當行爲——莫西荻有更充分的理由這麼做。但是她這麼做是爲自我肯定尋找替代品：她給兒子權力，好讓自己逃避權力的承擔。在此階段的心理治療期間，夢中的她和兒子是同一個人。她視自己爲那孩子的女僕（這是她兒子托兒所的一些媽媽灌輸給她的錯誤認同）。她不喜歡這個詞彙，但是我重複使用它，並迫使她面對。我指出，靠兒子爲生是躲避自己問題的好方法，也會讓兒子日後成爲一流的心理治療候選人。

她對我的警告的反應跟過去一樣，儘管沒有那麼顯著：她就像一直以來那樣，冷漠地聽著我對她母親的嚴苛批評。好像我說的是眞理，但眞理對她並不眞實。莫西荻需要一些眞實的**體驗**。

這體驗在她看牙齒時出現了。當時她吸了一些笑氣，以確保不會有任何不舒服。但是和她的預期相反，她覺得笑氣很可怕。她覺得自己要死了。當她感受到註定要死亡時，她便不斷對自己說：「活人才會死，死人則有生。」她躺在那裡無聲地哭著。重點是，在整個過程中，她都不敢告訴牙醫師自己的恐怖經歷。她無法抗議，只能忍受著命運，依照權威人士對她的期待行事。笑氣的效力過去後，她終於告訴牙醫師自己的感受，牙醫師也很驚訝之前她什麼都沒有說。

事隔好幾天，這個經驗糾纏著她，讓她悲傷難過了好久。當她在事件發生第三天來到我辦公室時，她仍舊哭泣著。

生命中第一次預嚐了死亡滋味後——上述經歷對她來說確實如此——她終於可以體會到生命的可貴了。同時也是有生以來，她頭一遭體會到自己和其他人一樣，有權利活得像個人。

在那之後，她整個生命產生劇烈的變化，心理治療的過程也是一樣。上述體驗讓她度過了憂鬱；儘管有生以來不斷折磨她的抑鬱情況，在生過小孩後已經減輕許多。死活對她而言，現在**的確**意義不同了；存在不再是年復一年必須忍耐的東西。她後來過的日子，就像她自己說的：「眞是快樂！」偶發的夫妻口角已不再像過去那樣嚴重影響她的心情。她在「牙醫椅上死亡」經驗之後的三個月左右，相當意外地發現自己仍然信心十足。有一次她感冒生病，早上起床時問自己：「我覺得很糟嗎？」而她震驚地發現，自己雖然覺得病了，但卻不會覺得不好。

這個基本的體驗，雖然看起來很簡單，但是卻十分重要。她吸了笑氣後一直重複的神秘句子——「活人才會死，死人則有生」——有何意義呢？它對我的意義之一是，死是因爲生，而生是因爲死。也就是說，你因爲死亡而重生。這經驗——也就是不同文化的洗禮儀式所慶祝的經驗——使她成爲再生家族的一員。它也是死而復生的神話與儀式——死去以便再生。治療師每一天都會看到這個復活神話，以不同的強度重新啓動。它的出現往往是個人體驗到自我肯定權利的序曲。

這個故事顯示，心理治療的本質不在於降低人們的侵略性，而在協助人們去堅持它。雖然不是那麼明顯，但是多數前來治療的人都像莫西荻一樣，他們不是侵略性太強，而是不夠。我們鼓動他們的侵略性只是權宜之計，但是我們有信心，他們一旦找到自己存在的權利，便能肯定自己，他們將能活得**更有**建設性意味，在人際間或個人內在都是如此。當然此處的侵略性意義，與這個名詞的一般含意不同。

毀滅與創生的暴力

莫西荻生命中的暴力，有什麼值得一提的呢？顯然是有的，而且還很豐富。她夢中的暴力之多，讓人覺得好像端坐在火山口一般。她大部分的暴力是屬於自我防衛：她在夢中刀拳相向，以避免被殺死。

然而，其中幾個重點值得探索。其一，她的暴力傾向自各個方向迸射出來，超越所有理性功能。她在街上或學校越打越瘋狂而不自知。她在打鬥中拋去一切控制的作爲，似乎頗有療效，就像她與丈夫歇斯底里的偶發爭吵一樣。從這方面去檢視莫西荻的經驗是有幫助的，因爲她極聰明，但是成長環境卻相當原始。

讓我們回到第一次心理治療的現場，當時她告訴我前一天晚上做的兩個夢。我認爲這兩個夢是指她準備在第二天開始的心理治療，至少有部分的意義是如此。

> 我要求皮爾斯（她的先生）或我哥哥幫助我。我沒有得到他們的幫助。我開口就應該夠了。我氣得醒過來，覺得很想揍他。

> 我的狗露比在房子裡，卻在地板上弄得到處都是排洩物。我正在清掃。可能我叫了皮爾斯來幫忙。

她有注意到「大便是我的」，以及「我發生了什麼事，我做了什麼事。」夢中的訊息也包括她期望來自我的神奇助力：「我開口就應該夠了。」

這是被無能淹沒者常有的防衛。某些其他的外力必定能改變事情，因爲這些人顯然不能；**他們的**行動不起作用。要塡補這些人無能行動所留下的眞空，無能行動的人經常會依靠一些魔法招式。譬如說，莫西荻擔心自己的體重會增加，就要求我爲她催眠，好讓她吃少一點。我拒絕了，並告訴她這將剝奪她自己的責任；更何況她爲什麼不學著爲自己催眠呢？在這之後的那次治療，她說我拒絕爲她催眠激怒了她。她承認自己倚賴魔法。

這種對魔法的依靠，可回溯到數百年來黑人被奴役迫害，此外也包括殖民地人民和各種少數民族。我們認爲可以用內在的威脅和偶爾動用的私刑，促使黑人消極、溫馴和無助，更可讓他們一直如此。但是在這種虛妄的平靜中，我們壓抑了早就該問的問題：當個性恭順的個人，像奴隸一樣，不論在社會或心理層次上都無法自立時，他的力量要往哪裡去呢？沒有人可以接受離死亡只有一步之遙的全然無能。如果他無法公開堅持自己，他便會偷偷地做。因此魔法這種隱密、超自然的原力，絕對是無能族群所必需的。魔法的蔓延，以及對超自然力量的倚靠，是我們這個流變年代中，廣泛無能的症候之一。①

魔法並不是唯一的症狀。莫西荻的家醜外揚了，她的暴力轉而對抗她。這點在第二個夢中清楚地呈現出來：夢中她所認同的狗留下滿地的排泄物。沒錯，這是對他人敵意的指標（排泄物常常是原始思維的象徵），一種侵略性的報復，把我的糟粕完全倒出來到你的地毯和地板上。但是——這個「但是」是多少被壓抑少數民族的悲哀——排泄物是在**她的**地板上啊！想要侵略的衝動以及受到壓抑的暴怒，都轉向內在，並且跑出來對抗她。報復的衝動和驟起的沸騰敵意，繞過理性，並在肌肉上找到出口；就這層意義而言，它**是**不理性的。如果旁邊沒有人可以讓它對抗的話，它便衝著當事人的自我而出；暴力的方向與目標還是其次，此刻只有宣洩才是最重要的。這是被壓抑的攻擊傾向轉化成暴力的關鍵點。嚴格來說，這與暴力的對象無關。

這種公開自我毀滅的奇怪現象，莫西荻便是最好案例。產後十個月左右，她做了下列的夢：

> 每個人都在追我，我必須殺死他們，傷害他們，用各種方法阻止他們。甚至我的兒子也是他們之一。我必須在每個人身上想點辦法，不然他們會傷害我。我捏了我兒子一下，這對他就夠了。但是我必須拳打其他的人。一次打一個，這

> 樣他們才不會彈到我身上。我醒來時有種被撕成碎片的可怕感覺。
>
> 我和皮爾斯及另一個男人坐在一輛車上。有個男人想上車來。我們稍後到了某地的一間辦公室，裡面有一位護士和一張桌子。我爬到桌子底下，找到了一把刀子。那男人從外面看進來，看到我在桌子底下。我伸手去拿刀子，但是刀子不見了。接著我找到另一把刀子。現在我打鬥的對象是我兒子和我祖母。這對我沒有造成困擾；我避開他們的刀子。後來變成是一個女的和我在打鬥，她想傷害我。

她對抗自己的兒子，也對抗自己的祖母，也就是小時候曾經照顧過她，並且她眞正喜歡的祖母。各方的追打似乎是不理性暴力的典範。這是解釋貧民窟暴動的重點——放火、掠奪與殘殺都可能弔詭地轉向，變成對抗暴動者最親愛的人。

那麼，莫西荻對抗的人，有何共同之處呢？**他們都是她順服的人**。不論是因爲善（如祖母和兒子）或惡（如她對抗母親的表面原因）的緣故，這些人代表她棄械投降的對象。由這層關係來看，爲了她的自主性，他們應該要被打倒。這相當於葛塞爾（Arnold

L. Gesell, 1880-1961，譯註：美國兒童心理學家）所說的「對抗意志」（counter-will）：兒童的自我肯定要從自己最依賴的人反抗起。因此，原本是毀滅的暴力，變成了創生的暴力。它們交織成個人自立、責任與自由的來源。

那位「從外面看進來的男人」可能是指我這位治療師，她爲什麼不該在肯定自己自由的同時，也對抗我呢？這是所有治療中的案主，無可避免的曖昧狀態。儘管表面上治療師試圖幫忙，但進一步檢驗，則案主正是爲了求助這個原因而來的，因此案主在治療過程中必須起而對抗治療師。會造成這樣，有一部分是因爲既然案主前來求助，便要暫時放下自己僅有的一點自主；另一部分是因爲必須求助的羞辱；還有一部分的原因，則是爲了平衡「神化」治療師的過多移情。

因此，自我肯定就存在於自我毀滅的暴力中。最後，自我肯定會從當事人掌握死亡權利的證明之舉表達出來。如果我們像美國人的傾向一樣過度譴責暴力，甚至想將暴力的潛能從人的身上連根拔除，那麼我們便奪走了完整人性的要素。對於一位自重的人而言，暴力總是最後的可能——暴力如果得到承認、不被壓抑的話，它出現的機會就會降低。當身心被無法忍受的暴政或專制壓制，而且其他的管道都被否定時，暴力仍然會是自由人士想像中的終極出口。

註釋

①這種現象不限於黑人，它有普世共通性。當代各階層人們感到無能和沮喪時，瘋迷占星學與宗教崇拜的症狀便會增加（更不用提眞正的巫術）。我們對烏托邦緊抓不放，也是人類的魔法傾向之一。弔詭的是，姑且不論科學本身的特性爲何，我們對科學的依賴中也有魔法的質素。當代對操作性制約（operant conditioning，譯註：行爲主義理論，主張人類學習方式與低等動物沒有差異，都是透過對外來刺激的反應，常應用於心理學、政治學、教育等領域。請參見第五章「權力的種類」）的熱中也含有魔法的質素：「當我們被制約條件控制住了，我們便可以適應。」

5 | *Power and Innocence*

權力的意義

The Meaning of Power

我們身處龐大科技所掌控的世界，

要存活下來，

不論男女都要有堅持自己意識的權力才行，

並要結合權力與愛才有可能。

活著就是力量，
本身自存，
毋需其他作用，
即已全能。

——狄瑾遜（Emily Dickinson）

權力的定義

權力是造成或防止改變的能力。它有二個層面的意義。其一，它是潛能或潛藏的力量。這是尚未十足開發的權力；它是可以造成未來改變的能力。我們稱這種未來改變爲**可能性**（possibility），其字根和權力（power）的字根同源，換言之就是「能夠……」（*posse*）。另一個層面是成爲事實（actuality）的權力。我在這章要談的就是權力的這個面向。

古希臘哲學家將權力定義爲存有——沒有存有是不具權力的。既然權力是改變的能力，因此古希臘哲人赫拉克里特斯（Heraclitus, B.C.540-480）強調說：存有處於持續的變遷之流。這個定義經過漫長歲月，由各家哲學傳承下來，到達當代本體論思想家如保羅・田立克的身上，他也把權力描述成「存有的權力」（the power of being）。生命哲學家如尼采的**權力意志**（will to power），以及柏格森（Henri Bergson, 1859-1941，譯註：出生於巴黎的猶太裔法國哲學家，生命哲學與直覺主義代表）的生命衝動（*élan vital*），都在強調所有生命中的權力質素。①對他們而言，權力是生命過程的一種表達。

尼采和柏格森的權力定義有其危險，它誘使我們認爲權力等同於生命過程。這會讓我們誤入歧途。生命過程中有許多事物如意識、欲望、好奇心等，可與權力結合，但是不應該與之等同。權力與愛可以是盟友，但是它們也可能是對立的。它們之間的區別必須很清楚。權力只能與原始的存有權力本身等同，而存有也是從這種存有權力開始的。

權力原本是個社會學的詞彙，主要用來形容國家和軍隊的行動。但是因爲研究該問題的人越來越體悟到，權力要仰賴情緒、態度與動機，他們便轉向心理學尋求自己所需要的釐清。②在心理學中，權力的意思是去鼓動、影響、改變他人的能力。每個人都生活在一張可類比爲外力磁場的人際大網中，每個人都互相驅動、排斥、聯結、認同。因此，社會地位、權威、特權等事因，對權力這個問題都很重要。我一直在用「價值感」（sense of significance）這個片語，來指涉人對自己必定佔有份量、對他人能起作用，以及能夠得到同僚認同的信念。

權力與勢力（force）的關係又如何呢？當然「勢力」這個權力最底層的公分母，在美國一直被廣泛等同爲「權力」，大部分美國人也會自動將它與權力聯想在一起。這就是權力一直受到責難，並被貶抑爲「髒話」的主要原因。杜威（John Dewey, 1859-1952，譯註：美國教育理論家）相信強制性的勢力，是做爲能量的權力與做爲暴力的權力的中間地帶。「不仰賴或運用勢力，根本無法在眞實世界立足。」（羅斯〔Thomas Rose〕引述〈暴力如何發生〉〔How Violence Occurs〕，收錄在《美國的暴力》〔*Violence in America: A Historical and Contemporary Reader*〕，羅斯主編，New York: Vintage, 1970, p.34）

當勢力、強制力（coercion）或壓力（compulsion）成了權力的必要部分時，便會出現一些權力的狀態。戰爭便是一個。在病人或小孩運用壓力或強制力時，必須考慮另一人知識能力不足的情形。兒子三歲大的時候，我帶他穿越百老匯大街，會緊緊抓住他的手。這個狀態會隨著他逐漸長大，熟悉了交通的複雜，以及可以自己安全穿越馬路等，而逐漸放鬆。

勢力的應用也有終極的局限。如果某種動物應用其優越蠻力，獵殺四周所有其他動物，牠顯然不是爲了塡飽肚子。這張「大自然的平衡網」，是由各種動植物的勢力互相交織成的精緻網絡。當其中的平衡被迫害時，我們便要面對可怕的未來，就像我們刻正從當代生態學中，學習到自己的不幸一樣。因此，爲避免自我毀滅，權力與勢力的結盟，不能逾越了可能毀掉對方的認同這個上限。西部拓荒槍戰的射殺目標，就是要毀掉敵方的認同。所以我引述這個例子，來說明權力與勢力結盟的自我毀滅效果。被槍殺者明顯失去了他的存有，他也不能再現身對所屬社群付出所能，他與別人也再無任何關連。因此，比較可憐的是我們。

同理，毀滅掉他人的自發性，是以毀滅者的喪失爲代價的。這就是在洗腦、制約與催眠中，極端的強制力與壓力形式所造成的危險。如果一個人被轉化成某種類似機械的事物，他仍可能保有某些自發性。但是如果他完全被機械化了，他在過程中便不再是個人。因此，權力應該要隨著所接觸個案自發性的肯定，而有所調整。這將確保權力長期的最大功效。也就是爲什麼我允許莫西荻，這位最初便對自己的權力、自發性或選擇，完全沒有概念的女性，自行決定何時來做精神分析，何時不來。這個過程不只讓她運用自己的自發性，而且更要求她要去運用。

儘管要將權力完全與勢力、壓力和強制力分開，是太過理想化了，但將各種權力與這三者等同，則又太諷刺了。③

知識分子圈有否認和拒絕權力的傾向。有些人還特別挑明了說：「知識分子和權力不相容。」（內涂〔Peter Nettl〕，〈知識分子與權力〉〔Power and the Intellectuals〕，收錄在《權力與意識》〔*Power and Consciousness*〕，歐布萊恩等主編〔Conner Cruise O'Brien and William Dean Vanech〕，New York: New York University Press, 1969, p.16）其他人則說：「我們應該更清楚地重新定義〈權力〉，或將它全部驅離？我的第一個反應是整個拋掉它。」（內涂，〈知識分子與權力〉，p.15）不幸的是，在馬克思主義者的圈圈之外，這個主題通常被拋在一旁，就好像浮士德受到懷疑一樣：尋求權力者已經把自己的靈魂出賣給魔鬼了。

部分知識分子提議說，他們做的是買賣**影響力**的生意，而且「影響力是權力的反面，因爲權力重建或改造的是偏好。」這些知識分子相信，權力是「在不改變偏好下的行動重構；不論那是不是你偏好的行動方向，你都要被迫從事。」（內涂，〈知識分子與權力〉，p.17）

難道如此區分影響力和權力，不是個根本的錯誤嗎？以大學爲說明背景，只要問問任何研究生，其指導教授對他有沒有權力，他肯定會嘲笑我們太天眞了。教授當然有權力；部分研究生對自己能否過關的無休止焦慮，就足以證明了。教授權力的影響甚至比表面上更大，因爲它穿了學術的外衣。那種權力是特權、社會地位，以及由此延伸出來對他人的隱性強制。這不是教授們刻意造成的，眞正關鍵的是大學組織本身，以及其中一部分教師的無意識動機。教師的無力感越深，其影響力就越具毀滅性，儘管細微而不明顯。

影響力當然是一種權力的形式——雖然是知性的權力，但是權力就是權力。[4]我同意，被迫做某事而不管這是不是當事人偏好的行動方向，就是一種權力形式（儘管有些強制行爲是我們都已習慣，每天會做上千百回的，例如：等紅綠燈過馬路、繳稅等）。但是強調「改造偏好」將造成實際的傷害，因爲它會導致托克維爾形容美國人特性的狀態：我們雖然在身體上比歐洲人自由，但在知性上更隨俗，精神的束縛也更大。[5]許多學校考試就是這樣，學生要清楚，他必須考試卻不喜歡考試這件事，在心理上是健康的，他在準備考試時，心裡也要清楚這一點。他想說服自己喜歡考試時，這會造成人格完整性的傷害。喜歡你的責任，這個概念既是個幻想，也不健康。如果我們能夠選擇部分責任，也不討厭去做，並完成其餘自己不喜歡的責任而不欺騙自己，我們便更能夠維持自己的自主性與人性。

教授對社會權力的否認，是虛假無知的範例。教授提出一個具有權力的概念。他自己隱藏起來，讓概念而不是他發揮威力。這就好像他說：「我是說了它，但這個『它』要爲我的行動負責，而不是我自己。」⑥這個症候群無疑與美國人普遍的反智主義傾向，以及對知識分子的不信任有關，兩者互爲因果。但是一個人無法輕易地買到無知。就像艾索斯（Anthony Athos，譯註：曾任哈佛大學商學院教授）所說的，不合現實的概念，產生不了結果。

當知識分子意識到他「不斷被推離（權力）戰場，被迫抱頭鼠竄」時（內涂，〈知識分子與權力〉，p.25），原因可能就在他自始便表明自己不參戰的立場。如果知識分子承認自己也有權力，儘管那是和政客、商人、軍事領袖不同種類的權力，一切就會眞相大白。當代社會顯然需要知識分子及其指引；企業霸權需要與他們分享，也需要社會中被剝奪權力的其他團體來分享。現在，值得花點時間回溯貝克特《等待果陀》的第一幕：拉奇（Lucky）所代表的知識分子出現時，脖子上套了一條繩子，被實業家包宙（Pozzo）這位有權勢者拖著走。但是到了第二幕，換成由拉奇爲**瞎了眼**的包宙帶路，不能說話（無疑是一種寓意，意思是他過去說太多了）的拉奇照顧、帶領包宙。這是一幅知識分子角色的圖像式寓言，也是他能夠在當代表現的滋養力量。

我一直反對權力與知識分子對立不容的這個概念。但是其中也有權力與意識拉鋸形成的**創造性**張力。這就是爲什麼尼采、齊克果、巴斯卡這些意識極強的哲人，寧可過著一種苦修的生活，因爲這樣至少能夠脫離俗世羈絆，得到片刻自由。就像蘇格拉底自己所形容的，意識的功能在做一隻「政府的牛蠅」。它可以干擾權力的組織、導致衝突，而衝突則可以被轉變成爲新的整合。意識的功能就在保持我們的警覺性，保持我們的想像功能，讓我們保持好奇心，隨時準備探索無限的可能性。權力需要的是明快果決的分配，而意識要求的則是管控的鬆綁，好奇靈魂所在的自由，以及未知新存在形式的探索。下一節討論的權力形式——整合的權力，便是權力與意識結合的範例。

權力的種類

A．剝削的權力

這是最單純的一種權力，從人性的觀點來看，也是最具毀滅性的。這是一種任意支配他人，並讓他們臣服於掌權者的權力。奴隸制度是最明顯的例子——一個人掌控了許多人的身體，甚至他們的整個生命。剝削的權力所認同的，是具有勢力的權力。美國拓荒時期，用子彈把人變成死屍，便落在這個領域裡，多數的肢體勢力，也屬於這個領域。由這層意義看來，碰巧擁有槍的人，一時興起開了槍，就是一種剝削型的權力形式。

在日常生活中，這類權力的運用多是那些嚴重受挫者。其生活荒蕪的程度，讓他們除了剝削之外，無法建立其他種類的人際關係。這種剝削的權力有時甚至在性行為上得到合理化，認為粗暴地對待女性是一種男性「陽剛」的表現。有趣的是，中世紀的宮廷之愛是不允許這種權力的，因為愛情中絕對不能運用勢力，否則這種權力就會在貴族社會中蔓延開來。

剝削型權力的先決條件，是暴力或暴力的威脅。嚴格來說，受害者在這種權力關係下，既無選擇也無自發性可言。

B．操縱的權力

這是凌駕在另一個人之上的權力。操縱型權力的源頭可能是當事人在絕望焦慮下，自己招攬的。莫西荻因為無助而且無能從事任何其他的事，便順從繼父的要求，陷入賣淫的勾當。除了這初次的協定外，當事人沒有什麼自發與選擇的空間（儘管莫西荻確實拒絕發生同性戀關係）。

從剝削型權力到操縱型權力的轉移，可以從西部邊疆騙子取代了西部槍手地位的更迭中看出。正如貝澤隆（David Bazelon，譯註：美國上訴法庭的法官）所指出的，騙子不誠實和濫用清教倫理的行徑，比起槍手殘酷的勢力，比較不具毀滅性，因為他至少留下了活口。⑦

史金納（B. F. Skinner, 1904-1990，譯註：美國心理學家）的操作性制約（operant conditioning），是操縱型權力的另一個範例。操作性制約以動物實驗為基礎，在智能障礙者身上有令人滿意的成效，諸如智能遲鈍兒童、發育遲緩的精神病患者、犯人，以及特定領域的神經症病患。在鴿子身上當然也行得通。這些族群的自發性多數已有障礙，或無法有效表達，所以必須用到操縱的權力原則。史金納認為人類生活多半受到操縱，並提議將操縱的權力用到正當的社會目標上去。據我所知，沒有人不同意上述觀點。

從科學觀點來看，它的錯誤在於，試圖以動物身上得到的有限成果，以及所發展出來的系統，套到人類社會和整個人類的經驗範疇上。所有事物都必須合於這套操縱系統，如果有無法套入者，如杜斯妥也夫斯基的小說，就立刻被丟到史金納的新世界之外。「以後沒有人要讀。」史金納這麼說。史金納武斷地選擇用老鼠和鴿子來獲得他要的數據，必定會排除人類的自由與自尊。如果你像行爲主義者一樣，只認同微笑而不是發出微笑的人，也就是略去了動作的施展者，那麼你如何能期望去整合，一個由又微笑又皺眉又哭又殺又愛的存有者組成的社會呢？也就是**人類**這個存有者的社會。

史金納本身就是沒辦法在意識層次，面對自己權力需要的鮮活例證。他稱這些需要爲「得加以控制的熱情」。譬如說，在他所寫的《桃源二村》（*Walden Two*）中，男主角法利斯（Farris）對自己養的鴿子說：「可惡！注意自己的行爲。照你該做的做！」我們不需要透過複雜的精神分析就可以指出，這確實是一股強大的權力需求，不論我們怎樣描述它。

經常有人指出，德國人在一九三三年之前是處在一種毫無經濟前景，對自己未來也非常焦慮的狀態，因此他們才會臣服於希特勒操縱型的權力誘惑，以期緩和自己的焦慮。同樣地，在當前人類已出現絕望與焦慮的前提下，這個巨變時代的人們有轉向史金納烏托邦計劃，以期逃離自己焦慮的危險。

關於操縱性焦慮，我提議的原則是，儘管在某些情境是有必要的，操縱的權力還是應該盡可能地節制。

C．競爭的權力

第三類的權力便是**對抗**另一個人的權力。在這種權力的負面形式中，並不是因爲個人做了什麼，或有什麼功績，而是因爲他的對手**倒下去**了。這種例子在工業界和學術界很多，譬如在指派總經理或主席時，出缺的只有一個位子，申請人卻有很多位。出現在學生敵對狀況中的競爭型權力，也可能因爲打分數而來，分數的分配將促進毀滅性的個人影響力，這與學生彼此間的關懷和合作動力是相違背的。

對競爭型權力的最大批評是它太偏狹：競爭的權力儘管不像操縱的權力那麼激烈，卻持續不斷地縮小個人生活的人類社群範圍。

在這裡，我們注意到從毀滅力到創造力的有趣移轉。競爭的權力能夠爲人類關係提供趣味與活力。我指的是那種既刺激又具建設性的敵對關係。足球賽中若有一邊很快佔了優勢，就很沒意思了。我們希望自己的對手能夠測試我們的勇氣，贏得容易是非常無趣的。麥克雷蘭德（David McClelland，譯註：美國心理學家）強調，這種競爭力在商界出現的情況，要比多數人所想像的頻繁。他也強調生意人的成就（我將此含括在權力領域內），是來自競爭壓力下，求取更好結果與更有效率行動所帶來的個人滿足感。

值得一提的是，古希臘的偉大戲劇都是在比賽中脫穎而出的：亞斯克列斯（Aeschylus, B.C.525-456，譯註：公元前悲劇之父）的《奧瑞斯提亞三部曲》（*Oresteia*，譯註：亞斯克列斯晚年的作品，包括《阿加曼儂》〔*Agaamenon*〕、《祭奠人》〔*Choephoroe*〕與《尤曼尼底斯》〔*Eumenides*〕）、索弗克列斯（Sophocles, B.C.496-406）的伊底帕斯三部曲，以及尤里皮底斯（Euripides, B.C. 480-406，譯註：公元前與亞斯克列斯、索弗克列斯並列希臘三大悲劇作家）的多部作品都是。這其中隱含的意思是，具毀滅性的不是競爭本身，而是競爭權力的種類。

正如史托（Anthony Storr，譯註：英國皇家精神學會、文學會、醫師學會院士，牛津格林學院榮譽院士）所指出的，各國之間的科技競賽，如登陸月球或製造更便宜更好的科技形式（如捕鼠器），可以消耗掉可能導致戰爭的巨大緊張力量。勞倫茲也認為，許多運動中的這類競爭例子，中和了可能導致國與國互相廝殺的競爭力。就算這種主張預設了一種過於單純的國際侵略觀點，它們也說明了競爭型權力的正面形式。有人與你**對立**不必然是件壞事，至少這個人沒有**凌駕**於你之上，或**臣服**在你之下，接受他的敵意可能帶出你的潛能。

D．滋養的權力

這是一種**利**他的權力。尋常父母對自己孩子的關懷，就是這種權力的最好說明。這種權力形式的存在，並不只是因爲孩子小時候需要我們的辛勞與注意，我們一生中也不時在爲他人出力，並因此感到愉悅。顯然，我們與朋友以及所愛對象關係中的強大滋養力量，是有必要且具價值的。這種權力因爲人與人之間的關懷而來：我們希望某人好。至高無上的教育事業，便是個很好的範例。

同樣地，政治才幹在其最佳狀態下，也顯示出一種滋養型權力的質素。在我們對政治領袖所投射的父母形象上表現出來（沙皇是我們的「小父親」〔Little Father〕，我們賦予美國總統「父親形象」）。滋養的權力來自政治人物對自己族群福祉的關心。這是政治和外交權力的建設面。

E．整合的權力

第五種權力就是**與**他人有關的權力。我的權力於是**煽動了**隔壁鄰居的權力。我的一位歐洲鄰居想在美國把自己具影響力的概念寫成書，並經常要別人加以批判。我們其他人當然了解概念成形時，是需要被呵護的，因此會禮貌性地保留負面的反應。但是我們這位朋友通常會很不耐煩地抗議說：「我**要**你們批判我。」他這句話的意思是，如果我們針對他的**論點**提出**相反的論點**，他便可以被迫修正自己的思考，使它成為更好的新綜合體。正如約翰．彌爾（John Stuart Mill, 1806-1873，譯註：英國哲學家、政治思想家、經濟學家與邏輯學家，十九世紀自由主義政治思想的代表）在《自由論》（*Essay on Liberty*）中說的：「如果所有重要眞理的反對者都不存在的話，那麼就一定要去想像它們，並且要把最狡猾魔鬼所能想出來的最強烈論辯，提供給自己。」聽衆很難想像自己所提的問題，對演講者是多麼珍貴，因為這些問題會刺激和迫使演講者，以更新的洞見修正和辯護自己的立場。

我本想稱此為「合作的」權力，但是我也知道它往往是以被迫合作的「受害者」姿態現身的。我們的自戀主義，永遠在大聲抗辯那些批判或指出我們弱點的人，所造成的傷口。我們忘了這些批評對自己可能相當有幫助。責難肯定是痛苦的，當事人面對它們時必須打起精神來。我們可以退回操縱的權力（用外力讓批評者噤聲）或競爭的權力（用實力打敗競爭者），也可用滋養的權力保護敏銳的感覺（暗指批評者搞不清楚狀況，並需要我們照顧）。但是如果身為演講者的我們，眞的退轉到這幾個方法中，我們將失去讓提問者帶給自己新眞理的機會，不論是善意或敵意的情形。我回想起自己做精神分析的經驗。當分析師指出讓我深感痛苦的個性結構時，我一開始會立刻否認它。稍後當我覺察到此一洞見的眞相時，我就必須忍受按此眞相去改變自己個性結構的痛苦。

這段告白聽來似乎不夠戲劇化，因爲我所認識的每一個人，在類似處境下都會有同樣的反應。

我已說過，整合的權力可以藉黑格爾的命題、反命題和合命題的辯證過程帶來成長。所有事物的成長都是這麼進行的，就算只是分子結構的成長亦然：先是本體，然後是抗體，這二者相斥相吸帶來的成長隨之進行，並形成一個新的本體。

馬丁路德・金恩在對手身上，使用非暴力所產生的效果，正說明了整合的權力。他說自己的方法「具解除對手武裝之道。它暴露了對手的道德防禦工事。它削減其士氣，同時對其良知下功夫。他就是不知道該如何應付。」（克拉克〔Kenneth B. Clark〕引述，出現在《黑暗貧民窟》〔*Dark Ghetto: Dilemmas of Social Power*〕，New York: Harper & Row, 1965, p.183）

沒有人能夠否認金恩所描述的是一種權力。其成功不只在於非暴力者的勇氣，更在於受到此一非暴力權力影響者的道德發展與覺知。甘地的非暴力抗爭也是一樣。只要甘地及其追隨者嚴格堅守非暴力，他們便無異在英國統治者肩頭加上大量心理與精神重擔。甘地透過絕食成功地對抗、移除整個帝國，這是用軍事力量永遠不可能做到的。

正如金恩所說的：「它在良知上下功夫。」非暴力權力靠的是記憶，記憶則靠此權力反抗對象的道德發展。甘地和金恩的對手終究要面對自己，他們讓這些人置身於自己曾傷害過甘地等人的記憶裡。安德森（Maxwell Anderson, 1888-1959，譯註：美國劇作家，出身於賓州的牧師家庭，曾任記者）的《溫特賽》（*Winterset*）一劇雖然在事發多年後寫成，但確實是以薩科—凡澤提審判爲本（Sacco-Vanzetti，譯註：一九二〇年四月美國麻州一家鞋廠的會計和警衛遭謀殺，薩科與凡澤提這二名義大利裔美國人涉嫌被捕，並在七年後槍決。該案因涉及當時美國的反激進情緒，而造成極大轟動，不僅是安德森二部劇作的主題，也是著名小說家辛克萊一九二八年小說《波士頓》的主題，女詩人米蕾也曾以此案作詩）。《溫特賽》寫的是判處薩科與凡澤提死刑法官的老年回憶。法官老年後，逐一向人解釋自己當年的判決，並爲自己的行爲辯護。他忘不了，也無法整合自己的行爲以及他的自我形象。此案所造成的衝突令他苦惱，就算不是肇因，也助長了他的老年精神分裂症。人是一種會受到自己回憶折磨的奇怪存在。人如果無法整合自己的記憶與自我形象，便必須爲此失敗付出神經官能症或精神分裂的代價。人也會試圖甩脫掉磨人的回憶，但是通常不會見效。

非暴力者的眞正**無知**，是其權力的來源。至少在我提供的例子中，眞正而非虛假的無知，得到下列事實的證明：首先，非暴力不會造成自覺受阻；其次，非暴力也無涉於放棄責任；第三，非暴力的目的不爲個人，而是社群整體，不論是印度這個國家或某個黑人社群。

非暴力的權力就像對執政者倫理的刺激，是對其沾沾自喜成就的活生生譴責。統治階級成員無法對非暴力者視而不見，因爲他顯然在受苦，這讓整個事情變得戲劇化。甘地是對抗英國人命題的活生生反命題；他強迫他們移向自己倫理中的新綜合體。有道德敏感度的人，只是排拒受苦者，或只接受其路線成爲追隨者，都無法達成此一綜合體或整合體。整個大英帝國嗚呼哀哉呻吟倒地，都是因爲要找出新的方式，以對付這位知道如何把自己苦難，轉變爲建設性用途的棕色皮膚瘦小老頭。

眞金不壞的非暴力具有宗教面向，因爲它的特性便可以超越權力的人爲形式。然而，似乎每一種眞金不壞的非暴力形式，便有成打的假貨試圖假冒。這似乎也是事實。

這五種不同權力顯然會在不同時間，出現在同一個人身上。許多工作時運用操縱的權力或競爭的權力的生意人，回到家裡就會採取滋養的權力。問題在於——這也是個道德問題——人格光譜中的權力比例應該怎麼分配。不論是欲念或行動，沒有人能夠不經驗這五種權力形態的，只有自以爲是的剛愎自用才能讓人宣稱，自己對任何權力形式都是免疫的。人類發展的標竿便在學習依照既定情勢，合宜地運用不同的權力。

權力與愛

傳統上，愛與權力恰爲對立的兩方。通俗的觀點是：一個人的權力越大，愛便越少；越是有愛，便越沒有權力。愛被視爲沒有權力的，而權力不會有愛。一個人在愛的能力上發展得越完備，便越不關心操縱或權力的其他面向。權力帶來支配和暴力，愛導致平等與人類福祉。這種我們繼承自維多利亞時代的論述，雖然不總是如此，卻經常是反戰論者的立場根據。有時候它會被引述爲「道德法」的基礎。

我認爲此論證奠定在膚淺的論理基礎上，會把我們帶入粗糙的錯誤和無盡的麻煩。我們的失敗在於，將愛視爲一種純然的情緒，而不是同時以本體論的觀點來看待它，也就是視它爲一種存有的狀態。

以輔養小孩爲例，傳統的論證是，父親越愛孩子，就越不能樹立自己的權威，或是越無法以其他的方式展現權力。這是毫無章法「溺愛」的一部分，也是過去數十年來許多親子關係的特質。我不願完全責怪溺愛這件事。它主要是對抗維多利亞式獨裁主義的一種反動，並終究促成年輕人的充分自由，以及責任的增加。不過，若要使子女因爲自己的愛而獲益，父母必須要能不壓抑自己的權力，並讓孩子清楚了解父母所憑恃的生活結構才行。另一方面，那些試圖在愛而無權的假想上，持續示愛的父母，將受到小孩的操控。被逼到牆角的父親通常會想扭轉逆勢，卻因爲他對孩子的憤怒態度，而更覺得疚責；最後在此惡性循環中，他終於大發雷霆，甚至動了暴力。這些在愛而無權的假想中毫無章法運作的家庭，會造成許多無根的兒童，他們長大後也會怪父母，爲什麼從不對他們說「不」。

以唾棄權力的方式去愛，是虛假的無知傾向所造成的。它低估了愛的困難，並忽略了愛不論多麼深刻持久，都會受到欺瞞行爲折磨的事實。用亞瑟・米勒的話來說，會有這樣的愛，是因爲我們沒有察覺到，人類生活中必然有與邪惡共謀的現象存在。

一個人內在要有力量，才談得上有愛的能力，這項事實最能夠證明權力與愛的相互關連。因此，直到普莉西拉對那些想對她性剝削的人，有權力主張「不」，她才能夠建立愉快的人際關係。而莫西荻也要透過「牙醫椅上死亡」的經驗，發展出自尊後，才能夠進入愛的深層關係。一個人必須有東西可以付出，才不會像一個非實體那樣完全被接收或併吞。

把愛與權力並列的謬誤，是因爲我們把愛純粹看成情緒，而權力只是無法抗拒的勢力。我們需要從本體論的角度，也就是從存有狀態和過程的角度，來了解它們。

權力與愛之間的關係可以在神話中看出。還記得小愛神愛洛斯（Eros，譯註：即邱比特）是愛與美的女神阿弗羅黛蒂（Aphrodite，譯註：即維納斯）與戰神阿爾斯（Ares，譯註：即馬爾斯〔Mars〕）的後代。古希臘人用神話告訴我們，愛不能沒有侵略，還有比這更好的例子嗎？更令人驚訝的是，他們的另一個小孩哈摩妮雅（Harmonia，譯註：哈摩妮雅與底比斯城創造者Cadmus結婚，並生下美女Semele，Semele後來為天神宙斯誘拐，生下酒神戴奧尼索斯），更是對此結合的祝福。這個名字的意思是融洽、相稱、和諧——這看似極端弔詭。但，難道和諧（harmony）不正是爭鬥與美之間的一種動態平衡嗎？

權力與美的經驗關係，可由二者在暴力問題上的親密程度看出，所謂的暴力問題便是權力的逆轉。暴力最容易發生在情緒互動頻繁、互相都很脆弱的人際關係之間。根據一項針對費城地區兇殺案的統計研究，大多數兇殺案的對象都是家庭成員。依照費城地區兇殺案的相似度來判斷，最危險的房間便是臥室。作者渥夫岡（M. E. Wolfgang）在研究裡寫：「如果妳是十六歲以上的婦女，殺死妳的兇手最可能是妳的丈夫、愛人或親戚。……當一個男人被殺死時，他的太太最有可能是兇手。臥室是整個屋子最常發生兇殺案的地方。」⑧

在婚姻和情侶關係上，也可看到類似的愛與權力關係。我曾在別的場合寫過，在性行爲中結合自我堅持（權力）與溫柔（愛）的必要性。（羅洛・梅，《愛與意志》〔*Love and Will*〕，New York: W. W. Norton, 1969, p.147）少了溫柔、關愛以及照顧對方的情感與喜悅，便消失了。少了自我堅持，把個人自我完全投入行動中的能力也消失了。當愛與權力被視爲彼此的對立面時，「愛」就會成爲一個卑賤臣服的夥伴，由另一方細膩（或不那麼細膩）地支配著。當只靠著愛來引導目標時，主見和侵略都因爲沾染了太多權力色彩，而被排除掉。結果就是彼此的相互執著與吸納。於是捍衛夥伴權利的堅定主張、結構與尊嚴感，便消失不見了。

這種人際關係會來回擺盪，從誤作臣服爲愛的這一邊，擺盪到誤把暴力作權力形式的另一邊。大家都很熟悉新聞報導所說的：某位結婚三十年的忠實丈夫或妻子，突然在一個奇異的血腥謀殺案中，用重器殺死配偶。這種極端案例透露出「愛」的問題，也就是愛卻沒有一種實際的權力堅持。俗話說，與脾氣暴躁而控制力差的人結婚，你們的婚姻可能會一團亂又經常吵架，但不會有謀殺案。溫馴、過度自我控制的人外表上很善良，卻可能一發作便流露出侵略性。這也和我們的論點一致：當一個人無法用正常方式，活出自己的權力需求時，暴力就會發生。

在《最後一場電影》（*The Last Picture Show*，譯註：這部一九七一年的電影改編自暢銷作家麥克莫崔〔Larry McMurtry〕同名小說）一片中，我們可以看到權力與愛這個主題的另一個有趣變化。在這部以德州小鎮爲背景的電影中，故事裡的女性完全不擁有公開的權力——沒有經濟權力，也沒有政治權力，僅有的只是與其性別有關、非公開的性（sexuality）權力。她們「受到無知的詛咒」。她們接受自己的無知假象，以故作嬌羞和假扮謙虛的形式示人，並拿來當作交易的籌碼。某個想以童貞交換強烈性欲的女孩子，把男友帶到汽車旅館強迫性交。當他在此情境下無法勃起時，雖然完全可以理解，但是她卻不斷嘲笑男友，並告訴等在外頭的其他女孩：「眞是太棒了，我無法用言語形容。」結果是，這些女人每一回都凌駕男人之上；男人只能盡力滿足這些女人的要求與期望。這些迴轉的驅力都來自始終沒有權力、以無知假象爲屏障的女性。

權力與愛這個問題的另一有趣面向，就是妒嫉這個現象。我在此除了表示一般的信念之外，將不會深入探討妒嫉的某些質素——例如照顧和重視他人的功能——是否健康正常的問題。但是，一定是遠超過正常關心和重視他人的情況，才會被稱爲「妒嫉」。它是直接與個人的無能成正比的一種佔有。也就是說，失去他人時所感受到的威脅程度，就是當本人感受妒嫉的程度。他什麼事都不能做，沒有力量贏回愛人，他感到自己完全被遺棄在冷冰冰的外面。在這種處境下，妒嫉會成爲一種暴力形式。

一位精神分析初期的年輕案主，因爲打電話找不到在倫敦的女朋友，而被一股突如其來的妒嫉所掌控。他立刻搭上往倫敦的飛機，一半「希望」自己會抓姦在床。這位年輕人受到極大的威脅，因爲他的無能爲力也是如此地強烈。我將「希望」用引號強調，以便指出妒嫉通常來自一種特殊人際關係的情感衝突：人會愛也有恨——也就是說，他幾乎希望女朋友與他人有染，好迫使他與之決裂。

妒嫉凸顯了個人在人際關係中，尋求的權力多過於愛。這種情況發生在當事人無法建立足夠自尊之時，也就是沒有足夠的個人權力感，或借用莫西荻的話，沒有自己的「生存權」。很奇怪的是，神經性妒嫉在愛情不夠堅實或基礎不夠穩固時，感受特別強烈，是當事人感到無法「贏」回對方時的反應。這是一種出了錯的權力，特別具毀滅性而且消耗時間。妒嫉者似乎需要將能量全力貫注在一時的妒嫉衝動上，部分原因在「證明」他感覺到愛的內涵已經非常有問題。

權力與愛的疆界互相重疊。愛使得付出愛的人想受對方影響，想爲愛人完成所有願望。愛和權力的糾纏，顯現在愛侶和夫妻對彼此尊嚴的關心上，也就是對方獨立自我的保留。我們從體貼的「大人扶小孩站起來」的動作中，就可以明顯看出這個堅實的結構。肯定自我的堅持，或甚至時而會有的侵略，在發展愛的人際關係中不僅不可避免，也是健康的。

有些讀者會希望把滋養的權力與整合的權力，稱爲愛的形式。我同意其中的意思，但認爲最好能使權力和愛，不致互相吞噬掉對方才好。因此，我才希望清楚維持它們各自本來的意思。但是我們可以說，較低層次的權力形式，也就是剝削和操縱中，只有非常微不足道的愛。反過來說，滋養和整合這二個較高層次的權力，則有較多的愛。換言之，我們的層次越提升，便會找到更多的愛。

甚至在宗教領域也是一樣，「神用愛轉動世界」的信仰是一種濫情。持此意見者忘了「總懺悔文」（General Confession，譯註：指基督宗教在作禮拜時，由全體教徒所共同唸誦的懺悔文）的第一句話便是「萬能之神」（Almighty），而主的禱詞結語爲：「因爲你是永恆的**權力**與榮耀。」通常耶穌的「八福之訓」（Beatitudes）同樣被錯誤地詮釋——「謙恭的人有福了，因爲他們將繼承世界。」同樣地，詮釋魔鬼以至高權力誘惑耶穌的故事，也有偏差：「到我身後來，撒旦。」我們要將基督宗教出現的背景考慮進去：它誕生在羅馬人控制下的人類世界。任何一種政治權力或謙恭溫馴的缺乏，都意味這個人可能會很快被處決。我們的問題不同：我們身處龐大科技所掌控的世界，要存活下來，不論男女都要有堅持自己意識的權力才行。

爲族群正義與國際和平努力、幫助窮人等社會行動，要結合權力與愛才有可能。

難怪尼采宣稱，當時的基督宗教是軟弱者的宗教，一種權力的重新堅持以及精神貴族的時代已經來臨。在他對所有價値的重新評估中，尼采主張歡樂不是來自昇華和自我犧牲，而是來自主見。他宣稱，「歡樂只是一種握有權力感的徵兆。」「歡樂的精髓是一種權力的昇華感。」⑨

註釋

①在弗洛依德的「里比多」（libido）概念中，也有某些本體論質素，因爲那是使得生命過程能持續下去的力量。但是就本書的目的而言，弗洛依德從未完全看到生命的社會面向，因此，用體力（strength）來解釋里比多會比權力更精確。

②我們必須附帶說，那些轉向心理學尋求權力問題協助的人，註定會失望。我們後面會談到，心理學家都避免刻畫知識分子這個主題。許多年前我找遍哈佛大學圖書館內的藏書，除了黑人心理學家克拉克研究紐約哈林區的書《黑暗貧民窟》外，找不到心理學家所寫關於權力的書。《黑暗貧民窟》內關於無力方面的問題，連作者也

無所遁形。我的秘書也在哥倫比亞大學的圖書館碰到類似情形。我知道心理學界對權力重要性的唯一研究，就是麥克雷蘭德和他的學生對成就動機和權力動機的研究。權力在心理學界一直被包含在如意志其他術語等之下，就算是這樣，學術界的心理學家仍舊敬謝不敏。

當然，心理分析師便完全不一樣了。心理分析師因爲要協助痛苦的案主，便不可避免要直接面對無力感，以及權力的效應。例如阿德勒（Alfred Adler）的作品，主要便是以個人的權力需要爲基礎。

③保羅・田立克（《愛，力量與正義》〔*Love, Power and Justice: Ontological Analyses and Ethical Applications*〕，New York: Oxford University Press, 1960）談的比我更深入。他說：權力「因爲勢力和壓力而得以自我實現。但是權力不屬於它們任何一邊。權力使用並濫用壓力，以克服非存有的威脅。……不是說壓力不好，不好的是它沒有表達出存有的力量。」（pp.47-48）最後這段話我把它詮釋爲，權力擁有者在對勢力應用的動機上，必須對自己和他人誠實。

④舒曼洪（Richard A. Schermerhorn）教授在其大作《社會與權力》（*Society and Power*）中，列舉八種不同的影響力和權力。除了「互惠的友誼」這一項外，影響力和權力並無二致。

⑤「我不知道有哪個國家像美國這樣，心智沒有什麼獨立性，也沒有眞正的討論自由」（托克維爾，引述自舒曼洪，《社會與權力》，p.44）。

⑥艾索斯（Anthony Athos）和我在一次私下的談話中，形成此概念。

⑦今日年輕人激烈反抗的，就是倫理中這種虛僞且不誠實的騙子行徑。

⑧渥夫岡，〈誰殺誰?〉（Who Kills Whom?），《今日心理學》（*Psychology Today*），一九六九年十月三日，p.55。另外請參見麥克尼爾（Elton B. McNeil），〈今日暴力〉（Violence Today），《教牧心理學》（*Pastoral Psychology*），一九七一年九月，pp.21-31。

⑨「錯誤的詮釋造成主張權力意志說的哲學家（如尼采），激烈排斥基督宗教概念下的愛。同樣的錯誤詮釋也造成基督宗教神學家反對打著基督愛之名的尼采權力意志哲學。」（田立克，《愛，力量與正義》，p.11）田立克同時論證說，在愛與權力分離的基礎上，社會正義不可能有基督宗教的社會倫理或有效成果。

6 *Power and Innocence*

存在的力量

The Power to Be

人類因為比較不受本能引導，
所以能透過自覺，影響自己的演化。
因此，人會有集體的羞恥與困惑，
也會有其偉大之處。

……對於不知道
如何控制終極自我的人，都會自負地
虛構他對鄰人意志的控制。

——歌德，《浮士德》II

對活著的人而言，權力不是個理論，而是他每天必須面對、運用、享受、掙扎個上百次，無時無刻不存在的現實。每個人天生都有成堆的潛能，其中僅有極少數，能在人一生下來便形成實際的權力——新生兒尚無法走路、說話或造飛機。但是，就像蘇利文（Harry Stack Sullivan）說的，他已經會哭了，而此一哭叫便是後來發展成複雜語言溝通系統的潛能。

正常嬰兒的這些潛能發展成熟時，便能成為他講話、爬動、走路、跑跳的能力，並從中得到喜悅，這是毋庸置疑的。看過孩子在公園內跑跳、像小狗一樣恣意雀躍的人，都能夠欣賞這種由純粹的動作以及必要的肌肉練習所帶來的歡愉。這種探索的潛能，也就是以當事人年紀該有的眼光看世界的潛能，會隨著他腦部肌肉結構的發展，逐漸變成一種真正的權力。曾經觀察自己發展的人，會驚異地察覺到在潛能的實踐中，每一步驟都同時有先天與後天的因素。

但是這些潛能也會帶來焦慮。齊克果（Soren Kierkegaard, 1831-1855，譯註：丹麥哲學家）在《恐懼的概念》（*Concept of Dread*）中指出：潛能變成現實，但「其中的干擾變數便是焦慮」。青春期決定性大躍進的性交潛能，爲個人帶來興奮與歡樂，但同時也會有因新關係和新責任而來的焦慮。

權力會朝著自身的實現前行。就倫理而言，這既非善亦非惡；它就是這樣。但它也不是中性的。它需要某種自己的表達方式，儘管表達形式的變化很大。在某位男性或女性的個別權力，以及所屬的文化之間，存在著無可避免的衝突。這些權力也必定會與束縛個人的文化對抗。

這種持續不斷的掙扎自有其辯證的天性——一端變了，另一端也隨之而變。我們再度以青春期的性愛爲例：生殖潛能在青少年時期會成熟變化爲實在的力量，幾年後更發展成生小孩的能力，這些都發生在我們的文化能準備接納這類行爲之前，而造成了許多難題。因此，有些人便傾向認爲性衝動本身是不好的。這種錯誤的邏輯讓他們看不到核心的議題，也無法承認其實沒有萬無一失的解決方法，儘管這種個人與文化衝突的難題，是可以減緩的。這種兩難其實是人類實存的永恆伴奏。一旦能坦然面對，它便能帶來具創造性的貢獻，如藝術、音樂、舞蹈和其他建設性工作。

童年期的權力起源

權力的源頭也同時是侵略的源頭。因爲侵略是權力的一種運用——或誤用。湯普生（Clara M. Thompson, 1893-1958）下面這段話，將這點說得很好：侵略「出自一種栽培和操控生命的天賦傾向，這似乎是所有生物的特徵。只有當生命力在發展中受到阻礙時，怒氣、暴怒或憤恨等成分才會與之連結。」（湯普生，《人際關係精神分析》〔*Interpersonal Psychoanalysis*〕，格林〔Maurice R. Green〕主編，New York: Basic Books, 1964, p.179）

我們在第一章中便提到，**權力**的字根意即「能夠……」。從這層意義上看來，我們便很有意思地發現，蘇利文通常會同時用「能力與權力」這二個字眼，也會同時提到先天與後天。他說，「我們似乎打從娘胎，便帶有此一權力的動因。」但是蘇利文和我，都不會在此二分法中擲出偏向「天生」這一邊的骰子，因爲他提及這種已成形的權力動因時，是從安全性、社會地位和特權的角度出發。這些特徵當然是屬於社會性的，成長中的嬰兒也會從所屬的文化中習得。

觀察小孩用積木蓋好房子，打散又再重建，便會體悟到權力與侵略都有其正面價值。小孩從那兒開始，盡可能在成長所允許的能力範圍內探索、嘗試、操控自己的世界。溫尼寇特（D. W. Winnicott，譯註：英國精神分析師）寫道：「就其起源而言，『侵略』幾乎就是『活動』的同義字。」（溫尼寇特，〈侵略與情緒發展的關係〉〔Aggression in Relation to Emotional Development〕，收錄在《論文集》〔*Collected Papers through Paediatrics to Psychoanalysis*〕，London: Tavistock, 1958, p.204）史托（Anthony Storr）參考溫尼寇特的陳述，繼續發揮如下：

> 如果幸福之滿足，真如弗洛依德所假設，是人類的主要目標的話，那就很難解釋人類的這種探索行為；但是如果我們採取一種阿德勒式的「尋求優越」（Striving for Superiority），或相當於動物尋求刺激的口腹之欲行為，就沒有這樣的難題了。①

心理治療的知識可以運用到成長中的孩童身上：權威人士不論是治療師或父母親，如果在孩子建立起能力和權力的灘頭之前，便譴責其活動，那麼孩子長大後要再建立便會有困難，其學習過程也會混雜著敵意與侵略。因此，在他有問題的行動中，便會帶著怒氣與反叛，以補償權威者對他的譴責。

究其肇始，嬰兒的權力和侵略總是正反兩面同時出現——譬如說，他有依靠和被養育的需要。整個成長過程首先要斬斷的是，與母親間的生理臍帶（當他從一切都已爲他備妥的子宮出生時）。在切斷臍帶後，他便要學習建立以心理爲基礎的人際關係。他的每一次向外冒險行爲，都代表他在個別權力與能力上的運用，然後他會再回到母親身旁。②此一發展的滋養層面，從小孩需要受到關懷和愛中表現出來，而侵略的層面則從他需要堅持自己或者必要時的抗爭中表現出來。前者是「肯定」，後者是「否定」。如果孩子的侵略性被阻隔了，那麼他將可能一直有依賴性，這最常出現在郊區中產階級家庭的孩子身上。如果他對愛與關懷的需求沒有被照顧到，他便極可能具有毀滅性的侵略傾向，一輩子都在向整個世界洩憤報復——正如在貧民窟長大孩子的情況一樣。有些孩子的情形是，他們可以爲所欲爲，沒有任何反制以考驗其權力的事物，父母親也不堅決反對，這樣的孩子便可能轉而侵略自己，並表現在咬指甲、自我嘲諷，或無來由地對碰巧遇到的人大發脾氣。

小孩的行動能力可視爲擴大自己與母親之間距離的方式。這是一種離開母親而獨立的實際操演，不管母親究竟在哪裡或仍否健在，他一輩子都會不斷地在此軌道上前行。

不幸的出身，能夠也確實會將個人的權力轉向毀滅性的結局。某位女案主隔一段時間，就會對自己的先生和小孩失控地發怒，她會不斷謾罵，並在暴怒下對先生拳打腳踢。結果發現她的媽媽是妓女，她很小的時候便經常成爲媽媽在咖啡店與男人搭訕的「交談話題」。男人上勾後，便被媽媽帶到房間內辦事，而單獨把小女孩留在外頭一小時左右。她上學後與外祖父母住在一起，但因爲自己的出身而遭村民排斥。她記得自己會到說她閒話的女人家裡，在她們的門口階梯上大便以報復。當其他孩子的派對沒有邀請她時，她經常會到聚衆旁邊，討些冰淇淋、餅乾什麼的。她在家裡養兔子和其他寵物，並從中發展出一種關愛感，但是這種熱情是孤獨的，她也從未能克服與同儕間的緊張親密關係。這種出身導致了當事人長大後，在人生境遇上的毀滅性暴怒與侵略，是完全可以理解的。

嬰孩的正常發展需要父母親的愛與關懷，同時也要有探索的能力，並逐漸增加自己的主控感。史托說過：「『讓我做』是許多小孩不斷重複的懇求；聰明的母親會盡可能鼓勵孩子自己去做，雖然耐心等待孩子花數分鐘時間，來繫好大人幾秒鐘便完成的鞋帶，是非常累人的。」（史托，《人類侵略性》，p.43）史托並不認爲讀《格林童話故事》（*Grimm's Fairy-Tales*），或是玩警匪槍戰和戰爭遊戲，對兒童有害。小孩可以毫無困難地分辨綺想與現實的不同，如果他的侵略傾向在現實世界無法實現出來，他便需要在綺想世界裡下功夫。史托再度引述溫尼寇特的話：「如果社會有危險了，那不是因爲人類的侵略性所致，而是因爲個體身上的個人侵略性受到抑制。」史托接著提出，憂慮此問題的雙親會藉由禁止小孩打電動玩具，或其他類似的戰爭遊戲，使小孩不會變成好戰者，但這麼做可能適得其反，他們「更可能創造出自己希望極力避免的那種人格類型。」（史托，《人類侵略性》，p.46）因爲孩子需要掌握所有的侵略潛能，以保護並堅持自己成長中的個體性。

奧立佛的一生

某位年輕男案主精神分析的斷簡殘篇將說明，當個人的力量無法被公開且有意識地被認可時，會是怎麼樣的情況。權力不會被消除，反而以上萬種其他的方式分別出現。這些方式可能是僞裝的權力，也可能是假權力。

奧立佛是一位博士生，身材高大、長得不錯，外表看起來比他二十六歲的實際年齡年輕。他是富裕猶太家庭三個小孩中的老么。奧立佛的大哥大他九歲，不論在社交上或運動場上，都是那麼地成功。奧立佛的姊姊大他七歲，一生多在進行某種形式的精神治療。她自從精神分裂發作後，便一直住院，她在目前所住的精神病院裡不說話已二年了。奧立佛的爸爸是一家連鎖商店的會計，個性孤僻冷漠，在工作上很成功，在家裡卻總是抑鬱寡歡——時而和藹可親，但完全無法預料。他要求小孩對自己要像個「小甜心」，但在面對家庭紛爭時便裝病退縮。

奧立佛的媽媽曾是一位美人兒，目前仍舊艷麗如昔，她掌控了家庭的星座。她反覆無常、細膩、矛盾且聰明，與人爭論時，每說一句話便改變一次立場，好迫使對方採取守勢。她溺愛奧立佛——特別準備他愛吃的食物，開車帶他去上學，好讓他不用像其他孩子一樣搭地鐵。當非常討厭上學的奧立佛，假生病蹺學待在家裡陪媽媽時，她也特別高興。她誘惑兒子，積極破壞奧立佛與女孩子的約會。他們的晚餐桌經常像個吵鬧的口角戰場，家人彼此會好幾個禮拜不說話。這種「將我痛恨的人置於死地」的技巧（奧立佛說，「我會視若無睹地走過爸爸身邊」），奧立佛與姊姊這二位最軟弱的家庭成員特別會運用。奧立佛的姊姊最終以長待在醫院裡不說話的方式，將家人間的敵對模式擴及整個世界。

我們的開場問題是：在這種家庭和環境中，奧立佛怎麼可能會有權力？奧立佛該怎麼辦呢？他一方面困在雙重束縛中：他媽媽每說一句話便改變一次立場，他爸爸每一次在悶燒著的秘密家庭戰爭，即將爆發到檯面上時，便迫於心臟病不得不退下。奧立佛更是精神焦慮的姊姊，以及「成功」的哥哥之間的抵押品，他哥哥在學校會出面保護奧立佛，在家裡卻毫不保留地捉弄他。奧立佛該怎麼辦呢？他已是六呎之軀，也長得不錯，是不是該嘗試著堅持自己的社會地位呢？過去在高中，同校的女孩總是叫他「小癟三」（little shrimp，他確實曾經是），這夢魘仍舊纏著他。運動場上呢？他在那兒是個「討厭鬼」（stinker），更何況他哥哥已經完全霸佔了別人的認同。在知性上呢？上大學前，他已經痛恨了學校一輩子，也從不準備功課。儘管這樣，他基本上很有想像力，就像後來事實所證明的，他具有豐富的心識和活躍的才智。

少年期的他一副「小傢伙」（little fellow）的樣子，很早就學會對別人耍弄「甜嘴」的伎倆，從不大發脾氣，就像十八世紀的歐洲小國一樣，藉著與家中不同的重要成員結盟，以獲取保護。他承認，這種自行卑躬屈膝的模式影響所及，讓他在高中時代認爲惹人討厭比較好（其他男孩幫他取了個輕蔑的綽號「沙波」〔Sappo〕），因爲這麼一來至少別人會注意他。

他的權力跑到哪裡去了？他在十六歲時，曾有二次癲癇發作，此後每天都要服藥。

這二次癲癇發作是奧立佛表面下沸騰情緒的表徵，值得當成我們的解說目標。不論這二次發作表現在肢體上的是什麼，其心理面向上往往是大量的怒氣。這怒氣逐漸累積，最後終於定期發作出來。這種爆發被克制在意識之外，所以當事人永遠不需要有自覺，也不需要負責任。但是它卻轉變為以當事人自己為主要敵人的暴力——當事人在發作倒地時，多少都會受到肢體上的傷害。此外，當事人就像奧立佛一樣，因為「達摩克里斯之劍」（Damocles' Sword，譯註：達摩克里斯為義大利古國西拉古斯〔Syracuse〕國王狄奧尼修斯〔Dionysius〕的廷臣，因常說帝王多福，被狄奧尼修斯命以一髮懸劍坐於其下，以示帝王多危。「達摩克里斯之劍」因此比喻為臨頭之險、大難當頭、幸福中所隱藏的危機等意）而活動力受阻，永遠不知道癲癇何時會發作。奧立佛始終否認這個分析，並說：「我從來不會情緒化或難過——我看過姊姊發作時的情形，所以我發誓自己絕對不要變成那樣。」

奧立佛在心理治療初期做的夢，經常和小偷闖入屋裡有關，房子對他正是某種碉堡。他就只能裝死，死亡則是無能和無知的終極象徵：

房子裡有一群小偷。有人下樓來了——我好像死了般蜷曲著。他看了我很久。過了一會兒我到外面去。那些小偷……一把抓住我。接下來有一群人到外面去了，有個女人手握一把剁肉刀追著我，有個男人拿起那把刀開始追我。

奧立佛說：「我還記得不快樂的時光，我們的家從來不曾有歡笑。我學到在家裡的爭吵中，要隨風擺盪、因勢利導，永遠不要有所期待——不然的話會受到傷害。爲什麼要掙扎呢？那太痛苦了，我很早便學會不要相信任何一種痛苦。……沒有人會注意我的感受。我總是受到輕視。」在後來的治療中，出現了一個象徵，這象徵洩露了他隱藏權力這個意象：「我就像格列佛一樣，被小人國的小人用繩子整個綑起來。」

他在那段時期唯一的快樂時光，是在以色列的那一年。那時以阿戰爭正熾，他在那裡爲一家美國報紙做戰地報導。他帶著愉快的回憶回顧這段時期，他喜歡其中的興奮感，以及沿著加薩走廊經過死亡士兵的屍骸時，被迫與死亡的交鋒。在這一小段的時間中，他感受到自己的價值感了。

當時他二十四歲，愛上了一位女孩——這是他第一次陷入愛河。他前來做心理治療的肇因——和動機不同——便是無法決定是否要與女朋友結婚，而陷入自我混亂的狀態。他的家人一致反對他的女友，但是我與她見面後，發現她似乎是個頗有同情心，但卻有點歇斯底里的女孩。除了出身貧寒之外，她是奧立佛能夠交談的對象，也能認同奧立佛。

在心理治療開始後三個月左右，他說自己能夠影響遠方的對象，並讓他們產生變化。他告訴我的時候，因有點不好意思而顯得遲疑，並說自己也知道這似乎不理性，又說，如果我不相信他所說的，他也無法再說下去。我回應說，自己的任務不在論證這種想法的眞假，而在找出這些想法帶給他的作用，顯然這些想法對他很重要。我的回應明顯地讓他感到滿意，因爲他開始透露整套將「報復」交付給神的信仰系統，以及把傷害當作懲罰，並依照所做壞事的比例分配給其他人。

當他一早醒來時，他必須先想到自己的家人，否則他們便會受到傷害。在他與任何人說話之前，他必須將床單舉起二呎高，看著牆上特定位置，精準地照著正確的方法站在地板上，再到浴室盥洗和小便。他必須拿出自己的衣服，穿上汗衫，坐在床上並先套上左腳的鞋，然後才穿長褲。如果他在這套儀式中犯了錯誤，他必須躺回到床上，從頭開始。在儀式進行完之後，他必須向瑪莉（女傭）或他哥哥道「早安」。早餐也必須遵照同一套嚴格的次序完成；他必須先喝柳橙汁，再吃蛋，然後才是牛奶等等。

如果他在這套系統的操作過程中，某個程序搞錯了，他爸爸的心臟病就會發作，或是會有什麼意外發生在他媽媽身上。他相信這些懲罰和事故，都是神分配的。幾年前他因爲獲得新聞學院的入學許可，而相當高興。這種快樂的「結果」便是他祖母過世。在下一次的治療中，他提到祖母的死，是因爲他將《頑童流浪記》（*Huckleberry Finn*）這本書放在書桌上的特定位置，或因爲他將一分錢放在衣櫃上的方式不對了。我爲測試他的說法有多認眞，特地問他：你的祖母可以不死去嗎？他回答：至少在那時不能不死。如果他做對了，其他人將獲得好處；如果他做錯了，其他人就會生病或出意外，特別是他的家人。他無法從頭到尾完成性交，也不能盡情地享受。性交中斷法（*Coitus interruptus*）才是「正確的」方式。大約在那時候，當他有過一次完整的性交後，那幾天內，他都驚慌地等待著報復的降臨。也夠準的，在那之後兩天，他媽媽便在臨近城市的車站遭攻擊並被搶。

立刻讓我們感到衝擊的是，這套複雜的系統帶給他的巨大威力。他的任何一個偶發行爲，都會決定某個人的生死。他甚至對天氣也有影響力：「當老天下雨時，那是神懲罰我的雨。」他確實以那種方式**控制了**宇宙。「我必須控制生活中的所有事物。我如果不控制未來，我便活不下去。」値得注意的是，「控制」是奧立佛最喜歡的字眼之一，他經常使用。③

一開始我對自己提出的意見感到滿意，我說：這些一絲不苟的強制壓力，對他一定像是穿著一件緊身衣，難道他不覺得這是個千斤重擔嗎？他同意說，這不容易，但是自己也別無選擇。更嚴重的是，他在高中時甚至無法讀《浮士德》（*Faust*），因爲裡頭有魔鬼跑來跑去，當《保姆包萍》（*Mary Poppins*，譯註：這是一系列兒童文學讀物的第一本，曾改拍成電影《歡樂滿人間》）裡面慢慢充滿魔鬼時，他讀起來也有障礙。他無法說出以北佬（Yankee）爲名的當代音樂劇，在北佬之前的那幾個字（譯註：北佬前面的那個字便是「該死的」。上述的當代音樂劇爲《該死的北佬》〔*Damn Yankee*〕，改編自《北佬戰敗記》〔*The Year that Yankees Lost the Pennant*〕這本書，是浮士德神話的衆多詮釋之一）。當我說**該死的**（Damn）時候，我告訴他說，當代小說家（這是奧立佛的事業目標）必定要能說這樣的字眼，他不說髒話的禁忌一定讓他很困擾。

在我指出來後，他確實看出他的那套系統所帶來的巨大力量。他知道自己童年生活的情緒是如此失序，所以一定要掌握一些穩固的事物才行。他是在補償自己完全無能爲力的少年期。他說「以前我會讓別人任意踐踏我」，無疑地，奧立佛勢必要報復。他的神經力量（或說魔力）和他早期的無能爲力成正比。這樣的人不會也**不能夠**放棄他的那套「系統」，除非他在眞實世界經驗到一些眞正的權力。奧立佛對抗諸多威脅以保護自己，這出現在他告訴我這個報復系統當週所做的夢境中。其中一個夢如下：「我獨自留在家裡。有一男一女戴了面具，僞裝成我的父母親，闖入家裡攻擊我。」他也常常夢到黑手黨，有一天突然問說：「我媽媽就是這個黑手黨嗎？她是敵人嗎？」

有時候，痛苦就是懲罰，或是一種緩和的因素。然後我才能夠放棄此強制壓力。通常強制壓力不會影響到我的生活，但是會讓我非常害怕。它在某些地方就像一種巫術。我一直在想，可能我做了不該做的事。我不想為所發生的事情負責。

最後這句話是什麼意思？並不是說奧立佛不希望這套控制系統繼續下去——它爲奧立佛的生活帶來極大的價值感——而是他不想爲那權力**負責**。它要被秘密地保留，而不是公開承認；他掌控了無數和自己相關的人的生死大權，但是除了自己外，沒有人知道。這麼一來，他保留了表面上的無知。這個假設和他的說法一致：強制壓力就在他的成人禮（Bar Mitzvah，一種傳統的通過儀式，讓年輕人脫離少年期，並進入承擔責任的成人社群）之前達到高峰。

我喜歡同他一起努力，我也知道他喜歡並看重與我共同工作。儘管我們的關係不錯，但是他有許多蔑視我、貶抑我的技巧。他評論自己做的夢：「你雙眼含淚。我想控制你，又不想冒犯你。」這眞是一套完美的典範：他傷害別人又維持完美的無知。這些引人注目的炫耀技巧，必定支配了他一輩子。他得到了大師的眞傳。至少那些技巧必然成功；他沒有像姊姊一樣變成精神分裂。

如今他卻被迫有求於人，祈求幫助，這對他是多麼屈辱啊！因此他在尋求我的協助時，便需要想出一套秘密控制我的非公開系統。就像他自己後來說的，他在實境或幻境中，都是一位傀儡操縱者，拉著繩子指揮我、女友、他的教授以及身邊其他的人。他很「虛弱」，極度需要我，並試圖用計謀讓我爲其治療負起責任，同時又想從某個隱匿的位置指揮我倆。他必須不計代價避免自己的能量曝光，或顯得強而有力；他必須永遠保持像小男孩一樣無知。要讓我**負責卻沒有權力**——這就是他想套在我身上的束縛，也必定是套在他身上一輩子的束縛。

我提議說，「神和報復」這個模式必定能夠扭轉以上的模式：那必定是他能夠**有權力而無責**的一種方式。這位年輕人對自己改變的可能性沒信心；改變必須由外而內。此信念對保持整個系統的完整性是必要的。他透過與神的秘密結盟而得到權力。所有權力都留給了神；神**要求**奧立佛不可以有肯定自己的獨立權力。他一旦自己做了致命的決定，神便受到挑戰，整套系統就像晨曦下的霧一樣消失不見。自己負起責任，也就是肯定自己的獨立性，就是在向神挑戰，也犯了傲慢之罪。

這個公開無知但私下有力的模式，出現在奧立佛那個穿兔皮的狼的夢（第二章曾提過）裡頭。這個夢似乎就是他現在正在玩的遊戲：將他的權力——其實是暴行——隱藏在兔皮底下。

治療期間，我們有許多關於殺戮的對話。他想殺自己的爸爸，用機關槍將地鐵站內的人射倒；他在夢中叫唆人到我辦公室來射殺我。他津津有味地描述自己在小時候虐待動物所得到的變態樂趣：他會放火燒蟋蟀和螞蟻，並看著牠們被火燒得扭曲翻滾。他在談到自己的父親及哥哥時，就像個現代食人魔，宣稱自己永遠忘不了他們的殘酷，並發誓要親自報復。他某一次的治療聯想如下：「我的小弟弟這麼小……我總是比別人矮〔他立刻意識到這已不再是事實〕……暴力……窒息……我不再弱小……占領一個城市……**生命突然變得有意義**。」

在美國入侵柬埔寨和肯特大學（Kent State University，譯註：一九七〇年五月四日美國俄亥俄州肯特大學的學生暴動中，因爲州的後備部隊涉入校園，因而造成四名學生被槍殺身亡，請參見第十章）槍殺事件，所引發的一九七〇年五月全國學生抗爭風潮中，奧立佛也參加了紐約的自發性抗爭遊行運動，特別以華爾街爲主。因爲那段時間他也在進行精神分析，他的話便因爲貼近其無意識現象而帶有特殊的啓示性。我摘錄了當時一段治療的內容：

> 我感到某種自發性，覺得自己被困在某種超過人類欲望可成就的事物當中。
>
> ……
>
> 往日一去不復返。……
>
> 你忘了你的身體需求與關照。……你透過團體輸送每一樣東西。
>
> 認識團體是很棒的事，做為它的一部分很棒——我是它的一部分。

很清楚地，他爲一種喜樂洋洋的經驗所擄獲，這也就是我在稍後章節中稱之爲「狂喜」（ecstasy）的經驗。他也被自己的團體吸併進去，並體驗到個人道德責任的解脫。他對所屬團體的責任並不就此排除——這很奇怪，因爲責任感對他是非常困難的事。極右派攻擊抗議學生時，奥立佛一直在混戰現場一個街區之外，在這之後他呻吟著：

> 嘔，可惡——我知道這要發生——我知道極右派等在那街上，我大可大聲示

警：「到另一條街去！」但是我當時並不平靜。去死！

這些抗爭剛開始時，奧立佛便經驗到喜樂的氣息。在我看來，他當時處於我認識他以來心理「最健康」的狀態——也就是說，他當時最直接、最整合，最能夠以整個自我來感受事物和說出自己的感受。他擁有類似的整合與眞心感受的其他生命時刻，便是以記者身分報導以阿戰爭，並要不時穿過四周都是死屍戰場的那二個禮拜。那是一種**生命邊緣**的存有質感，是一種生死邊緣，那是喜樂的自我超越的一部分。

但是，我們同時也在奧立佛身上看出，絕望是多麼接近暴力。在那二個星期之後，他前往華盛頓特區參加規模更大的學生示威遊行。他乘興而去敗興而歸。他記述那天的過程就像「有趣卻徒勞無益」。他說著說著，越來越沮喪，最後他沈思說：「今天早上來這裡的路上，我看到手提小袋子到超級市場買菜的老太太。我眞想槍殺她們。」④這位年輕人用口語表達出這種暴力衝動，因爲他正當精神分析的特別處境，與自己的無意識刺激有超乎正常的開放關係。但是我們大可假設許多人（如果不是所有人）在沮喪的時候，都會出現沒有表達出來的相同暴力衝動。

他後來也看出只有抗爭是不夠的。抗爭是負面的，總是因對抗著什麼而來，因此會從所攻擊的對象得來它的本性。「幾乎我所有的決定都是負面的——我對父母、瑪妲（Magda，譯註：奧立佛的女友）和你發脾氣。我總是強壯、有活力，然後便非常活躍。沒有疚責感——也沒有焦慮。總是在反某個人，或反他人的成就。」他因此了解到，人可以逃避更困難的人生課題，也就是如何負責地把未來所需的價值發展出來。

在這段期間，奧立佛的實際生活也逐漸進步。他搬出與父母親同住的公寓，通過博士資格考，他對自己這套「報復」系統的依賴明顯減低（現在它幾乎一直被視爲「迷信」）。他已經接受一處自己眞心喜歡的教職，創辦的文藝雜誌正開花結果，他與女性的整體關係漸漸地滿意多於焦慮。現階段問題似乎集中在他和瑪妲的親密關係上。

她不斷施加壓力要奧立佛娶她。當他在治療中提出這個問題時，我評論說，既然他不想要有結果，那爲什麼要結婚呢？儘管對彼此眞有依戀，他們仍舊有太多尚未釐清的問題，會影響婚姻的幸福。我在說這些事情時，心中很清楚自己奪取了某些奧立佛該自己做決定的責任。隨著他在治療中逐漸進步，我告訴他不能永遠靠我扮演代做決定的「慈善」雙親角色，遲早他都要自己承擔這些決定。

我不在的一星期當中，奧立佛突然與瑪妲閃電結婚；然後馬上又因爲認爲結婚是個錯誤而被擊垮。結婚的動機有許多：他生命中所有其他事情都太順利了；他要證明自己是個男人，也有能力結婚；他要報復我棄他而去等等。瑪妲和他結婚後，立即強化了對彼此的折磨與懲罰。他們對彼此的眷戀似乎包含了大量的恨意，也似乎一心一意要摧毀對方。奧立佛很快找到解決方案，他等到瑪妲學校的考試結束後，宣佈婚姻無效。儘管這很困難，但他做到了。

重要的是，此一「實驗婚姻」讓我們有機會對奧立佛生命中的一個重要問題下功夫，這個問題到目前爲止極少被碰觸到。那就是奧立佛當時住在療養院的姊姊。瑪妲和奧立佛精神分裂的姊姊彼此都喜愛對方，又有許多類似的面向——她們在奧立佛心中經常是同一個人。他與瑪妲彼此帶給對方的懲罰與折磨，和他與姊姊雜糅了虐待與被虐待雙重關係的情形之間，存在著一種對等的關係。這個問題在一瞬間，突然蜂擁而至。

我痛恨姊姊卻又愛她。……她溺愛我，她是我的守護者，我最親密的朋友。我從她那裡學到生活方式……以及對詩歌、文學、幻想的興趣。但是我永遠不知道她處於哪一種情緒。她折磨我，扭我的手臂。……我上床睡覺時，對她還帶著強大的暴力恨意。我過去經常設計讓她和媽媽大吵一架。……我很高興她住到療養院去；這表示我贏過她。……如果她真的瘋了，我猜想自己到了她那個年紀也會瘋掉。

他在姊姊精神分裂中所扮演的角色，是他最主要的疚責感。他因為姊姊的不幸而得意洋洋；他覺得自己在毀滅姊姊這件事上參了一腳（現在他也這麼對待瑪姮）。他同時覺得自己必須受到懲罰，以減緩其疚責。他必須像姊姊一樣受苦。這些模式都直接帶進他和瑪姮的關係。他們之間建立起的人際關係，驚人地複製了奧立佛與姊姊的原始處境。他受到來自瑪姮的懲罰與痛苦，並同樣地殘酷以對。他從這種經驗找到了人生的方向、生命的支撐。他釐清了自己對姊姊的這層牽絆後，明顯地讓他得到解放，也讓他大大地擺脫了對瑪姮的束縛。

奧立佛的生活說明了：如果所有的建設性方法都被阻斷，權力還是要能被釋放出來，虐待性的性變態便是其中之一。此外，這再度說明暴怒的正面和負面層次。他曾說過：「抑鬱就好像放一把小火，來阻止森林大火。我用抑鬱來躲避自己對姊姊的怒氣。我想殺她，想對她大吼：『妳毀了我的一生。留在療養院裡吧！』」但是他稍後又看到了暴怒的建設面：「暴怒是讓我獨立、自主於父母的動能。如果我的暴怒不見了，我也失去了力量。」

我們回想起吸毒者的復原依據，是他們「氣憤的能量」。同時，莫西荻的暴怒所表現出來的暴力，是同時賦予生命和否定生命的面向。在這個階段，奧立佛同時在經驗與洞見上進行著同樣的探索。

自我肯定

存在的權力（power-to-be）是肯定一個人自己存有的天生需求。⑤這便是權力光譜中的第二層，是一種安靜平實的自信形式。自信是源自襁褓中父母給予的愛，以及所得到的原初價值感；它並且在往後的歲月中，表現出一種尊嚴感。「尊嚴」這個詞來自拉丁字的「值得」（*dignus*），字義是一種「眞正有價值的感覺」，是每位心智健康人類的本質。

這種對價值的原初渴求，可能有許多變化。以普莉西拉的例子來看，我們可以想像她說：「我有價值，可是全世界**沒人**知道。」我們也能想像莫西荻會說：「除了別人可以在性上頭利用我之外，我一點價值都沒有，我也不應該有價值。」奧立佛則依據公式而活：「我一點都不值，但是和神結盟後，我便該擁有世界上的所有事物。」

在奧立佛身上我們看到多數人的錯誤是：略過自我肯定，由無力感直接跳躍進入侵略與暴力。人若一直覺得無力，那麼當他首次覺察到自己權力時的恣意妄為，便似乎是醉人的。這就好像他必須召喚腎上腺素，來體驗自己「存在的權力」一般；一旦腎上腺素出現了，他便藉由其中的力量，潛入侵略的行為。因此，心理治療案主經常在體悟到自己的存在權力後，就要經歷親友所謂「過度侵略」的階段。這種侵略或暴力會像烽火一樣燃燒開來，但通常不過是暫時性的操演。如果人成長發展中的自我肯定，被遺漏或是很短暫，那麼某種偉大價值的事物也就不見了。持久而深入地提供個人存在權力的，便是這種自我肯定。

我們文化中有許多人很容易便用道德理由，來否認自我肯定。他們輕蔑地認為，這種自我肯定的渴望是「自私」和「自我中心」的，「愛」他人的方式便是「恨」你自己。這是我們衰敗的清教主義中，最應該被淘汰的面向之一：蘇利文的主張——我們對他人的態度，等於是我們對自己的態度；如果我們要能夠愛他人的話，必須要對自己具有基本的愛——現已得到十足的證明。以下《聖經》格言的意思也類似：像愛你自己一樣地愛你的鄰居，而不是像恨你自己那樣。在心理治療上，用「你對別人不像對自己那麼壞」這句話提醒案主，將會有助於他的未來行為。

個人對價值感的信心，通常是先由母親或母親代理人對嬰兒的態度中習得，然後藉由家庭對嬰兒的忠誠來進一步培育。隨著嬰兒逐漸長大，這種早期的情感會因爲非家庭成員對當事人及其潛能的珍愛，而得到進一步的強化。接著，心智較成熟者便能夠在困頓時，聯想起自己記憶中有人對自己具信心的意象。當我唸大學時，我發現有長輩能相信自己的經驗，是具有關鍵重要性的一件事；在以後的生命中，當我面對重大決定時，我便會專注於某一位肯定自己的長輩身上。這並不是因爲自己記憶中的人士，能告訴我該怎麼做。而是，此刻心中有一位相信自己的人，對我的心理安全感很重要。這種「信仰」包括該人對我的喜愛，儘管並不只有這一點，也包括該人對我的能力和其他特質的信心。這些是解讀者因爲在記憶中珍藏了這麼個人而經驗到的，並非經由刻意算計得出的。

心理治療的目標之一，便是幫助個人長期而平穩地建立起自我肯定。對奧立佛而言，自我肯定是每天都出現的，它在每節治療中，顯得不太戲劇化，而且往往不知該不該把它們記錄下來（因此它們很少納入我們的筆記中，更不用說個案記錄）。他做的夢開始慢慢顯示自己對權力的覺察：「我正在爬一架梯階脆弱的梯子，但是我緊緊握住兩邊好讓梯子仍舊能用。」還有：「我馴服一些馬匹。」或：「我希望我能夠做這做那的。」另外：「我想我能夠完成它。」我總是以某種方式回應，讓他確實知道我都聽到了。或許當時我並不相信他能夠完成自己想要的（如果我假裝相信，他將會感應到），但是我會肯定地說：「我也希望那一天你能夠做到。」或「我看不出來爲什麼你會做不到。」

避免這種較不戲劇化但卻必要的方法之一，出現在奧立佛對其中一個夢的解讀。那天早上他來做分析時，分別說了三次「很困難。」他用虛弱的聲音講述下列夢境：

> 我和哥哥在哈德遜河（Hudson）上的一艘小船——我們或是我掉了船槳。我們逆流而上游水。我對哥哥說：「你何不靠著我的肩膀休息？」他把手放在我的肩膀上，我便開始往下沈。我邊想著自己要沈下去了，邊大叫，哥哥這才放手。我們回到陸地上。他想繼續游下去。我說：「不行，河被污染了。」他表現得好像滿不在乎，並且從華盛頓橋（George Washington Bridge，譯註：曼哈頓的連外橋樑之一）下方游過去。我詢問他河裡的泥土是怎麼回事，他說：「不，沒有什麼土，只有在岸邊有一點。」爸爸在等著他。

當奧立佛談論這個夢時，他提到水代表了母親角色和陰道；他害怕污染；他將得到可怕的疾病；他把神與懲罰帶入討論中。我一直問：夢中這些廣大無邊、宏偉堂皇的事物表示什麼？這個夢似乎是其問題的現實展現。當然，他**正**逆流而游，他**確實**要面對一些棘手問題；但是爲什麼一直有那些神秘兮兮的指涉？他有必要裝出這副可憐兮兮的樣子嗎？例如早上呻吟著進入我的辦公室。到了這個階段，奧立佛已相當放鬆。他斷言，不要以事物的原貌看待它，生命便會更有趣；它讓事物保持膚淺，「因爲壯觀至極，所以我只能四處摸索。它從來不是個問題——它是神的無限行動。」

不論夢的奧妙意義是什麼，他做夢的目的確然是實用的。他把哥哥這位家庭中最世俗的成員也擺在裡面，至少哥哥在和媽媽的關係上，發展出一套可行的生活方式。何不像哥哥一樣冒險試試看？他這麼夢到，便顯示他考慮了這個主意。當然，轉而討論宇宙和冠冕堂皇的主題，比較容易保留他的無知；但是我相信他應該先專注於具體務實的考量上。

人類能夠自覺的這個事實，大大增加了他對自我肯定需求。我們能夠知道我們在肯定自己；我們也可以經驗到自我肯定的缺乏，並因此感到羞恥。在人的身上，本性和存有並不一樣。但是對於我那隻在房間裡蹦跳玩耍的貓咪而言，本性和存有**是**完全相同的

——不論牠怎麼做，牠都會變成一隻貓。貓不會有自覺或**知道**自己明瞭此事的負擔；牠是逃避了隨著此經驗而來的疚責感，但是也失去其榮耀。一棵橡樹的本性與存有也是相同的：物質條件對了，橡子便長成橡樹；橡樹沒有想到這一層，或甚至承擔了知道這一點的負擔。

意識是本性與存有之間的干擾變數。它大大擴展了人性的向度；使得人類身上的自覺感、責任感以及與此責任相稱的自由界限，成爲可能。人類意識的反思性說明了動物行爲的研究，對人類的侵略性只能提供外圍的線索而已。人類的殘酷可以無限擴大，也可以只爲虐待成性的樂趣而破壞事物——那是一種動物所沒有的「特權」。這一切都是因爲人類身上的本性與存有並不相同。

因此，不論人類的選擇受到多大的限制，他只有在參與自己的成長發展，並將自己的重擔抛在各種傾向之後，才能成爲一個自我。自我永遠不可能自動發展出來；人只能達到自知、肯定，以及堅持自我的程度，如此而已。這就是爲什麼尼采不斷主張信念與奉獻的必要性。這也是爲什麼人永遠比動物，以及大自然的其他生物，更可教化的原因；人類因爲比較不受本能引導，所以能透過自覺，影響自己的演化。因此，人會有集體的羞恥與困惑，也會有其偉大之處。

自我堅持

莫西荻生活中的某件事情，可抽出來說明從自我肯定，到自我堅持這個光譜層次的轉換。

莫西荻必須將支票兌現來付菜錢：

我到經理的辦公室請他為支票背書。有個女人叫他，因此他關上了門。我站在門口等了好幾分鐘，又敲敲門。他打開門說：「我們今天的現金不夠。……我現在沒有時間，稍後再來。」我逕自到店裡去買我要的東西。我看見二個白人女性去找他，他幫她們的支票背了書。我再回去找他，他卻說：「不，不，我現在沒有空。」並叫我去找另一個人，結果這個人權限不夠，無法為我的支票背書。

我整個晚上都無法入睡。第二天我又回去找他說：「你昨天大大傷害我。」他道了歉並為我的支票背書。

我在治療結束後想起這件事，並感到有地方不對勁。於是在她的下一次治療時，我再度問起這件事。她尷尬地看著我，要笑不笑地說：

昨天我沒有把整個事情和盤托出。我第一次去找他時，頭上戴著髮捲，看起來很邋遢。第二天我打扮起來，化好妝。我的胸部因為給小孩餵奶的關係，變得很豐滿。我讓外套半打開。當我去找他時，他說：「我能為妳效勞嗎？」我於是解釋了昨天的情形，並告訴他我並不是要錢，我只想要兌換支票好付錢買菜。他說他昨天拒絕我是因為那二個白人女性想要現金。他用手攬著我的肩，叫我「親愛的」，並且說他很抱歉傷害了我。

我失聲而笑，莫西荻這才告訴我，她沒有全都講出來是因爲對該事覺得很羞愧。我完全同意那些反對莫西荻的人所說的：莫西荻用她的性，當作自我堅持的工具。然而我不同意有些人說：這只是她早期賣淫模式的延伸。現在這成了一種有意使用的策略，而不是爲情境所迫而依從的。我們所討論的是自我堅持這項**事實**，而不是手段。

當自我堅持不再行得通時，個人便凝聚一己之力，與敵方相鬥——在此案例中，這是莫西荻晚上躺在床上無法入睡時體悟到的。

自我堅持令人不解的一面是，人類經常主動去找反對意見，以學習自己的堅持。這要再度指出，自我堅持不是病態的，而是一種存在權力的建設性表達方式。這在大約二到四歲的小孩身上，便可以觀察出來。他們會「測試極限」，看看自己要做到什麼地步父母才會反對，他們爲跨越父母而跨越，他們爲說「不」而說「不」。

必勒醫師（Charlotte Buhler, 1893-1974，譯註：出生德國，是所謂的第二代女性心理學家）指出，當環境引出了道德議題時，小孩關心「好」與「壞」問題的方式，與媽媽的期望會非常不一樣：譬如說，一個四歲孩子會有壞主張，因爲那和媽媽的要求相反。因此「我們會偷聽到四歲的彼得大聲對自己說話，並問說：『他是個乖小孩或壞小孩？』然後他高興地頑固宣稱：『不，他是壞小孩。』」（必勒，〈存在特性的四個基本傾向〉〔The Four Basic Tendencies as Existential Characteristics〕，未出版文章）

在這種尋求反對意見的過程中，小孩經常會拒絕去做大人要他做的，臉上帶著微笑地站在那兒，好像知道這不過是個遊戲。聰明的父母之所以會接受這種行爲，其理由不在增加孩子的疚責感，也不是父母棄守的藉口——因爲那樣意味著，小孩只需要更努力地找出另一個議題，以得到父母的眞切反對。因爲他要的只是測試自己的「心理肌肉」。那是成長正常必要的面向——小孩「練習」自我堅持的意志。歌謠中充斥著這類指涉，就像一首德國催眠曲的內容說：孩子外出「去學習顫抖與發抖」。

誠如田立克所提出的，除非有實際的遭逢，或這方面的潛能，個人存在的權力仍舊隱而不顯。存在的權力必須在不斷對抗非存有之中，才會由隱性變成顯性；在田立克看來，非存有是否認、毀滅存有的全部面向。這包括毀滅獨特性與原創性的從俗主義（conformism）要求；削減勇氣、雅量和了解他人能力的敵意；破壞力量以及最終的死亡。我們呈現存在的程度，要依據我們涵攝和內化非存有的程度而定。「生命的過程便是在不斷自我肯定中，盡可能擁有更多權力，盡可能在不被非存有毀滅的情況下，擁有更多非存有。」（田立克，《存在的勇氣》〔*The Courage to Be*〕，New Haven: Yale University Press, 1952, p.4）我們的目標不在忽視或抑制非存有的表達，而是直接與其面對，把它們當作生活必需品接受，並努力吸納它們——這些做法都可以減緩它們的破壞力量。從這種掙扎之中，也會出現創造力。

存有只會在具體實現其權力的過程中，才會化現出來；否則我們該如何能覺察到它？更不用提其複雜的旁枝錯節了。權力具體實現是在克服反對力量的處境中完成的。

尼采看到這個意志的面向，並教導我們如何衡量：「我根據意志的抵抗、受苦、忍受折磨，以及知道如何轉化爲自己優勢的程度，來估算**意志的權力**。」（卡夫曼〔Walter Kaufman〕，《尼采傳》〔*Nietzche: Philosopher, Psychologist, Antichrist*〕，Princeton: Princeton University Press, 1950, p.183）「在自由思考領域以及個人生命形式中的每一小步，都是用精神和身體折磨的代價奮鬥來的。……再也沒有比爲人類帶來現有稀微的理性和自由，更讓我們感到親切的了；它們是我們自負驕傲的基石。」（卡夫曼，《尼采傳》，p.214）他相信這**必定如此**——舒適安逸是人類的敵人，它們毒化也軟化眞正自我的發展。生命是自我與困境的搏鬥；我們聽到尼采一再這麼說：「生命就是自我超克。」他對達爾文主義的生存競爭概念嗤之以鼻，並提出相反的主張說：「所有的生物並不是想要存活，而是努力提升自己、成長，以及開創更多的生命。」當他們這麼做時，他們是以自己的整個存有**為賭注的**。尼采在《查拉圖斯特拉如是說》（*Thus Spake Zarathustra*）中寫道：「我對這神秘的生命本身，篤信不移：『你看，生命說，我就是那必須不斷超越的事物本身。你可以稱它爲生命的意志，或是目的的驅力，或是朝向更高、更遠、更多面向發展的驅力，但是這所有的一切，都是同一個驅力。』」

嚴格來說，這就是爲什麼權力不能給予他人的原因，因爲如此一來，接受的一方仍舊虧欠賦予的一方。它必須在某種意義上被承擔、取得和確立。因爲除非它能夠被拿來對抗反對的一方，接受者這一方就不無法成就其權力，也永遠無能眞實地體驗到它。

註釋

①史托，《人類侵略性》（*Human Aggression*），New York: Atheneum, 1968, p.41。

②安娜・弗洛依德（Anna Freud，譯註：心理學大師弗洛依德的女兒，本身也是心理學家）一九七一年在維也納國際精神分析學會（International Congress of Psychoanalysis）的演說中說，侵略性在起源上先於防禦：小孩會去拿其他孩子的玩具，當玩具的主人要取回時，他反而跑到母親後頭躲起來。這項有趣的觀察應該放在我們文化的脈絡下加以審視。

③請注意史金納在《超越自由與自尊》（*Beyond Freedom and Dignity, New York: Knopf, 1971*）這本書中，多麼愛用「控制」這個字眼。

④這個說法在邀請那些有興趣的研究者進行特別的精神分析詮釋。這位年輕人的基本問題是他和母親的關係，他媽媽總是爲他準備過多吃食。如果他想要有心理自由與自主的話，這種老婦便是他要建立的雛型，也是他必須象徵性殺死的對象（一種「奧瑞斯提斯式」〔Oresteslike〕的謀殺，譯註：奧瑞斯提斯〔Orestes〕是木馬屠城記大將阿加曼儂〔Agamemnon〕的兒子，他和姊姊聯合謀殺母親及其愛人，爲父報仇）。

⑤田立克寫道：「每一個存有都肯定他自己的存有。」「它的生命便是其自我肯定——就算這種自我肯定是一種自我投降的形式也一樣。」（《存在的勇氣》，p.39）

侵 略

Aggression

某種意義而言，藝術必須具有侵略性。
藝術家族群不必然是好戰分子；
他們最重要的戰場通常是在自己內心、
在畫布、在打字機，或在其他藝術媒介上。

一個男人晚上九點鐘走進布魯克林的一家菸酒販售店。這家店是一對老夫婦擁有和經營的，老夫婦在逃到美國之前，是德國集中營的生還者。男人要老夫婦交出錢來，老夫婦回答說店裡幾乎一毛不剩。男人冷血地射殺了他們，然後掉頭就走。

——《紐約時報》

蒙德里安（Piet Mondrian, 1872-1944，譯註：荷蘭畫家，新造型主義的代表）寫給古根漢博物館（Solomon R. Guggenheim Museum）史維尼（James Johnson Sweeney）的信上說：我的畫風是這樣的：首先我必須消滅形式，方法是將它簡化成線條、顏色和圓圈。……接著我必須破壞顏色。……再接下來我必須拆開圓圈，讓它只剩下平面和線條。……我的藝術由最單純的線條和比例組成。

蒙德里安謹上

我們都同意，上述第一個例子是一件猛浪的侵略與暴力事件，如果深究其因，我們便會進入精神病理學的領域。但是如果我們在不同的脈絡下追問，第二個例子是否也是侵略的案例，多數人會很訝異地回答說，當然不是。但是，看看其中的用字「消滅」、「破壞」、「拆開」等，的確都是一些帶有侵略性的字眼。蒙德里安這位外人眼中恬靜謙虛的男子，卻在他的藝術中強烈地入侵了傳統的形式。在我們的早期教育、藝術學校和藝廊中，所反映的古老學術傳統，是具有相當權力的；而蒙德里安卻精神奕奕地致力於打破和重塑它們。

沒錯，第一個例子是對人所做的行動，而第二個例子對抗的則是人爲的造型。但是我們不能純粹以個人爲基礎來定義侵略。那些所謂非人的敵人，如癌症或極權主義，可絕不是無能的易與之物。我們對侵略所訂的判別標準，是否會大大地影響我們所擁有的侵略權力呢？如果是，我們便會發現蒙德里安奮鬥和對抗的藝術形式，正矗立在我們心靈生活的中心，對於未來好幾個世紀的人們，都持續產生深刻的影響。

侵略比一般認知的情況更爲複雜多面。

侵略的意義

自我堅持只是一種堅定的掌握，例如「我站這裡，你只能到這裡爲止，不能再更靠近了」；但是相對而言，侵略是一種向外的移動，一種朝向敵對的人或事物的動力。它的目的是把權力移轉到自己身上，或是所奉獻的事物上去。侵略是移入他人領域，完成權力重建的行動。我們權力光譜中的第四層（譯註：參見第一章）此刻出現了，因為個人或族群堅信，權力的重構無法靠自我的肯定與堅持來完成。

侵略者要的可能是土地或資源，就像國家發動戰爭併呑他國的領土。侵略者也可能以知性為賭注，例如蒙德里安的新藝術形式。侵略也可能是出於對不公義的仇恨，例如法農（Frantz Fanon）呼籲非洲黑人起來反叛。侵略的目的也可能是靈性的，例如廢除奴役制度者的行為。不論目的和動機為何，也與它何時被合理化無關，侵略本身是：為了自己或投入的觀念，而努力奪取他人的權力、特權或地位。

侵略在光譜中浮現的位置，就是外顯的衝突所浮現的位置。雖然自我肯定中的衝突很難被發掘，而自我堅持中的衝突稍微明顯些，但是這二個層次上的侵略，基本上是**向內的**。經典的範例便是，莫西荻夜晚躺在床上，卻因為白天被店裡的經理拒絕，而痛苦得睡不著覺。另一個例子是，當我鼓足勇氣，在一大群聽眾面前站起來發問，以凸顯自己的主張時，我的**內在**是有衝突的，外在世界卻可能無法看到我的衝突。但是侵略中的衝突，毫無疑問是**外顯的**。侵略中會有利益的敵對，而侵略行為便是努力在衝突中獲致某種解決。

如果我們依照美國的習慣，在侵略才冒出頭時，便譴責其爲邪惡事物，那麼我們便打開了道德疾病的潘朵拉盒子。對於這一類的思考而言，只要是社會現狀的權力就必然是有益的，也是神所賜與的，不論是州警騎衝入艾堤卡監獄（Attica，譯註：參見第一章）屠殺的例子，或是在警察鎮壓墨西哥裔美國人暴動的例子，反叛者自動就會被視爲是邪惡的。因此，我們會把某個行動貼上侵略的標籤，然後在沒有權力者進行該項行爲時，加以譴責，而在當權者進行同一項行爲時，卻把它貼上善良的標籤（反之亦然）。

大家這麼害怕侵略的原因，是因爲其中涉及了潛在的勢力。侵略中的勢力會在肢體、知性或靈性的層次，奪走我們的生命。我們都很了解肢體的勢力。知性的侵略同樣具有強制或逼迫的特質，就像針鋒相對的辯論一樣——特別是對人辯證（*argumentum ad hominem*，譯註：針對對方性格、地位、境遇等的辯論）。勢力的壓迫也可能是靈性方面的，例如流放或逐出教會。最後這項可能會成爲一大威脅，這點在所謂的「巫毒死亡」（Voodoo Death）現象中顯現出來。在原始社會中，受詛咒者以被「斬死」（cut dead）的方式，做爲他觸犯某種禁忌的懲罰；他受刑後倒臥在地，脈搏漸漸微弱，喘息和呼吸變粗重，幾個小時後便死了。（迦納〔Walter B. Cannon〕，〈巫毒死亡〉〔Voodoo Death〕，發表在《美國人類學者》

〔*American Anthropologist*〕，XLIV/2，一九四二年四月，pp.169-81）。即使在進階社會中，「斬死人」無論在心理與精神上，都是一種侵略行爲，並且會產生很好的效果。

侵略（aggression）的兩面性，可以從這個詞的拉丁字根看出：*aggredi*的字意是「向前走、接近」，主要意思是「接近某人以得到諮詢或建議」，第二層意義爲「對抗」或「帶有傷害意圖的動作」。換句話說，侵略的原意是純粹的連結，一種向外的伸展，不是爲了肯定自我與他人的善意接觸，就是黃鼠狼給雞拜年，不安好心的惡意接觸。侵略的反面並不是愛好和平、體貼、友誼，而是孤立，也就是完全沒有接觸的狀態。這就是這種人的實際狀態。要了解這樣的人只要自省即可，不一定要到精神病院去觀察；精神病患是無法容忍任何對自己所思所爲非難的。不久，他便無法接受任何矯正，最後連一點批評也無法忍受。他終於完全與他人隔絕。

在精神治療中經常會發生以下的情況。當案主用某種否定的形式表達時，他會說：「我覺得你在攻擊我。我無法忍受……」，或是當治療師說：「你說的讓我生氣，我們來了解爲什麼」，這時雙方都可以去探索，被撞擊到的敏感部位是什麼。當這些侵略的面向逐一釐清後，不僅可以使眞相大白，而且彼此的了解也達到一個更深入的全新境界。因爲我們既愛人們的美德，也愛他們的過錯，所以彼此也會有更深入的感情發展。

侵略的建設性形式包括：掃除障礙開啓人際關係；面對他人時，沒有傷害的意圖，而是有意穿透他的意識；將威脅人格完整性的權力，加以排除；在敵意的環境中，實現自我與自己的想法；克服療癒的障礙等。

做愛和吵架在人類的神經心理層面上非常類似。史托指出，情侶吵架經常以做愛收場。①戰士與愛人之間有著奇怪的關係：騎士自龍怪口中救出處女，然後和她做愛，這二件事出自同一部傳說。爭吵時，會有一種鮮活的親密感，一種愛恨交織的密切性，一種被恨排斥但仍是親密感的親密感；最後總歸是會開花結果成爲情愛的。

負向的侵略性是我們社會通常指涉的對象，所以不需要在這裡多做定義。它的意義基本上包括：在與他人接觸時，意圖傷害或造成痛苦；爲了自我保護，或只是爲了增加自己的權力，而奪取他人的權力。

爲什麼正向的侵略性不斷受到抑制，而其負向的侵略性卻被如此強調？有一個很明顯的原因是，我們對侵略性太過恐懼，因此我們便假設——雖然只是假象——如果我們能集中注意在負向的侵略性上，那麼便比較能夠控制它，彷彿這就是事情的全貌。這種只認同文字負向意義的態度（例如：**幹**〔fuck〕、**惡魔**〔devil〕），是對原魔力量（daimonic，譯註：參見第二章）誤用的古老案例之一。我們這麼做，等於是貼上了「不受限制」的標籤，把整個領域都排除在外，所以談論「魔鬼」的人，本身就已經在魔鬼的權力掌控下了。

我們會強調負向侵略性的另一個原因在於，侵略會挾帶著焦慮與疚責。我們以爲，如果我們把普羅米修斯神話當成傳奇故事，並把自己設定成經由「第二亞當」（second Adam）的基督解救，可使我們免於焦慮與疚責，那麼我們就可以眞的避開焦慮與疚責。當這個觀點被教條化，就像許多基本教義派人士那樣，它確實能給個人帶來一定程度的掌控。但是這個控制系統充其量還是搖搖欲墜的。它的價值遠不及它的傷害，因爲它截去了個人的意識，同時也阻斷了我們對他人的敏感和了解。

眞實的情況是，幾乎我們所做的每一件事，都混雜了正向與負向的侵略形式。在一場演講前，我發現自己會有如下的想法：「如果有人聽得睡著了，我的聲音和想法會擾攘得讓他醒過來」（這是正向的侵略）。有時候我又自顧自地覺得：「如果有人想干擾我，打斷演講，我就會出他的醜，讓他閉嘴」（這是負向的攻擊）。

侵略的種類

侵略這個字眼在我們日常生活的語言中，有千變萬化的不同形式。當我們說一筆「具侵略性的買賣」時，乃是一種恭維，意即冒大風險賺大錢的交易。在股票市場中，具侵略性的股票交易員和股票處理方式，往往才是獲得豐碩成果者。「我們遵循侵略的原則」這句話在商界廣受歡迎，表示做事機警、積極朝向目標進取。你最好找一位具侵略性的律師爲你抗辯，因爲他知道該如何置對手於下風。侵略的積極運用，在商界廣受歡迎。

侵略多半是間接的、遮掩的，以迂迴打倒他人的精巧形式出現。這在精神治療中，是以文明友善的配合爲外衣表現出來的。案主會說他必得「誠實」，接著便會不斷吹毛求疵地洩憤，從治療師的治療方式，到治療師的家庭、辦公室，無一不挑剔。當治療師說了案主不認同的事時，案主會不只一次地否認，連聲說「不，不，不，不」，好像天底下竟有人愚蠢到說出這樣的事來。這種自居人上的技巧，在所有的日常對話中不斷出現，特別是在已婚夫婦之間。他們會互比高下地進行冗長爭吵，方式通常不是由「受害者」挑選，但是其他人卻都很清楚。這種間接的侵略是破壞性的，我看不出其中有任何好處。

此外，另有一種自我**內在的**侵略，當事人往往會覺得是和自己**作對的**侵略。今天上午我坐下來開始撰寫本書。一直到現在爲止，我都覺得很放鬆、愉快，甚至滿平靜的。但是當我思考侵略這個主題時，我便開始把自己散漫的思緒彙整起來，打開心扉讓所有可能的洞見浮現，我正在冥想著這個主題。我把反叛的自己召喚出來；我向內在尋求一場「鬥爭」，因爲我明白創造力與靈視都是出於這樣的掙扎。我竭盡所能把內在的原魔力量召喚出來。如果用神話的方式描述，我會說有一大群小矮人、小精靈和北歐的精靈捲藏在我的心中，但是卻不遵從我的命令。這場隨之而來的混戰，要等到某種清晰的想法和洞見出現了才會停止，它其實就是我自己；傳統的想法和處事方式摧毀了，才能重新看待人類的生命與問題。那眞是威力十足的原魔。

就某種意義而言，藝術必須具有侵略性。藝術家族群不必然是好戰分子；他們最重要的戰場通常是在自己內心、在畫布、在打字機，或在其他藝術媒介上。沒有人在觀賞霍夫曼（Hans Hofmann, 1880-1966，譯註：德裔美國畫家、美術教育家）的畫作時，不會覺得自己眼前出現了行動中的原魔和人爲的侵略，因爲畫中的明亮色彩爭奇鬥艷，有半數的色塊是開放的，可以自由形成自己的界線，或是與其他色彩混雜一起。馬哲威爾（Robert Motherwell, 1915-1991，譯註：美國畫家、行動藝術家）和克萊恩（Franz Kline, 1910-1962，譯註：美國抽象畫家）爲了表現出當代的緊張與不安，他們會往畫布潑上一大塊黑色形體，讓它的粗糙邊緣懸盪在空中，好像某個偉大的形體就在畫布上被四分五裂。在這些畫作中，形體衝突所展現出來的力量，被使勁地拉到臨界點。但是今日的我們，如果沒有這種拉扯和侵略，又如何能有眞正的創作呢？梅勒（Norman Mailer，譯註：一九二三年出生美國的猶太裔作家，一九八〇年普立茲文學獎得主）熱中於拳擊，海明威則不僅隨時走進拳擊場內與人較量，更形容自己在準備寫作時，就像在爲拳擊賽暖身一樣。這二位作家都有堅持自己力量的需要，他們創作的能力也由此而來，至少是部分如此。

侵略心理學

弗洛依德在其作品中，最初忽略了侵略這個問題。不論是侵略性或虐待狂，這兩個詞彙在弗洛依德《夢的解析》的索引內都找不到；該書於一九〇〇年出版，是弗氏的奠基之作。弗洛依德於一九〇五年首次提到侵略性（aggression），它被當成是里比多（libido）學說的衍生理論。侵略性是個人性欲發展的一部分，共有口腔侵略、肛門侵略和戀母情結侵略等三種形式。當時還是維也納「圈內」人的阿德勒（Alfred Adler），也大約在這個時候，開始強調侵略性是人格中的主要衝動。或許因爲是阿德勒先提出這個概念來，所以弗洛依德便不把它當作人類生命獨立的衝動。

總之，弗洛依德在一九二〇年代提出的第二個理論，乃是一種自我理論。「自我痛恨、嫌惡，並刻意尋求摧毀所有痛苦源頭的客體。」（弗洛依德，〈本能及其變遷〉〔Instincts and Their Vicissitudes〕，收錄在《少女杜拉的故事》〔*Dora: An Analysis of a Case of Hysteria*〕，《弗洛依德論文集》〔*Collected Papers of Sigmund Freud*〕第四冊，New York: Macmillan, 1963, p.82）第一次世界大戰逼使弗洛依德必須深入面對「破壞性」這個議題：人類數以百萬計地屠殺自己的同胞，國家一個個自毀崩解。弗洛依德在沈思後，提出**死亡本能**（death instinct）這個奇怪的心理哲學理論。他在一九二〇年六十四歲時，奠定這個理論並予以出版；它所面對處理的，乃是人類對自己和同胞會施以極端殘酷行爲的現實。儘管多數精神分析師認爲該理論難以接受，但是它確實在最基本的層次，直接面對了侵略性這個主題。該理論也強調，侵略性主要是對抗自己——終究不免一死的還是我——因此侵略性必須轉向對抗外在的客體與他人，以避免自我的毀滅。死亡本能是個隱喻，而絕不是完全的眞理，但也是眞理的重要部分，不可被忽略。弗洛依德理論其中隱含的一個意義爲：沮喪往往是「被潛抑事物的迴返」，也就是尚未面對的侵略傾向的迂迴表達。我們在奧立佛（譯註：參見第六章）所說的話中可以看到這一點：「我因爲不想對姊姊生氣，而感到沮喪。」

弗洛依德的侵略性理論無法滿足我們。安娜・弗洛依德的說法比較可信，她說如果弗洛依德仍在世，也將大幅修改自己有關侵略性的概念。（安娜・弗洛依德，國際精神分析學會〔International Congress of Psychoanalysis〕的演說，維也納，一九七一年七月）

一群非常優秀的耶魯大學研究生，從弗洛依德的第二個理論出發，在一九三七年出版了《挫折與侵略》（*Frustration and Aggression*）的著名專題論文。他們的理論是從正反意見並陳的系列研究開始的；主張侵略性是挫折的結果，而挫折與侵略性則如影隨形。該理論的缺失在於，默會地假設所有的侵略性都是負面的，並隱然認爲建構一個無挫折的社會，就不再會有侵略性；這個理論假設的錯誤，幾乎所有的美式理論都會有。但是最重要的是，該理論並沒有認眞看待生命的殘酷現實，如黑人貧民窟或奴役制度等。牢獄中的人們是爲了做人的價值而奮鬥的，他們的侵略性哪能以這麼簡單的**挫折**來解釋呢？

阿德勒的成就在於，他最先主張侵略性是人類生活的根本；他原本稱侵略性爲「權力意志」（will to power）。阿德勒是個瘦小的男人，他喜歡半戲謔地說，所有像拿破崙一樣的矮子，都會追求權力以爲補償。阿德勒相信，文明本身是人類爲了要增加對抗大自然的權力需求而產生的。他在維也納的貧民區長大，是一個信念堅定的社會主義者。這或許與他晚期作品中，失之過簡的完美主義有很大的關連；這可以從他把「權力意志」改爲「追求優越」（striving for superiority），後來又改成「追求完美」（striving for perfection）的歷程，看出蛛絲馬跡。我認爲阿德勒留下的悲劇生命觀，是和權力理論密不可分的。

勞倫茲對侵略性的研究，本質上是一種生物學的研究，從中也可看出多數生物學進路的優劣。（勞倫茲，《論侵略性》〔*On Aggression*〕，威爾森〔Marjorie K. Wilson〕譯，New York: Harcourt Brace Javonovich, 1966）許多人認爲，勞倫茲的研究是對戰爭和一切侵略行爲的合理化，根本不管勞倫茲事實上根本不是這個意思。關鍵的問題在於，人類與動物不同。人類創造象徵，以此基礎建立起文化；國旗和愛國主義便是例證，社會地位、宗教和語言也是如此。創造和處理象徵的能力，眞是一種超凡的成就，同時也說明人類是地球上最殘酷的物種。人類不是爲了需要殺戮，是爲了效忠像國旗和祖國等象徵而殺戮，是爲了原則殺戮。因此，人類侵略的發生層次與動物不同，我們從動物身上是學不到人類獨特的侵略形式的。

來。簡言之，這是一場爲了「打倒」演講者而辦的精緻聽講形式。這場攻擊競賽的獎賞極有份量，那就是被拔擢到高階職位。

這是個沒有溝通的案例。這種態度將徹底阻礙任何演講者；除非你感到聽衆至少聽見了你的想法，否則你根本無法說出它們來。這並不是說聽衆會同意你，但至少他們要爲演說想法本身的價值而聽。如果我一開始就知道聽衆的目的，就大可把演講主題整個改爲「侵略——其目的與效應」，那麼至少我和聽衆有在進行溝通。

建設性侵略

下面有關建設性侵略的實例，是取材自美國歷史上一段高貴且具啓發性的片段；它與今日我們的處境，有著驚人的相似性。故事是發生在美國內戰爆發前數十年的廢奴運動。我將在這一節中，討論這個運動的四位傑出人士：菲利普（Wendell Phillips）、葛利森（William Lloyd Garrison）、伯尼（James Gillespie Birney, 1792-1857）以及威爾德（Theodore D. Weld, 1803-1895）。②持平之士絕對不會懷疑廢奴運動的最終效應是建設性的。該運動若能更成功，則美國內戰及其難以想像的苦難，都有可能避免掉。

這些人非常符合我們對侵略性下的定義。他們積極移入他人的領域中（奴隸是個人財產，因此是奉祀的犧牲品），以重新建構權力。他們的活動無論內外都有極大的衝突；其中，外來衝突包括了對生活和肢體的持續威脅。

從他們的早年生活看來，這四個人似乎極不可能會在日後，因反奴隸制度而展現強大的侵略性。菲利普是當時波士頓的典型知識階級，擁有哈佛大學法律學位；葛利森最初的興趣在寫作與政治；威爾德最初是一位強化記憶力技巧的講師；伯尼曾因喝酒被普林斯頓大學二度留校察看，但重新獲准入學，畢業時還是榮譽學生，後來並成爲典型的美國南方農場主人，過著年輕南方貴族的生活，喝酒賭博樣樣來。是這四個人的那些特質，決定了他們的侵略是建設性的而非破壞性的？（以約翰・布朗的情況爲例？）

當我們回顧他們的童年時，每個人都一直受到父母的**關愛**。我相信這點對於了解侵略性的建設性本質非常重要。人若是無法得到愛，或是沒有得到持續的愛，或是父母本身沒有安全感，那麼在他後來的侵略性中，便會發展出報復世界的傾向來；只要世界對他越不好，他就會爲他人毀掉這個世界。

這四個人對他人皆有深度的**慈悲**，我們必須假設這是從嬰兒早期開始的，後來更發展成爲他們對奴隸和被迫害者特有的慈悲形式。葛利森和威爾德因爲對黑人感同身受，而加入廢奴運動。伯尼寫道：「我個人對那些可憐受造物的責任是什麼，很難說清楚，但是我對此事已有定見：我將不允許他們任何人被殘酷對待。」（托金，〈暴力的建設性角色，以及個人和社會的苦難〉，p.165）菲利普因爲暴民謀殺了另一位廢奴運動者洛喬依（Elijah P. Lovejoy, 1804-1891），才注意到這個運動，後來因爲暴民危害到葛利森的生命，而正式加入廢奴運動。因此，他的動機和其他人稍有不同；他對親愛的故鄉波士頓，竟然如此輕忽公民的解放自由，震怒不已。

在暴民的持續暴力威脅下，**肢體勇氣**是這四個人所必備的，它經得起深刻的考驗。他們所朝向的侵略性，要求他們必須具備**冒風險**的能力，以及在**極端中**求生存的能力。這四個人在孩童期便精力無窮：既頑皮又和同伴打架。但是他們的勇氣基本上是克服焦慮的勝利（就像在先前的分析中所說，勇氣總是存在），而非與生俱來的。葛利森給朋友的信中談到，自己在「波士頓公理會」（Congregational Societies of Boston）演講時，他的「膝蓋一如所料地打顫」。而當天新聞報導也說：他的聲音微弱得聽衆幾乎聽不到。但是他後來恢復過來，並且爲解放奴隸提出強烈的訴求。「儘管葛利森在這四位主張廢奴者中受的苦最少，也好像以戰鬥爲樂，但是他確實曾多次被憤怒的暴民危及生命，所經驗到的恐懼也不容輕忽。」（托金，〈暴力的建設性角色，以及個人和社會的苦難〉，p.166）

這裡所需要的**社會勇氣**更是令人動容。伯尼寫道：我們與那些人的疏離之苦「可不是個小考驗，我們與他們一起歷經艱辛，長途跋涉走到了神的殿堂；許多……近親疏遠我們，而整個社群……把你看成是和平的敵人。」（托金，〈暴力的建設性角色，以及個人和社會的苦難〉，p.165）伯尼在一八三四年寫信給威爾德說：「沒有人協助我——我找不到任何同情這個議題的人！」他不斷面對苛責和暴民的暴力威脅，但是他相信——

如果真有這樣的時間，那就應該是現在，因為我們共和國普世自由的種苗正受到抑制，於是受這位愛國志士危及的每件事，為了解放她都應該大膽冒險一試。……〔人類必須〕死為自由人〔而〕非奴隸，不然我們擁有榮耀希望的國家，就永遠消失了。③

反對他們的力量，強化了他們的信念。葛利森以更強的侵略和對黑奴更加認同，來回應反對的勢力。他滔滔不絕地寫道：

我注意到許多人反對我的激烈言詞；但難道這種激辯不是其來有自？我會如同

真理一樣嚴苛，像正義一樣永不妥協。在此議題上，我不願意溫和地思考、談論或寫作。不，不！你可以要家中失了火的人，不要過度驚慌，要他緩緩從強盜手中救出自己的太太，告訴母親緩緩救出困在火場的嬰兒，但是不要鼓勵我在目前的事端，運用此一緩慢的策略！我是認真的！我不會模稜兩可——我不會藉故離開——我一吋也不退縮——**我不會默不作聲**。民眾的冷漠已足夠讓雕像活跳起來，足夠加速讓死者復活。④

在經歷如此冗長的侵略活動之後，凡是心靈敏銳的人難免會開始質疑自己立場的正當性。伯尼的懷疑和猶豫期間特別令我們感動，因爲它所針對的正是當代典型的憂慮。他一直害怕自己的決定受情感影響太深，盡可能嘗試以說理的方式說服自己和他人：「我想起自己是多麼冷靜沈著地針對這個主題〈奴隸制度〉，甚至更高的眞理，一個接一個地講下去，對於自己的結論不是出於一廂熱情，我感到很滿意。」（托金，〈暴力的建設性角色，以及個人和社會的苦難〉，p.165）後來他對南方蓄奴者永遠無法以理性說服一事，深感絕望。儘管健康欠佳，他仍來到紐約擔任「美國反對奴隸制度協會」（American Anti-Slavery Society）的秘書。有趣的是，這位理性之士在一八五七年去世前，已對循序漸進的主張感到絕望：「它〔奴隸制度〕什麼時候會終了？又將如何終了？我必須說我不知道。」（托金，〈暴力的建設性角色，以及個人和社會的苦難〉，p.166）

建設性的侵略造成苦難，也造成內部的衝突。要爲越來越多人擁有此一信念的事實負責的，乃是使這個問題延續不斷的苦難。當暴民威脅葛利森的生命時，波士頓的社會賢達對此感到憤怒。卓越的鮑迪屈醫師（Henry Ingersoll Bowditch, 1808-1892，譯註：當時波士頓著名的醫生，他的父親是美國獨立後第一位數學家兼航海家）寫道：「事情竟然惡化至此，人們甚至無法在芬威走廊（Faneuil Hall，譯註：波士頓市中心的建築，原作市場之用，在美國獨立戰爭之前，波士頓市民便經常在此集會討論，因此又有「自由的搖籃」〔Cradle of Liberty〕之稱）的周邊範圍內談論奴隸制度。」當鮑迪屈自願幫忙站在一旁的市政府人員艾略特（Samuel Eliot）去壓制暴動者時，艾略特「卻暗地告知，雖然當局不樂見暴民，但卻相當同情它的對象……我們是被迫鎮壓廢奴主張者的。我對此覺得非常噁心，當我不屑地離開他時，我發誓：『從此刻起，我主張廢除奴隸制度。』」（托金，〈暴力的建設性角色，以及個人和社會的苦難〉，p.167）

在這段時間以及我們的時代裡，法治當局的角色所呈現出的是一幅恐怖的圖像。它所揭露的眞理我們心知肚明，但是爲了眼不見心不煩，我們卻試圖把它遺忘。就像上述的事例一樣，公務人員因爲同情暴力而暗中煽動暴力；此外，類似的情況也發生在以下的事例中——一位脫逃的奴隸在本市國民兵監控下被強制帶回南方時，波士頓的善良市民卻無恥地袖手旁觀——這可說是層出不窮、屢見不鮮的情況。許多人原本認爲廢奴是瘋狂社會邊緣人一頭熱的主張，但是當他們看到以上這一幕時，也許便有不同的想法了。

廢奴人士侵略的主要目標達成了——亦即，總是在焦慮和疚責時浮現的冷漠被克服了。焦慮是由某個歷史時期的社會動亂造成的；比如，擁有奴隸的罪惡感甚至連南方人本身也有。但是廢奴者不讓他們遁入冷漠中逃避，他們不斷地衝撞大衆，絕不讓人的良知沈睡。

這四個人對非人化奴隸制度的抱怨是強而有力的。他們也積極朝向一個遠大的目標努力，那就是矯治社會的不公義。破壞性侵略通常只有第一個目標，但是在建設性侵略中，兩者必須兼具。與肯定或堅持不同的是，侵略的發生通常是因爲反對勢力過於牢固和冷漠，慣性又太強了，所以必須藉由更大的力量才能激化出有效的行動來。任何社會都會保護它的現狀，這是社會的本質；而侵略有時會演變成暴力，不只是因爲暴民的盲目激情，更是因爲代表「律法」的軍警行動引起的。

關注這四位廢奴主張者，如何把原先不存在的個人力量凝聚起來，以及如何以雄辯之力和爲反對勢力樹立典範的方式，超越了自己，是非常具有啓發性的。在自我的超越過程中，必然時常出現狂喜的經驗，而這正是我們在下一章要討論的。

註釋

①史托，《人性的侵略》（*Human Aggression*），New York: Atheneum, 1968, p.16。我在《焦慮的意義》（*The Meaning of Anxiety, New York: Ronald, 1950*）中曾指出，性愛與打鬥中的內分泌物，有極大的相似性。金賽博士（Alfred C. Kinsey, 1894-1956，譯註：美國印地安那大學教授、動物學家，以對人類性行爲的研究著名於世）也曾說過，在性興奮與侵略興奮中，共有十四種幾乎完全一樣的生理變化。（《人類女性的性行爲》〔*Sexual Behavior in the Human Female*〕，Philadelphia: Saunders, 1953, p.704）

②底下的許多內容都來自托金醫師（Dr. Silvan S. Tomkins, 1911-1991，譯註：美國心理學家）的書。托金感興趣的是這些人的信念，而我卻對其侵略性的意義有興趣。托金，〈暴力的建設性角色，以及個人和社會的苦難〉（The Constructive Role of Violence and Suffering for the Individual and for His Society），出自《情感、認知與人格》（*Affect, Cognition and Personality*），托金等主編（New York: Springer, 1965）。

③托金，〈暴力的建設性角色，以及個人和社會的苦難〉，p.163。

④托金，〈暴力的建設性角色，以及個人和社會的苦難〉，pp.163-64。

狂喜與暴力

Ecstasy and Violence

戲劇中插入暴力，是為了震撼效果、驚恐、快感？
暴力是戲劇整體的藝術美感所不可或缺的。
我們在悲劇中不只經歷了人的必朽，也超越了它；
重要的價值更清楚地被凸顯出來。

在我們暴力的核心，以及行動或情感中，存在著想要表現自主的願望。（但是）複雜的社會使人心盡失。在這個目光焦點總是在別人身上的世界，他所做的再也不是足以為傲的技能。這是一幅可能實現的圖像，絕望之人高興地加入可以帶給他們模糊身分認同的軍隊：禮敬和被禮敬的權利。

——布魯諾斯基（Jacob Bronowski），《暴力的容顏》（*The Face of Violence*）

紓緩暴力成效不彰的原因之一是，我們決意忽略它那具吸引力、誘惑力和迷炫力的特質。我們的心智在了解暴力的過程中，便一起閹割了它。當某位國會議員發表反對暴力的長篇演說時，他似乎完全忘記自己小時候曾追著消防車跑，曾對鬥牛的場面深深著迷，也曾像其他人一樣，在意外事故發生時圍聚過去，感受到一種夾雜著誘惑與恐懼的奇妙感覺。

我們心裡否認自己「秘密地喜愛暴力」，但是就在我們運用肢體施展暴力的同時，它以某種形式存在於我們每個人的心中。我們不讓自己察覺暴力的**事實**，於是可以秘密地享受暴力。如果我們承認「秘密之愛」的現實，我們就必須面對由它引發的種種深刻情緒；而壓抑對事實的覺察，似乎就成了人類必然的防衛了。譬如，每次戰爭伊始，我們就會急切地把敵人轉變成原魔的意象；既然自己對抗的是魔鬼，我們就可以移轉到戰爭的立足點上，而不用質疑所有由戰爭引起的麻煩心理與靈性問題。我們殺的是和我們一樣的人，但是我們不再需要面對這項事實。

我會把這些誘人、迷人的暴力質素，合併放到「狂喜」（ecstasy）這個詞內。這個字眼會讓人覺得奇怪，部分原因是它在日常語法中的張力強度極高；我們會因爲一幅偉大的畫而進入狂喜狀態，或是因爲中了百萬樂透而恍惚忘形。但是這個詞的傳統意義，卻使得情緒張力的問題完全敞開。「狂喜」典出希臘字ἔκστασις，語源上的意思是「站到個人自己之外」，在「個人旁邊」或在「自我之外」的意思。使個人「超越自己」，超越傳統的自我疆界，並且產生新而擴大的自覺——例如印度教和佛教的冥想——都可以被合理地稱作狂喜或恍惚忘形，儘管其張力的量還不夠大。美學經驗或戀愛時刻，都是一般所說的狂喜的或恍惚忘形的。覺得值得以及知道他人的改變是因爲自己影響之故等經驗，同樣會帶給你一種「超越自己」的感受——換句話說，那是一種張力較低的狂喜。因此我在本書中，一直用「價値感」（sense of significance）來指涉那些張力沒有那麼強的經驗。

暴力通常和狂喜的經驗密不可分，這點可以從我們使用同一個詞彙去形容它們看出來。我們會說一個人憤怒得「不是他自己」了，他被權力「擄獲」了。身處暴力中也和狂喜的經驗類似，會產生自我的超越感。更有甚者，暴力中出現的全然融入現象，也會出現在狂喜經驗之中。在我們這個對一切「虛弱思想帶出的蒼白」事物，均抱持反動態度的反智時代裡，自我能完全浸淫在暴力中便特別具有吸引力。

暴力爲什麼能夠讓我們產生這種狂喜經驗和價值感？魯賓提供了一個例子。他以一貫的浮誇風格，告訴我們他如何在奧克蘭阻止了一列運送士兵的火車：

條子想逮捕那些已跳上〔火車〕的人。當他們接近要抓人時，我們往不同方向四散而去——只有三或四個人被逮到。

我們又叫又喊地跑離火車軌道，穿過街上，就像一群發瘋的壞傢伙。

我們是勝利勇士。

我們與奮癲狂。

我們擋下了運兵車。

我們讓戰爭機器斃命在軌道中。①

不論我們對魯賓的印象如何，這就是一種暴力狂喜的經驗。

另一個例子是我在唸研究所時的經驗，雖然比較不戲劇化，但卻包含了狂喜經驗在萌芽時期的某些成分。當時加州幾位年輕黑人因強暴罪被抓起來，沒有經過任何審判，便被一群暴徒以私刑處死。紐約一位牧師卻在佈道時，讚許處以私刑的行爲。因此我們一群人便決定在接下來的週日上午，到教堂外站崗抗議。除了因上街頭的焦慮伴隨而來的興奮感和快樂之外，這件事根本不值得一提。所有爲了上街頭而準備的活動，自有其狂喜的因子，例如：活動前晚噴漆製作牌子、組織遊行隊伍，與夥伴心手相連的凝聚感等都是。走在身旁的同志和我對自己參與的正義，是毫不遲疑的。我還記得當天深夜準備工作結束後走路回家，當我獨處時才發覺，我對行動的預期功效其實還是存有疑慮的。但是，不！我和同伴已經下定了決心，我不能讓他們失望。我們預期會和警騎對抗（這確實發生了）；我們希望不要太暴力，但卻足以吸引媒體的注意。我們也暗地希望會有對抗，因爲那可以增加大夥的內聚力，進而增加我們的狂喜。

極端強調個人的責任，可能會變成自我中心式的操縱他人，這種強制只會毀壞眞正的道德，製造虛僞的價值感。多數美國人受到個人責任感的壓迫，不只是因爲一般性的人道理由（如杜斯妥也夫斯基所述），更含括了美國特有的理由。美國人在履行這個責任時，幾乎沒有得到文化的助力。美國人沒有天主教的懺悔式這類聖禮或是告解儀式（除了精神分析中的極少數），以協助他們免除過去的負擔。整個重擔都加在個人肩上，他的無力感十分明顯。這或許說明了，責任多半會採取無聊的道德形式：過去以禁菸禁酒爲主，現在則強調不殺生和重環保。無論如何，若是少了賦予架構的相對文化深度，個人是無法爲自己的道德救贖負起責任的。否則，他終究會感到孤立、寂寞和疏離。

在成功反叛行動中浮現的狂喜感，說明了反叛行爲性格本身的某些重要轉變。典型的反叛行爲通常會以高道德目標訴求爲開端——例如加州柏克萊大學學生便宣稱，他們反對的是現代工廠式大學（factory-university）泯滅人性。但是，在初期成功帶來的狂喜狀態之後，反叛行動的心理特質與意義也隨之改變。一種新的**生命激素**（*élan*）加入其中。對許多人而言，反叛的目標轉而以狂喜爲主，而不再是原來設定的條件。反叛現在成了許多反叛者生活中的高峰經驗，他們似乎很少有人察覺到，他們所擁有的價值感將一去不返。

此後一般的發展狀況是，反叛者會對原先要求大學或監獄當局配合的條件，再予以增加和細分。在抗議行動中，反叛者會說原來設定的條件已經不再是反叛的主因。所以，布蘭迪斯大學（Brandeis，譯註：成立於一九四八年，位於美國麻薩諸塞州，是猶太人資助的私立大學）校長必須在黑人學生靜坐的當週留守辦公室，以便與反叛者談判；黑人學生每天都派出不同的人，帶來新的條件談判。他們好像藉此行動說：「你難道不明白，反叛行動本身比條件對我們更重要？」

這也說明了爲何大赦條件的提出啓人疑竇，因爲在官方沒有完全投降以前，它是不可能被准許的。我對此的詮釋是：「自始至終，我們要的就是這種狂喜經驗，這種自我的價值感。」這種狂喜可以達到的程度，接近麥爾坎X（Malcolm X, 1925-1965，譯註：黑人運動領袖，其故事曾改拍成電影）的「革命性自殺」概念。

與個人價值相對的團體價值，也必須提一下。團體是在參與者的重大議題上建立起來的。我們對每個團體都要問：它的靈魂何在？它奉獻的目標爲何？

文學中的暴力

如果只引述電視西部片和恐怖驚悚暢銷小說的暴力，我們的工作便太過簡單了。②我們必須問更深刻的問題：在長期提供人類心理與靈性發展指引的文學經典中，暴力扮演了什麼功能？

首先，我們來看看梅爾維爾《比利・巴德》故事中的某個面向。當比利被帶到船長維爾與大副克雷加特跟前，回答有關大副對他叛變的指控時，他被突如其來的不義指控震懾得啞然失聲。淹沒在突發的憤恨中，比利完全無法用語言表達，只是緊張而無聲地死盯著大副。然後，他所有的憤怒都集中到右臂上去，一記重拳奮力揮出後，大副便倒地斃命。

當這個純粹的暴力行爲出現在舞台或電影銀幕時，**觀眾同時發出了解脫的嘆息聲**。我們覺得暴力在此出現很合理。它是一種美學經驗的召喚，如果不這麼做就不能滿足。暴力讓原本不完整的美學「完形」（Gestalt，譯註：請參見第三章）變得完整。在那個當口，觀衆是以美學的形式體驗到暴力的狂喜。

但是如果「暴力是邪惡的」，那麼它對這篇諷刺小說以及其他許多經典文學，爲什麼這麼重要呢？暴力中的某些質素必定符合人類的需要，而且不可能是「不好」的。《格林童話故事》中必定有此質素，莎士比亞的劇作、亞斯克列斯與索弗克列斯的戲劇中也有。它必定是生命中的現實，在無意識經驗的層次中尋求認同。那是什麼呢？

死亡對所有人都是暴力行爲；我們被迫與此生分開。這個事實並沒有因爲現代藥品的發明、人最終是否死在醫院病床上，以及是否吸食瑪啡成行屍走肉等情況而被否定。死亡總是可能出現在我們的面前。而賦予愛和生活意義的，也是這種可能性。（羅洛·梅，《愛與意志》，p.99）不論我們如何愚蠢地想要自訂死亡的方式與時間，可怕的死亡恐懼依然會出現在我們的想像中。因爲重要的不是事實本身，而是事實的意義。

死亡不是我們必須忍受的唯一暴力或侵犯。生命充滿了其他的暴力行爲。我們的出生、親子間的必然爭執，以及與愛人分離的錐心之痛，都是不可避免的身心暴力經驗。生命的過程少不了暴力的故事。

偉大文學作品中由暴力產生的美學狂喜，**使人們直接面對自己的必朽**。這是文學對我們的貢獻之一。在看過一場舞台上悲劇的演出，或讀完一部悲劇作品後，我們會想獨自漫步一會兒、省思一下。此時我們體會到的經驗，是亞里斯多德（Aristotle）所謂的「憐憫與恐怖的淨化」，並且渴望好好地加以品味琢磨一番。它不僅讓我們更靠近自己的生命中心，弔詭的是，它也讓我們更珍惜自己的同胞。它讓我們看清自己生命短暫的現實，在出生、掙扎、求生、活過一季之後，就會像青草一樣凋零。於是，我們對生命之光消逝的「憤怒以對」，即使沒有太大的實質效果，至少會更有意義。

這就是爲什麼，在莎士比亞或尤金·歐尼爾（Eugene O'Neill）等人的悲劇中所召喚出來的經驗，要比喜劇深刻得多。希臘人解決這個問題的方式，是讓暴力發生在舞台之外——伊底帕斯、米蒂亞（Medea），以及其他許多的悲劇，都不乏暴力。雖然莎士比亞和梅爾維爾作品中的暴力，就發生在舞台上，但那是戲劇的美學意義所不可或缺的。這就是戲劇與通俗劇（例如把暴力當成搖錢樹的當代電視節目）的差別。

我們必須問的是：在電影或戲劇中插入暴力，是為了震撼效果、驚恐、快感？或者它是悲劇**不可或缺**的一部分？在《馬克白》（*Macbeth*）、《哈姆雷特》（*Hamlet*）和《安提岡妮》（*Antigone*）等劇中，暴力是戲劇整體的藝術美感所不可或缺的。我們在悲劇中不只經歷了人的必朽，也超越了它；重要的價值更清楚地被凸顯出來。我們沒有體驗過何謂荒誕的毀滅，就像我們在電視上看到東巴基斯坦（譯注：即今日之孟加拉）人被武力逼迫致死的景況一樣，那是我們寧可放棄一切，以求免除的可怕邪惡。

雖然死亡在文學和生活中，獲得了具體的勝利，但是人類卻因為把自己的經驗形塑成藝術、科學與宗教等文化面向，而獲得了精神上的勝利。

戰爭中的狂喜

在電影版的梅爾維爾諷刺小說中，比利・巴德被吊死後不久，這艘英國戰艦的水手，看到一艘法國戰艦從離港幾哩遠的海岬後方駛出來。水手們立刻歡聲雷動。他們為什麼**歡呼**呢？這些人知道雙方即將開戰，他們即將走入戰爭的污穢、殘酷與死亡，但是他們還是歡呼出來。沒錯，有一小部分的原因是，此刻戰爭成為水手們被壓抑情緒的出口；他們受壓迫的情緒由於最受歡迎的同伴被判絞刑，而在窒息的氣氛下默默地啓動了。但是還有更根本的原因。至此我們便轉移到戰爭暴力的領域上，而這也是我們最難接受的部分。

在理性層次上，幾乎沒有人不排斥、不嫌惡戰爭。遠在二次世界大戰前，當我還是個大學生時，某位英國文學教授說，他相當確定會發生更多戰爭，我還記得當時聽到這話的吃驚程度。這位教授說話柔和、敏感，而且絕非好戰人士（如果眞有這種人的話）；但是我默默地注視著他，好像看著一位被社會驅逐的賤民一樣。人怎能**心存**此念？如果我們眞的想要擁有和平，我們就應該克制戰爭的念頭，甚至不應預測戰爭；難道不是這樣嗎？成千上萬抱持著和平主義的大學生和我，誤以爲只要我們的和平信念夠強，便能確保國際和平。我們不明白自己的態度眞是近乎迷信，以爲不要去想魔鬼，魔鬼就不會混進來。③

因爲我們太希望戰爭從每個人的心中除去，以致完全忽略了威廉・詹姆斯（William James）在其〈戰爭的道德對等物〉（The Moral Equivalent of War）這篇極具煽動力文章中表達的觀點。威廉・詹姆斯因爲憎惡美國「與西班牙的污穢戰爭」而寫了這篇文章，並在一九〇七年以該文發表演說。儘管文中所提答案不再令人信服，但是它仍舊銳利地透視了核心的問題。威廉・詹姆斯說：「儘管我是一位和平主義者，但是我卻不願意在我的言論中提及戰爭政權的獸行（許多作者已對此主持公道）。……」他因此反對「描繪戰爭的可怕，將可以阻止戰爭」這樣的信念：

> 暴露戰爭的不理性與可怖是沒有用的。……**恐怖引人遐思**……。當問題在於如何去除人性中的極端與優越時，成本論似乎是可鄙的。……和平主義者應該要深入探討敵對立場所持的美學與倫理觀點。④

雖然全力反對戰爭，但是我們也不得不面對無法減少戰爭的醜陋事實。⑤我認爲人類徒勞無功的原因部分在於，我們忽略了「**恐怖引人遐思**」這個最重要的現象。在傲慢地以「和平世紀」自居的本世紀（譯註：作者指的是二十世紀）中，我們已經看到它從原本相對的平靜，逐漸變成革命與暴力的狀態。當此時刻（譯註：指的是作者撰寫本書的一九七○年代初期），全世界有六場戰爭正在進行，包括最邪惡的越戰；我們見證了美國從自願從軍，變成和平時期徵兵的國家，從打公開宣告的戰爭變成打秘密的戰爭。爲什麼我們這些反戰人士這樣沒用呢？此刻難道我們不該質疑，我們看待這個侵略與暴力終極形式的方式，是不是出了什麼問題？我建議我們直接地問：戰爭究竟有何誘人之處？⑥

我選擇葛雷（J. Glenn Gray, 1913-1977，譯註：葛雷一九四一年被徵召入伍，直到一九四五年才退伍，這期間被派往歐洲與北非作戰；他在退伍後十四年開始整理戰爭期間的日記與書信，出版《戰士》一書）的《戰士》（*The Warriors*, New York: Harper & Row, 1967）做爲我主要的資料來源，那是作者在二次世界大戰的四年從軍日記。他在這四年中，有三年駐守在歐洲裝甲部，另一年則擔任歐洲作戰指揮中心的探員。葛雷在停戰十年後以傅爾布萊特（J. William Fulbright, 1905-1995，譯註：長期擔任美國參議院外交委員會主席，一九七四年美國國會通過傅爾布萊特法案，並據此成立傅爾布萊特交換計劃、學術交流基金會等美國與他國文化交流管道）學者的身分回到歐洲，廣泛研究戰爭以及他所知的個人在戰爭中的動機。

葛雷現在是某一所大學的哲學教授，我們確知他和其他人一樣反對以戰爭解決國際紛爭，也沒有人比他更清楚戰爭的恐怖。但是以我的判斷，他也試圖要做一件更重要的事，那就是**發掘描述此一終極暴力形式帶給人類的無意識遐想**。

葛雷寫道：「許多人毫無疑問地在隱忍戰爭，隨時痛恨著它，極少人願意一嚐戰爭的滋味。然而，許多人對戰鬥既愛又恨。他們知道自己爲什麼恨它；但是能夠知道自己爲什麼愛它，又能說明白原因，就比較困難了。」（葛雷，《戰士》，p.28）

儘管戰爭帶來恐怖、極端疲憊、污穢與憎恨，但是許多士兵仍然認爲那是他們生命中最詩情畫意的時刻。

> 我相信，許多坦率的老兵會承認，大家在戰場上協同努力的經驗，是他們生命中的一個高峰點，即使當代戰爭的條件已經改變，也是如此……他們不想要錯過這樣的經驗。……沒有親身體驗的人，很難了解這種情感，而身歷其境的人，也很難對其他人解釋。⑦

他又寫道：

就像我們之前數以百萬計的士兵一樣，我們這個時代也已經有上百萬的人，學會如何在戰爭的奇特性質下存活，並從中發現強大的魔幻力量。……戰火撩撥的情感氛圍向來是令人窒息的；多少人為它沈迷。……反思和冷靜的論理，和它無甚干係。⑧

當和平跡象漸明時，我略帶遺憾地（在這本日記中）寫下：「這股讓人們更粗暴，或許卻更具人性的危險淨化力量，即將不見了。在和平的最初幾個月裡，我們某些人將會更渴望那衝突的舊時光。」⑨

戰爭的魅力來自哪裡？其一，是來自**極端**情境的吸引力，也就是戰場上的**孤注一擲**。⑩當奧立佛說，示威遊行以「超越人類的熱情」（beyond human desires，譯註：請參見第六章）擄獲了他，他所引用的也是相同的質素，儘管程度可能有所不同。其二，是士兵做爲參戰組織一分子的強化效果，這解放了個人的責任與罪惡。因此，戰爭宣言與道德宣言一樣重要，後者爲道德所做的辯護，可以讓士兵把個人的道德責任交給軍事集團。這個觀點在批評戰爭機器時，通常會被引用而且沒有人會質疑；戰爭確實腐蝕了個人的責任和良心的自主。美萊村與凱利案（Mylai and the Calley case，譯註：越戰期間，時年二十四歲的凱利〔William Calley〕中尉在一九六八年三月十六日率兵攻擊越南美萊村，並屠殺了五百名手無寸鐵的老弱婦孺。一九七一年美國陸軍軍事法庭針對美萊村屠殺案開庭審判，雖然當時社會輿論多同情被告，凱利還是被判有罪。這個故事曾拍成電視影片，由哈里遜・福特主演）以非常可怕的方式證明了這一點。我們常常會忽略一點，人既有尋求自由的欲望，也想要避免自由；自由與選擇也是一種負擔，這點杜斯妥也夫斯基和其他無數的人，都已從歷史得到見證；就像個人在戰時的行爲一樣，把自己的良知交給團體，是令人極爲寬慰的事。這就是爲什麼歷史上偉大的決定論，如達爾文主義和馬克思主義等，都證明了一件事，那就是大型的權力不只形塑人民的位階，同時也啓發了他們某種程度的積極奉獻，這是其他運動所不可能做到的。

和上述這一點有關的，是在位階系統中產生的同志情感；我被接受不是因爲我的個別價值，而是因爲我是整個階級系統中的一員。我信任軍中同僚，會因爲我被賦予的角色，而在撤退或進攻時幫我掩護。我的價值就是這個角色，其加諸於我的局限，卻帶給我某種形式的自由。

如果這種覺得自己是大我整體一部分的能力崩解了，那麼士兵就會有懦夫的行爲。從我的心理治療經驗判斷，不論在何種場景下，肢體勇氣能否出現端視個人是否感受到他在爲自己和他人而戰；他與同僚生死與共，彼此將隨時爲對方兩肋插刀。這種肢體勇氣最早是在嬰兒和母親的關係上出現，特別是他對自己與母親心手相連的信任，後來這也會轉移成他對世界的信任。至於生理上的懦弱，甚至包括小孩避免與人打架的懦弱行爲在內，似乎都是因爲童年曾遭拒絕所致，這是一種童年的感覺，認爲母親不會支持自己，甚至在打架時也會背離他；所以此後年輕人便獨自奮鬥。這種人無法想像別人會支持他，或是自己要爲他人而戰，除非他決意承擔自己的責任才行。後面這種類型的人可能會有偉大的**道德勇氣**，並使他成爲獨行俠，但是他缺少肢體或團體的勇氣。

此外，在暴力的狂喜中會有破壞的饑渴。讀者是否記得有位示威的大學生說過：「我這一生就一直想砸爛一部電腦！」破壞似乎是人的內在歡樂，一種想損壞事物和殺戮的遺傳渴望。在神經官能症病患和其他絕望者身上，這種現象持續增加中；這種特質的增加早已存在，就是數百年的文明粉飾也無法藏匿。

凡是看過在戰場上操作大砲的士兵，注視剛歷經戰場殺戮的老兵眼睛，以及研究過轟炸機投彈手炸毀目標後自述感受的人，很難不會下此結論：破壞中自有歡愉。……這種邪惡顯然超越了單純的人類邪惡，必須從宇宙哲學或宗教的詞彙才能加以解釋。就此意義而言，人類在某方面可能要比動物更為邪惡。⑪

在這種破壞的欲望下，士兵的自我暫時背棄了他；他完全浸淫在自己的體驗中。它是「一種為了與陌生客體結合而進行的自我剝奪。」這是神秘家（mystic）狂喜經驗中所使用的專門術語；此時自我「消解」了，神秘家體驗到自己與「整體」（the Whole）合一，不論這個整體被稱作光明、眞理或是神。我們仰仗暴力克服了自我中心的習性。

這些都是暴力的狂喜中會出現的質素。暴力的歡愉可以使個人脫離自己，把他推向一個前所未有的體驗中，更深入也更強而有力。個體的「我」不知不覺地變成「我們」；「我的」則變成了「我們的」。我把自己交付給它，把自己放下；我覺得舊有的我消逝了。請看！一個新的意識、一種更高程度的覺醒出現了；那是一個新的自我，一個比原先更寬闊的自我。

讓我們來檢視一下當代人：他覺得沒有價値和孤寂；當大衆傳播越來越無遠弗屆，他反而越來越孤立；當電晶體收音機無所不在，而電視與報紙上的污言穢語不斷時，他的耳朵與敏感度卻變得越來越遲鈍；只有在他失去認同時，才察覺到它的存在；雖然渴望社群，但是找到後只覺得尷尬和無助。當我們打量這樣的現代人時，如果說他連暴力與戰爭帶來的狂喜都深切渴望的話，難道會有人覺得驚訝嗎？

讓我們看看社會中的這種人：他年復一年地活在可能會「發生」什麼事的莫名焦慮中；他知道有個假想的「敵」國可以摧毀，當他受夠了常規生活時，就會以此遐想排遣無聊；他總是活在覺得該採取行動，卻又裹足不前的恐懼中，受到狂喜與暴力「秘密」許諾的誘惑，心裡盤算著，與其繼續這種曖昧的恐懼，不如把自己交付給行動的誘惑、幻想和吸引力。這些人會成爲作風軟弱的主戰人士，難道有人覺得奇怪嗎？

這是我生平第一次能夠理解「美國退伍軍人協會」（American Legion）。對我而言，該組織一直是站在我良知的對立面；不論它支持什麼，我都反對，不論我支持什麼，它也都反對。當我沒有時間去思考正義站在哪一邊時，這倒不失爲一種不錯的暫時機制。但是我永遠無法了解，退伍軍人協會或其他的老兵組織，爲何耀武揚威，並且荒謬到擴大搜捕每一個可能的共產黨員？不過我現在知道，這些團體成員在年輕被徵召打仗時，多半從事爲汽車加油等無足輕重的工作。但是他們在法國卻成爲英雄和女性的偶像；花朵丟在他們面前，榮耀加在他們身上。他們是**有價值的**，而這可能是這些人生平的頭一遭。他們回到美國後，有些只能再重拾爲汽車加油的工作，而那些找到較好工作的人，則會經歷承平生活的空洞與絕望。難怪他們會聚在一起，因爲太無聊了，所以便重新創造出**近似戰爭的經驗**，例如「搜索破壞」的反共任務。他們熱切地循著原路回溯，想要找到那生活本質上欠缺的生命價值感。

認同的追尋

當葛雷在一九五五年回到歐洲，訪視十五年前歐洲地下抗暴運動的昔日戰友和朋友時，一位與先生及兒子住在中產階級舒適房子中的法國女性，眞誠地告白說：「現在我的生活眞是說不出的無聊！……怎樣都比每天完全沒事發生來得好。你知道我不喜歡戰爭，也不願意回到戰時。但是戰爭讓我覺得自己活著，好像我從未如此活過。」（葛雷，《戰士》，p.217）想到傾聽一位德國戰友經驗的事，葛雷繼續寫道：

一整夜，他抽著昂貴的雪茄，談到早年戰末我們在一起的歲月，當時他又凍又餓，不知該怎樣餵飽妻兒，而飽受焦慮之苦。「有時候我認為那時比現在更快

> 樂，」……他出現了類似絕望的眼神。……這些人並不是在渴望濫情懷古的舊時光；他們所告白的是，自己對當前貧瘠生活幻想的破滅。和平暴露了他們內在的空虛，那原本由戰爭的激烈興奮遮住的部分。⑫

這樣的空虛正是暴力的狂喜所要逃避的。貧瘠的感覺一部分是導因於文明存在的必然，它把許多風險與挑戰從生活中移除，對於許多人而言，風險與挑戰似乎比強求得來的繁華更爲重要。不論我們怎樣看待暴力的破壞性，暴力的確把風險與挑戰帶回到生命中來；生命於是不再空虛。

只要人們不受重視，就會有暴力的動亂。每個人都有受重視的需要，如果我們社會不能實現此一可能，那麼人們便會透過破壞的方式取得。我們的挑戰在於，找出人們成就價值與認同的方法，使得破壞性的暴力不再必要。

註釋

①魯賓，《實踐》（*Do It: A Revolutionary Manifesto*），New York: Simon& Schuster, 1970, p.36。

②有人帶著複雜的情緒，輪流觀看各個電視網的節目，以進行電視暴力「大掃除」。我很遺憾地說，此一努力的結果，只會助長更多的暴力壓抑，只是把它呈現得更有技巧罷了，而不幸的是，排除狡辯、醜陋與骯髒，就是一種更嚴重的不誠實。長此以往，這不但無法成就非暴力，反而造就了虛偽與作假。

③事實上，反面的一方反而比較正確。在我大學畢業後幾年，希特勒就是利用美國的鴕鳥心態。因為不願意面對像希特勒這類人具有邪惡的能力，我們於是變成他的邪惡共犯。

④威廉・詹姆斯，〈戰爭的道德對等物〉，收錄在《實用主義及其他》（*Pragmatism and Other Essays*），布勞（J. L. Blau）主編，New York: Washington Square Press, 1963, pp.290-96。

⑤根據某一部當代歷史大綱（史奈德〔Louis L. Snyder〕，《二十世紀的世界》〔*The World in the Twentieth Century*〕，Gloucester, Mass.: Peter Smith, 1964, p.138），歐洲在二十世紀前三十年內，便發生了七十四場戰爭，遠超過以往八百年的戰爭總數。即使考慮到所有可能的觀點，例如人口密度的增加，以及小戰爭的頻仍（儘管我們同樣可以否認大戰爭），這項事實仍舊讓人大大懷疑以下這項撫慰人心的假設：人類越理性就越不會發動戰爭，武器的致命性越高人類越不會濫用武器。這種假設只是黑暗中壯膽的哨音。巴斯卡（Pascal, 1623-1662）在沈思人類時，令人佩服地以簡單的一聲長嘆，表達出我們的問題：「如果理性能夠具有理性的話！」

⑥我將不在下文的分析中討論越戰的原因。本章討論的重點在侵略性和暴力：越戰似乎呈現了更多的人性喪失問題。不論如何，既然越戰還在進行（譯註：越戰由一九六三年打到一九七三年《巴黎和約》簽訂後，美軍勢力才退出越南；本書於一九七二年出版），我們就不應談論它，而只要提到二次世界大戰和先前的戰爭即可。

⑦葛雷，《戰士》，p.44。

⑧葛雷，《戰士》，p.28。

⑨同上。

⑩我在這裡找到瓦茲（Watts）、底特律（Detroit）和紐沃克（Newark）黑人暴動之間的平行關係。本章想要發掘的是，在每一種極端處境中都會出現的誘人質素。戰爭與暴動最終都會把個別參與者置身於「火線」上。我們的問題是：如果當代變得無仗可打，那些需要以這種極端方式生活的人，該怎麼辦呢？這個問題與戰爭的必要性無關；它所要訴求的是，我們反而應該關切，如何矯正戰爭發生的需求，以及戰爭所服務的需求。

⑪葛雷，《戰士》，p.51。

⑫葛雷，《戰士》，p.217。

9 | *Power and Innocence*

解剖暴力

The Anatomy of Violence

暴力是在行動中統合自我。
沙特寫道：暴力創造了自我。
它統合了自我中的不同要素，
卻獨獨省略理性。

暴力與苦難對民主社會十分重要，它們會強化我們對民主價值被侵犯的反感，也會加深我們對這些被侵犯的受害者的同情。

——湯金斯（Silvan Tomkins）

〈暴力與苦難的建設性角色〉（The Constructive Role of Violence and Suffering）

暴力就像沈靜了一段時間的水，突然沸騰起來的化學變化。如果我們沒有看到底下一直在加熱的燃燒器，我們會誤以爲暴力是不連續的偶發事件。我們並不了解，在毫無外援的壓抑文化中，個人爲了對抗不平而使用暴力，是完全可以理解的結果。暴力經常在一段寧靜之後到來，就像五〇年代的學生是「沈默的世代」（silent generation）一樣。悲哀的是，我們對此只有後見之明，竟看不出潛藏在此冷漠底下的勢力，是多麼地具有爆炸性。

暴力的神經心理面

最典型也最簡單的暴力形式，便是受抑制熱情的爆發。當一個人（或一群人）長期被否定時，他要怎麼感受，都是他的合法權利；當他長期承擔會腐蝕他僅有自尊的無能感覺時，暴力便是可預期的最後結果。暴力是破壞驅力的爆發，它驅使著當事人去破壞對其自尊、行動與成長構成阻礙的事物。因爲這種破壞的欲望完全吞沒了個人，所以任何擋在路上的東西都會被摧毀。於是當事人會盲目地出擊，往往在過程中毀掉自己關心的人，甚至自己也不例外。

暴力多是肢體事件。但是這種肢體事件是在心理的脈絡下發生的。不論是因爲長期的無形累積，或是因爲突如奇來的刺激，想要出擊的衝動快得讓我們無法思考，只能盡力地控制它。如果有人在地鐵突然推我一下，我會「兩眼發紅」，立刻想要回揍他一拳。但是，當我冷靜下來後，我很淸楚，如果自己眞的演出地鐵揮拳的揍人行動，其結果是顯而易見的。美式足球員要控制自己的暴力衝動時，會提醒自己，他在下一場比賽中會有機會表現他的力量；但是對於在文明生活中多半扮演活動旁觀者角色的我們而言，要控制和疏導自己的暴力衝動會困難得多。

一般而言，侵略與暴力本來就有關連——在我們的口語中就有侵略和暴力的說法。居札諾斯基（Gerald Chrzanowski）說，侵略與暴力的關係，就像焦慮與緊張的關係。當侵略性積累到某個程度，感覺彷彿是某個開關被轉開來，我們就變得暴力了。侵略與對象是連在一起的——換言之，我們知道自己是對誰和對什麼事生氣。①但是在暴力中，這種主客關係解體了，我們瘋狂地擺盪，胡亂攻擊周邊的人。當事人的心模糊不清，敵我意識也不清楚；他對環境失去覺察的能力，只想把內在的衝動發洩出來成爲暴力，不管那是什麼。高斯坦（Kurt Goldstein, 1878-1965，譯註：德裔美國神經解剖學者）提醒我們，人是抽象思考的動物，有超越具體處境的能力。施暴者的抽象能力崩解了，這也說明了他的瘋狂行爲。

多數的暴力事件都是突然爆發的，這表示其中必有問題。身處暴力時，輸入的刺激與產出的肌肉（也就是突然想還擊的肌肉運動）之間，有沒有直接的關連？這種關連是次皮質的（subcortical）嗎？它的發生速度快得讓當事人，只有在事過境遷之後才回過神來。這種外來刺激運行路徑的討論，只是經驗本身的類比，儘管它們只是類比，但也有助於我們對此一生理過程的了解。它們尤其可以協助我們了解，爲什麼當事人是爲暴力所掌握，而不是掌握暴力。

自坎農（Walter B. Cannon, 1871-1945，譯註：哈佛大學醫學院教授，美國生理學家，首先將X射線用於生理學研究。坎農對社會和政治也關心並實際投入，曾參加援助西班牙人的反佛朗哥政府活動）在哈佛大學生理實驗室（參見坎農的《身體的智慧》〔*The Wisdom of the Body*〕，New York: W.W. Norton,

1963）的經典研究之後，一般認爲，有機體對外來威脅的反應共有三種：**回擊**、**奔逃**與**延遲回應**。譬如，坎農證明說，如果有人在地鐵上突然粗暴地推擠我的時候，腎上腺素會湧入我的血液中，血壓會升高以提供肌肉更多的力量，心跳也會加快——這些都是讓我做好向攻擊者回擊或逃逸無蹤的準備。②「奔逃」是由於焦慮與恐懼，「戰鬥」則是因爲侵略和暴力。因爲這些生理上的變化，暴力的經驗提供當事人許多精力。他會感受到一股他不知道已經擁有的超越力量；他就像莫西荻（譯註：參見第四章）一樣，在此心情下打得更起勁。這個事實就像藥物一樣，引誘著當事人一次又一次地把自己交付給暴力。

第三種可能性就是延遲回應。這也是多數人的反應。一個人的教育程度和社會地位越低，越容易直接反應；水準越高，就比較會延遲反應，直到他有機會思考和評估自己應該戰鬥或奔逃。這種延遲回應的能力是文明的天賦（或是負擔）；我們等待將事件納入意識之後，再決定最好的回應方式。這爲我們帶來文化，卻也帶給我們神經官能症。典型的神經官能症病患可能一輩子都在和新認識的人，打一場他從童年起就沒能打贏的古老戰爭。

在擁擠的地鐵中，人們難道不是隨時「準備」好要回擊嗎？我在這種情況下出現暴力反制衝動的可能性，遠比在舞池中被推擠一下時，要高出許多。此時一定會有某種具象徵意義的打量過程持續進行著。我如何詮釋眼前的情況，會決定我是否準備好要做出回擊：把這個解釋變成**戰爭的理由**（*causa belli*），或是微笑地接受對方的道歉——如果對方果然致歉的話。詮釋得同時把意識與無意識因素含括在內；那表示我賦予它某種意義，把這個世界**看成是**敵意的或是友善的。這裡就有了象徵，它是人類整合意識與無意識、過去與現在，以及個人與團體的方式。這就是爲什麼蘇利文等人會說：生理的有機過程被**涵容在象徵的過程中**。（蘇利文，《當代精神病學構思》，p.4）這就是決定個人意向的象徵過程。

個人對周圍世界的觀點與詮釋，帶給其暴力很大的影響。這就是安靜坐在車內的黑人，當警察盤查他的身分時，會做好攻擊準備的原因。這裡也潛藏了警察的「沙文主義心態」（machismo），使他們被權力驅使得想要羞辱黑人。不論詮釋是病態的，或只是想像的、錯覺的和徹底虛妄的，情況都不會改變：是他的詮釋決定了他的回應方式。妄想狂射殺別人是因爲他相信，對方在施行魔法且要殺死自己，所以他才開槍自衛。稱此爲「妄想症」是沒有用的，除非我們能繞到他象徵詮釋的背後，至少能暫時從兇手的角度來看世界。

即使在國際關係中，對他國行動的象徵性詮釋，也有助於了解暴力和戰爭。我們說過，暴力的根源是無能。這不僅適用於個人，也適用於族群。但是在國家層次，暴力則來自無能的**威脅**。各國似乎覺得，越擴展自己的外圍越能保護自己；它們在蹺蹺板式的軍備競賽中，必須預先知曉平衡，必須察覺其他國家是否正在累積力量，對我方形成優勢。如果一個國家眞的變成無能，它就不再是一個國家了。

參議員傅爾布萊特（J. William Fulbright, 1905-1995，譯註：長期擔任美國參議院外交委員會主席，一九七四年美國國會通過傅爾布萊特法案，並據此成立傅爾布萊特交換計畫、學術交流基金會等文化交流管道）曾指出，我們對他國行爲的詮釋，是何等的重要。（傅爾布萊特，〈恐懼的束縛〉〔In Thrall to Fear〕，《紐約客》雜誌，一九七二年元月八日，pp.41-62）在雅爾達會議之後，美國政府便將蘇聯所有行爲背後的動機，詮釋成對美國的侵略性攻擊，諸如古巴飛彈插曲，以及蘇聯對U－2戰機的反應等都是。傅爾布萊特指出，這些事件也可以被詮釋成，是因爲蘇聯方面的恐懼動機造成的。更確切地說，他認爲這些事件顯現的好戰姿態，是赫魯雪夫（Nikita Sergeyevicyh Khrushchev, 1894-1971，譯註：曾擔任蘇聯共產黨第一書記等要職。他力倡與美國和北大西洋公約組織成員國和平共處，卻受到內部抨擊，並被迫辭職）向俄國將軍行賄的小禮物；他希望成功與美國建立更多善意關係，因此需要先安撫這些將領。把俄國的動作解釋成是侵略的並猛烈地反對它們，反而是在幫俄國軍隊的忙，讓它們有藉口罷黜赫魯雪夫，成立一個比較不友好的政府。在誤讀其他國家動機的情況下，許多國家可以做出妄想症病患所做的事。而且，這些國家可能會因爲敵意與侵略的投射，而傷害到自己的利益。

暴力的種類

可以被分辨出來的暴力至少有五種。首先是**純粹的暴力**。莫西莰耍刀弄槍的暴力夢便屬於這一類。這是許多反叛學生的特徵，他們從中得到肢體的解放，被壓抑的能量得以湧現，而且可以豁免個人良知與責任的限制（這一點我們在前面有提過）。這是對長期處於無能情況的總體抗議，也帶有高度的道德訴求。

但是少有暴力停留在第一階段。第二種是**預謀的暴力**。雖然不是絕大多數，但是仍有許多學生的反抗運動會被預謀的暴力影響。法國學生在巴黎進行的反抗運動，到了第二、三天時，便被專業的革命分子所掌控，原來以道德爲訴求的領導權，也因爲領導人利用學生極端挫折的情緒及能量，而告變質。

第三種類型我稱之爲**煽動的暴力**。這要不是如情報頭子希姆勒（Heinrich Himmler，譯

註：二次世界大戰期間的納粹秘密警察頭目）的傑作，就是極左派或極右派的群眾煽動家所爲。演說者爲了達到自己的目的，便特意針對多數民衆的無能感和挫折感予以刺激。把人民當牛馬，而後來果眞牛馬不如的現代史例，眞是斑斑可考。

第四種是**不做為的暴力**（或工具性暴力）。我們社會上的每個人，顯然都相當程度地參與了社會的暴力，雖然多數人是以道德崇高的觀點，躲在死屍般的良知背後，來從事這樣的暴力。但是，除非納稅人投票同意動支稅金，否則越戰不可能繼續下去；就這層意義而言，不論主戰或反戰，戰爭的形成我們都有一份。

第五種暴力和上述四種不同：它是當權者在權力受到侵害時，爲了免於威脅所進行的暴力攻擊。這可稱爲**由上而下的暴力**（violence from above）。它的動機基本上是爲了保護或恢復現狀。警察不再是逮捕罪犯的正當角色，而一躍成爲具懲罰者的身分。抗爭現場的學生如托赫（Hans Toch，參見第一章）認爲，這種暴力通常比其他暴力更具破壞力——部分原因是警察配有警棍和警槍，另一部分原因是他們內在蓄積了大量的個人怨恨，隨時可以點燃怒火。我們歷來就相信，政府成立的目的是爲了保護老弱貧困不受剝削，也照顧富人與強者的利益；而美國夢更是這麼認定。站在街角那位警察是大家的朋友，迷路時爲你指引方向；他是將秩序帶到西部的模範執法警長。但是在第五種暴力中，這一切都被拋開。此時的暴力更具破壞力，正因爲它是先前保護民衆力量的變逆。政府本身於是降格成了戰鬥部隊。

破壞性的暴力

暴力是在行動中統合自我。沙特寫道：暴力創造了自我。它組合個人力量，以證明自己的權力，建立自我的價値。它是一切的風險，是全面的承擔，也是徹底的堅持。它統合了自我中的不同要素，卻獨獨省略理性。這就是爲什麼我前面會說，自我進行統合的層次繞過了理性。不論暴力對施暴者的內在動機或後果有何影響，它的結果對身處其境的其他人，通常具有破壞性。

暴力中大量積累的肢體動作，是**個人投入總和**的象徵。當暴力引爆時，我再也無法呆坐一旁。動作的節奏緊扣我的身體，它召喚我冒險犯難地徹底投入。暴力一旦爆發，思考便宣告停頓；我們此時置身在一個非理性的世界中。它可以像是貧民窟暴動那樣的次理性（subrational），也可以像是聖女貞德被認定擁有的超理性（super-rational）。理性至此連虛僞的掌控都不可得了。

《如果》（*If*）這部電影把英國男孩寄宿學校一貫的無聊生活，描寫得非常逼眞。例如：常規的負荷、孤獨，以及人爲的道德主義規約，很快就發展出性虐待和同性戀來。在嚴厲的鞭打下，男孩們開始形塑出同志愛的連結。後來帶頭的男孩在大教堂底下，發現了一處藏匿槍枝彈藥的地方。電影的結局是一個超現實的場景：男孩們帶著槍在教堂屋頂上就位，向底下盛裝前來參加畢業典禮預演的英國仕紳淑女們掃射。這部電影所呈現的是暴力的發展階段，從隔離到孤寂、到同志情誼、到性虐待、再到暴力，依次遞升。

擁有槍枝與暴力之間，存在著一種詭異而又可怕的關係。科技的形式不只大量增加了暴力的範圍與效應，更對使用者的意識產生強大的影響（一般是變得駑鈍）。某天我待在新罕布夏州某個偏遠的農場，看到農場蘋果樹下有一隻走失的狗，牠好像生病了。當時我已獨處一段相當長的時間，在那種情況下，人通常會想出一些怪點子，我因此認定那隻狗得了狂犬病。雖然我無法走近到那陌生狗所在的樹叢，但是我們全家深愛的狗卻做得到，牠也眞的做到了。牠繞著那隻長毛大型「狂犬」四處嗅，不論我怎麼叫，牠就是不肯回來。我回到屋裡，找到一把我兒子用來練靶的魯格手槍，放入一個彈夾，然後出來想射殺那隻狂犬。這個故事的重點在於，手上握了一把可射殺活生生動物的手槍，讓我在心理上變成一個完全不同的人。我可以把死亡派給任何人，因爲我被死亡的工具所掌握了；我充滿敵意，已經變成非理性的人。是手槍掌握了我，而不是我掌握了手槍：我成了它的工具。

我討厭這樣的自己，震撼之餘，我轉身回到屋裡，把槍丟到一邊。事情以非常不一樣的方式收場。

我們對科技影響人類意識的成效所知有限，但是持有槍枝能根本地改變人的性格，卻是十分清楚的事。身爲軍官的葛雷說，他出門時若是皮帶上沒有紮著手槍，他就感覺沒有穿衣服一樣。我不曾服過兵役，當我的手指扣在扳機上想開殺戒時，我覺得自己像是個方向出錯的機械人，無法清醒地控制自己的行動。

槍枝對人格產生影響的極端形式，可以在菲爾威德（Charles Fairweather）的遭遇中看到；這位內布拉斯加州的發狂青年，在被捕前已連殺了十一個人。他在還是個小男孩時便說：「我愛槍。」「它們給我一種無與倫比的權力感。」他的故事其實很平常；他長相古怪，弓形腿加上厚鏡片，從入學起便經常受到嘲弄。他很小時就把這個世界象徵地詮釋成一個充滿冷嘲熱諷的地方；他渴求的認同，因爲從未得到回應而日益強烈。後來他發現，只要他大發脾氣，以強大的暴力在打鬥中逐退校霸，他便能得到認同。他的父親形容他「總是那個安靜的小孩」，這又是外表馴服內在暴力的最佳說明。他雖然視力不佳，但卻成為不凡的神槍手。

他高中畢業便交了女朋友，並設法找到一份垃圾車助理的工作。當支持他的少許認同消失時——他失去工作，女友的媽媽把他趕出來——他便拿了三把槍，打死女友的媽媽和繼父；他在他們的家裡住了好幾天，將二具屍體用紙包好藏在養雞場。他強迫女友一起亡命天涯，於是走上世人熟知的迪林傑（Dillinger，譯註：美國銀行大盜）與雌雄大盜邦妮和克萊（Bonnie and Clyde）的亡命之路。

這則血腥故事的重點是，他童年時把世界象徵地詮釋成一個充滿嘲諷的地方。他最終的暴力獲得了雙重的回應：暴力回應了他對認同的渴求，也報復地嘲弄了這個世界。（我們再度看到暴力爆發中有關死亡的邏輯。）從他後來被盤問犯罪情形時表情麻木的狀況看來，我們無法確知他是否一直都如此無情，或是具有典型精神分裂的症狀。沈溺於暴力者顯然必須變得無情和無動於衷才行，就像士兵用機關槍無情掃射敵人一樣，否則他永遠無法做出他認為該完成的事。

他兒時少不了的那句話「我愛槍，它們給我一種權力感」，特別讓我們揮之不去。槍枝做為陰莖的象徵以及它與性的關係，是衆所周知的事。二者都是細長型，都會射出某種東西，能夠根本地改變被它射入的人。因此，槍枝已經變成等同男性權力的象徵。梅蕙絲特（Mae West，譯註：生於一八九三年，默片時代的好萊塢性感女星）在迎接男友時所說的話，仍然是個中經典名句：「那是你口袋的槍，還是你很高興看到我？」

但是就像庫尼茲（Stanley Kunitz, 1905-，譯註：美國現代詩人）所說的，槍枝在文化層面的意涵，同樣具有說服力。我們用槍獵殺動物以塡飽肚子，用槍保衛家園的安全，在拓荒時期靠槍過活，在這方面美國人百年來幾乎沒有改變。在上述的所有方式中，槍枝極富價值，是動人的權力象徵；如果能耍弄槍枝，更是值得贊許。許多人在擁有槍枝時，感覺擁有的是被不公平剝奪掉的權力。那是何等的權力啊！有了槍他就可以大展雄風，可以射殺比自己大好幾倍的東西。自我就心甘情願地臣服了。在電影《巴頓將軍》（*Patoon*，譯註：一九七〇年的電影，曾獲奧斯卡金像獎提名）中，有一幕巴頓將軍跑到外頭，對空射擊轟炸美國在阿爾及利亞基地的德國飛機，直到彈盡爲止。這是一種幼稚的行爲，一種小男孩玩槍的殘存物，令人覺得時光錯置，但也的確是暴力的表現。

建設性的暴力

就心理學的意義而言，人們的次人（subhuman）生活層次可以有無限多種情境，而且這些人發現，某些暴力是能夠賦予生命的。過度害羞的人，因猜疑而無法建立人際關係的人，無法付出深愛的人，以及將自絕於豐富經驗的懦夫等，都列在這張數不完的清單上。這些人雜糅些許暴力，便可幫助矯治其缺失。不過也必須具備超理性的奮力一搏，甘冒風險和全心投入，才能為當事人帶來某種成就感。當順服了一輩子的女人最後終於發怒，並開始長篇大論地抨擊時，我們都會報以微笑表示贊許；至少她不再無動於衷。一位朋友最近告訴我，他的二個兒子放假回家，便踏入高度緊繃的處境中，因為家裡住了二位生病的親戚。幾天後，其中一個兒子氣得扯破自己的帽子，另一個兒子則把二個菸灰缸往牆上扔爛。我的朋友說：「這是好的暴力。」爆發怒氣似乎可以釐清心理上的糾葛，使我們比較誠實地面對現況。因此多數人動怒之後，會覺得好過些。

我們前面說過，暴力在次人的層次統合了自我。現在確有許多人（其實是多數人）過著渾渾噩噩、沒有尊嚴的日子。法農描寫過這樣的非洲人。他們一生只能算是半個人類，數以百萬計的中南美洲人、印度人、中國人，以及在美國這個富裕國家中過著次級生活的人，也都是如此。對這些人而言，暴力可以提升他們心理與靈性的存在層次。就像暴力統合了自我，使我們覺察到人類心識的**底層**一樣，它也可以使未開化的人，**提升**到全人的層次。這可能會以政治抗爭的形式出現，使團體打破它們的冷漠，並且從執政黨手中，成功地扭轉了社會改革。執政黨幾乎不可能自願和自動地放棄權力；權力自有它戀棧的鑽營之道。

我在此提到法農，是因爲他是黑人精神醫師，也是阿爾及利亞反抗運動的參與者，他爲我們描繪了建設性暴力的雛型。生於馬提尼克島（Martinique，譯註：位於中美洲的小島，爲法國屬地，人口約四十二萬），受訓於巴黎的法農，在阿爾及利亞革命期間前往該國，最後得了癌症，死時還不到四十歲。他的著作《大地的不幸者》（*The Wretched of the Earth*）讓他成爲阿爾及利亞和所有非洲黑人的革命理論家。他的論點是這樣的：殖民當局區分人種，把白人置於半獸的黑人之上。政府於是成了維持社會現況的機構，要維護社會的現況，土著就必須永久保持馴服。法農在書中，對土著的尊嚴、潛在的自主意識以及未來的自由，都熱情地予以肯定。他深信，若是沒有暴力，這將無法實現。這些人民飽受數百年來的剝削之苦，並且隱忍著它所造成的冷漠；要在心理與靈性上重生，就必須藉助暴力才行。

雖然形式上看似如此，但是土著並沒有選擇暴力。殖民政權積極介入，製造土著彼此間的紛爭，以鞏固殖民者自身的利益。這樣的情況往往被冠上某些如「白種人的負擔」等的陳腔濫調；但是關鍵在於，殖民政府是為了外國而非當地人存在的，不論被殖民的是黑人、紅人或黃人都一樣。

暴力不只是黑人拋開殖民當局束縛的唯一方法，也可以逐步統合他們自己的內部。法農相信，未開發國家在受到長期剝削後，與殖民當局的權力層次大不相同；因此，暴力是黑人朝向民族主義發展的一個階段。它是整合之道、自尊之道，也是自覺之道。某位教友派信徒（Quaker，譯註：十七世紀在英國創立之基督宗教的一派）在審閱法農的著作時說，書中凡是提到「暴力」這個字眼時，我們都可以把它讀成非暴力，意思仍然相同。換句話說，法農談的是人性尊嚴、意識的誕生與發展，以及人際關係的統整。

法農談到他以精神醫師身分治療的阿爾及利亞黑人。某位案主白天開計程車，晚上與反抗軍並肩作戰。他的太太被法國士兵擄走，輪暴後又遭痛打，以逼出有關他的情報。有過這種遭遇的人**必定**是抑鬱沮喪的（這就是法農治療他的原因），也必定要成為反叛者，如此才能夠得到起碼的尊重。

法農主張**超越理性**，白人都知道這一點。黑人的尊嚴不只來自他們的頭腦，更來自他們整體的生命，以及顯現其有機生命的集體無意識。他們在匍匐爬向新秩序與新形式，而這些都是新理性的一部分。雖然舊有的秩序與形式在過程中會被摧毀，但是任何頭腦清楚的人都會同意，殖民社會的形式應該被摧毀；它分別在性、社會和經濟等層次，對黑人進行非人的剝削，並且要求他們絕對的叩首臣服。接下來發生的，就是全天下最不公義的事了；讓我們期待它的情況可以變得比較公義。沙特爲《大地的不幸者》所寫的導讀中說：「……在無助之際，他們想殺人的瘋狂衝動，是一種集體無意識的表現。……暴力是被壓抑的憤怒。」就像前面所說的，這種暴力經常會轉而對抗自己。在論證暴力會轉而對抗殖民當局這個導致暴力的因素時，沙特與法農都很憤世嫉俗。但是，由長遠的公義觀點出發來看當前的處境，我們便會相信他們是務實的，不論這對其他的富裕國家有多困擾。

法農寫道：

> 我們應該提升這個族群；我們必須發展他們的頭腦，讓它們充滿想法，改變他們，並使他們成為真正的人類。……

……民族整體的行動意識，乃是國家的鮮活表現；它是人民一致的啓蒙行動。……〔我們〕首先應該把尊嚴歸還給所有的公民。……（法農，《大地的不幸者》，New York: Grove Press, pp.204-05）

法農所推薦的暴力不是在紙人上揷針，或搥打枕頭之類的作爲，而是以社會壓迫的眞正邪惡爲目標。黑人的憤怒不僅是爲了其他的黑人弟兄付出，也同樣肯定了自己，即使他在過程中犧牲了生命。

註釋

①我針對上述觀點的討論，受教於居札諾斯基醫師。

②這些是類似自主神經系統中交感神經分支系統的運作，我在《焦慮的意義》（*The Meaning of Anxiety*, New York: Ronald, 1950, pp.62-63）一書中曾經描述過。

無知與謀殺

Innocence and Murder

真正的無知是一種善，
這讓許多人陷入矛盾的狀態中。
天真地相信人們總是喜歡善，
是人類最原始的幻想之一……

謀殺鮮少符合下列的刻板印象：冷血而精心算計的殺手，跟蹤一名毫無警惕、無助而消極的受害者。大部分兇殺案都發生在激烈爭吵之後，通常受害者在爭吵中，扮演造成自己死亡的積極角色。

——麥克尼爾（Elton B. McNeil），〈今日暴力〉（Violence Today）

一旦無知變成行動，它有可能避免謀殺嗎？過去這些年，特別是在肯特大學（Kent State University，譯註：發生在一九七〇年）、傑克森維爾（Jacksonville）和奧加斯特（Augusta）等地，發生校園槍擊事件後，這個麻煩的問題又重新尖銳地衝擊著我們。自從意識誕生，以及伊甸園神話在我們先祖心中形成以後，這個問題就一直困擾著我們。卡繆（Albert Camus, 1913-1960，譯註：法國存在主義哲學家）深思這道難題，並將自己的想法記錄在《反叛者》（*The Rebel*）一書中。梅爾維爾也爲這個議題著迷，並在自己的最後著作《比利・巴德》中，嘗試解開這個難題。

譬如說，受害者有沒有可能做了**讓**自己成爲受害者的行爲？這個問題直指無知的意義核心。處女除了挑逗之外，有可能對男人構成挑戰，從而結束自己的童貞嗎？在所有文化的犧牲儀式中，無知與謀殺不是幾乎都詭譎地結合在一起嗎？發跡於人類歷史黎明開端的**童男童女**犧牲現象，一直延續到克里特島的半人半牛怪獸邁諾托（Minotaur，譯註：希臘神話裡，克里特王后偷情生下的半人半牛怪物，被國王關在迷宮中，並定期餵食童男童女），以及當代戰爭中的魔洛克神崇拜（Moloch，譯註：閃族的神，傳說古代的猶太人常以小孩祭祀此神），這其中的意義又是什麼呢？

當我們將無知與謀殺的問題，進一步推向人類意識所及的最遠處時，我們可能會發現那是無法單靠知性，得到圓滿答案的亙古問題之一。因此我們必須像里爾克（Rainer Maria Rilke, 1875-1926，譯註：奧地利詩人。《給一個年輕人的十封信》〔*Letters to a Young Poet*〕是里爾克在三十歲左右寫給一位青年詩人的信，信中談到詩人心靈問題、愛、寂寞、懷疑、宗教、情感等，並強調藝術是一種生活方式，詩不只是一種形式，更是一種心靈活動、生活形態與思考模式）給年輕詩人的建議那樣「**活在**問題的當下中。你可能……會在某個遙遠日子活出答案來。」（里爾克，《給一個年輕人的十封信》，諾頓〔M. D. Herter Norton〕譯，New York: W. W. Norton, 1934, p.35）當我們設法想通這個問題時，我們便可能對暴力發生的主要原因有新的理解。最重要的是，分析無知與謀殺的問題，將預示新紀元中新倫理的浮現。

在對比利・巴德的諸多描繪中，梅爾維爾提到「慷慨年輕的處子」經驗。無知是一種慷慨，特別是兒童，他們因爲不曾經驗到背叛，不會因此憤世嫉俗，所以能夠信賴別人。無知與「心」有關，因爲那是一種情感的狀態，一種感知生命的方法，而不是一種算計。它是「純潔的」，因爲它是生命出現色欲、溫柔、剝削、背叛等各種可能覺知**之前**的狀態。過去，缺乏性經驗被認爲是無知的象徵，但是我們要記得，它是象徵而不是實質的內容。

此外，無知也是一種無能爲力的狀態。當我們在討論無知時，其中有一個問題必須面對，那就是無知者究竟是怎樣在利用這種無力狀態的。我們的問題是：無知**被當作**生存策略，可以做到怎樣的地步？

肯特大學的悲劇

當我們開始討論一九七〇年肯特大學的槍擊事件時，很快就看到本書主題的明證。它與以下這樁事實有關。四位被射殺的同學中，有二位根本和示威活動無關。其中一位身著「預備軍官訓練團」（ROTC）制服（譯註：事發當天的一九七〇年五月四日，學校就是以校內的「預備軍官訓練團」大樓著火，讓國民兵進駐校園「鎭暴」而引起爭議；至於該大樓怎麼著火至今仍是個謎），正穿過校園趕赴戰略課的考試，第二位則正要去上音樂課。這其中的道德教訓非常清楚：**再也沒有隔岸觀火者了**。這也意味著人類命運與共的事實——我們都是此悲劇事件的一部分。在沒有降服意識以前，沒有人有資格可以劃清道德界線，置身於這些事件之外。電視與大眾傳播只是參與人類重要議題的表徵而已。卡繆提醒我們：「凡人活著，就在判斷。」（卡繆，《反叛者》，pp.6-7）我們相信我們將會了解，察覺到自己涉入此一人類掙扎，絕不是受虐式的搥胸頓足，也不是靜默主義者遁世的藉口。相反地，它可以鍛鍊我們的倫理敏感度，也可以使我們重新發現，持續有效促進種族整合，以及免於莫可奈何戰爭的基礎，雖然可能的成就只是一部分。

我選擇愛莉森・克魯斯（Allison Krause），做爲這四名學生及其無知的代表。據報，她當天在國民兵部隊開槍前，將一朵花丟入一名士兵的來福槍筒中，並且說：「花朵比子彈好。」俄國詩人葉夫基尼・葉夫圖申科（Yevgeny Yevtushenko，譯註：出生於一九三三年，俄國詩人、劇作家、小說家、導演）將愛莉森寫入詩中；姑且不論葉夫圖申科的濫情傾向，他的詩確實透露出一些重點：

十九歲的愛莉森・克魯斯，
妳死於非命，因為

妳喜愛花朵。……

子彈，
推出花朵……
讓世上所有的蘋果樹，
不穿白衣——
卻妝裹著悲哀。

到目前爲止，我們只看到當天事件發生的實況：有四位被害者，整個事件在諷刺而殘酷的流彈四散中結束。但是葉夫圖申科知道，自己只觸及到此一全然無知的表面。在下面的詩句中，我們看到了無知與邪惡的複雜：

但是一位越南女孩——與愛莉森同歲——
她手中握著槍，
那是憤怒民眾

的武裝花朵嗎？……①

我認爲「武裝花朵」以及稍後會談到的詩句「抗議的帶刺花朵」，就是添加在原來純粹無知上的經驗深度。我們現在明白，憤怒是基本的動機。

葉夫圖申科現在說的是不同的無知；「武裝花朵」不再是童稚般無力的產物，而是由憤怒的力量所形成的。那越南女孩知道花兒長在荊棘叢中，必須小心處理。她的無知沒有避開邪惡，反而直接面對邪惡；這個無知所根據的假設是，人類的歷史乃是善惡間永無止盡的辯證；在人類的靈魂深處和歷史中，並沒有純粹的惡或純粹的善這回事。葉夫圖申科將「花朵」與「武裝」並陳，提示了耶穌在〈聖馬可福音書〉中所用的詞句；他以那句話爲即將解散到世界各地的弟子送行：「你們要像毒蛇般聰明，鴿子般無邪。」這也是無知與經驗的奇異並陳，它希望能在耶穌弟子日後的工作上，形成有效社會行動的基礎。

國民兵

現在讓我們思考某位「敵人」的無知，那是一位典型的俄亥俄州年輕國民兵，大約和愛莉森同年紀。我在這方面的訊息來源，是某位大學女同學的來信，該女生的弟弟正好就是個年輕的國民兵。我引述信中部分的內容如下：

最近我的小弟麥可很害怕接電話，他怕國民兵總部打電話叫他加入附近校園的鎮暴任務。他加入國民兵是為了不要被徵召成正規軍，派去打越戰。麥可說團裡的其他成員也像他一樣，害怕接到電話。他一點都不認為抗議學生是錯的，如果他們真錯了，派出國民兵鎮壓也不是解決事情的方法。

如果我弟弟被叫去鎮壓學生，而不負責任的軍官又派給他一枝子彈上膛的槍，加上與學生的衝突緊繃起來的話，他可能真的會對學生開槍。……我認為愛莉森和射殺她的國民兵，都只是在扮演著不屬於自己的角色。

由這封信的內容，我們可以假設麥可被動員，派到肯特大學校園去鎮暴。他聽說肯大學生刻意不與當地居民進行眞正的溝通；事實上，學生已走入歧途要槓上當地居民。根據《紐約時報》的電訊，星期六晚上學生們將在市中心人行道上靜坐示威，讓四周經過的居民被迫聽一些淫穢的口號；雖然令人難以相信，但學生們對此舉在居民心中引起的深刻仇恨，完全狀況外。在兩天之內，麥可看到建築物著火，他前一個晚上只睡三小時，抗議學生對他叫囂著淫穢笑話，並在軍隊穿過叫罵的群衆時，用石頭打他。

我們應該譴責麥可這位假想的年輕國民兵爲兇手嗎？如果我們因爲他扣了扳機而譴責他，並就此撒手不管的話，那麼我們便阻礙了自己了解全面眞相的機會，並在自己最應該堅持的時候投降了。麥可的姊姊在信中，繼續指出她認爲的犯人是誰：

> 我認為我們的國家已經變成一種巨大的不實與恐懼。……那是一種失聯狀態（out-of-touchness），它剝奪了人們的其他選項，只能苟活。

無可否認地，這種巨大的「不實與恐懼」確實存在。在當代，我們處於卡繆在其早期小說《異鄉人》（*The Stranger*）中所預測的心理狀態；書中的反英雄穆素德（Meursault）

大體活在一種半意識的狀態。他與某個女孩在半睡半醒的狀況下做愛，最後又在半覺知的狀態中，於沙漠烈陽下射殺了一位阿拉伯人；因爲他毫不遲疑，所以讓我們納悶，他是否眞的射死了那個阿拉伯人？他因爲殺人罪被審判。他的實際罪名是**謀殺自己**。

我的通信對象所謂「巨大的不實」和「失聯狀態」，使每個人變成他人和自己的陌生人。當代人生病了，就在他的感官——有如狂風暴雨大海上的波濤——被持續攻擊時，他放棄了意識的自主性，投降了；但是這個事實並沒有使我們的問題變得更容易。

但是，你我也都是這個充滿「巨大的不實與恐懼」國家的一分子。當我們平日隨意想到「國家」或「社會」時，就會用匿名的「它」來稱呼——那掌管人民的「它」。它因此成了方便我們投射的部分藉口。於是我們規避了問題比較深刻的層面。我不是在貶損社會心理學的重要性；這個學科在研究團體扮演角色的方式，以及基於不同安全考量運用它們的可行性，自有其價值。我也注意到電子科技對個人的影響、科技的大量非人化，以及在這個「我們不曾製造的世界」中，經歷承受無窮壓力的體驗。

但是，我們的社會和國家之所以有此權力，是因爲個人臣服於它的緣故；就像我先前指出的，我們已讓渡了自己的權力，於是我們就因爲自己的無能爲力而被侵犯了。至此，是我們自己傷害了自己。人類的生存在於是否能堅持自己的意識，以及是否有足夠的力量，去對抗因科技進步使我們變得愚蠢的壓力。如果國家眞的變成「巨大的不實與恐懼」狀態，那一定是你我諸人來承擔這份不實與恐懼了。

所以，我們必須繼續努力，了解無知與謀殺的心理運作。

比利・巴德的致命傷

就像愛莉森和她的同學一樣，梅爾維爾筆下的比利・巴德，也被描繪成無知的具體人物。人稱「英俊水手」（Handsome Sailor）的他，是一位品行高尚的年輕人，在美法戰爭期間，因緣際會從他原來的船「人權號」（Rights of Man），被迫調到「無敵號」（Indomitable）戰艦上服役。他擁有陽光般的氣質，體格強壯，經常是船上各幫人馬的要角人物。他顯然深得衆人喜愛。梅爾維爾叫他「處子」，並且常常把他比作「天使」。船上的一位丹麥籍老水手叫他「巴德寶寶」。就像純眞的花仙子一般，比利每天在如夢似眞的生活裡穿梭巡禮。

在他的身上，梅爾維爾顯然設法要保留孩童的無知（這將成爲我們當代的問題），把正常情況下該融入新事物的童貞，繼續帶到了成人階段。梅爾維爾寫道：「然而，孩子的全然無知，只不過是懵懂愚昧罷了；隨著知性的增長，無知多少都會被塵封的。但是在比利・巴德的身上，當他的智識在進步的同時，他的單純心思卻大體上不受影響。」就像當代的花仙子一樣，這樣的人物最終註定要以悲劇收場。

比利只有一個明顯的弱點，就是當他情緒強烈高張時，便會口吃。沒有人會認爲這是可悲的慘事，不過是人生難免的缺憾罷了。

我是不是說過每個人都愛他？其實不盡然。船上的大副克雷加特就陷入自己對比利的情感矛盾中。他一方面被比利俊美自然的優雅氣質所吸引，另一方面卻又對比利所代表的純潔無知感到憎恨。根據梅爾維爾的說法，克雷加特是「船上唯一能知性地欣賞比利所展現的道德氣宇的人。」但是當此同時，克雷加特對此卻根本不予理會，而且還充滿了憤世嫉俗的不屑之情——「他只是無知罷了！」②

這種對待無知的態度，與我們多數人所保有的態度相去無幾，了解這一點是很重要的。無知有求於我們，吸引著我們對它的關愛與支持；許多人憎恨自己身上的這些傾向，但更憎恨那些驅策他改變這些傾向的事物。當我們面對眞正的童眞無知時，我們深受感動，想要呵護那孩子，但是我們又希望他能長大到可以保護自己的年紀。當這種無知出現在成人身上時——例如非暴力和平人士、花仙子，或公社居民——我們便被他們所吸引；我們的良心受到譴責，也因自己的同情心被不自主的引發而感到困擾，更隱約感覺到自己被利用了。這些無知者是這個世界形體上的一根刺；他們威脅要消滅「法律和秩序」，也就是警察和政府當局。在被謀害的前一天，愛莉森‧克魯斯朝國民兵槍筒中丟入一朵花的象徵行動，推翻了所有關於槍械力量的既有信仰。因此，無知可以威脅顛覆我們所知的世界。

眞正的無知是一種善，這讓許多人陷入矛盾的狀態中。還記得古雅典的公民曾用投票方式，趕走了一位名叫「大善人雅里斯底德」（Aristides the Good）的公職候選人，因爲他們對他老是把自己說成「大善人」（the Good）非常反感。善會對我們有所要求，天眞地相信人們總是喜歡善，是人類最原始的幻想之一，它得要杜斯妥也夫斯基那樣的智者，才能澄清這個錯誤的概念。

克雷加特無法在他的世界中，忍受這種全然的無知。根據描寫，他的矛盾情緒是隨著妒嫉與嫌惡相互滋長而變化的。他會對比利微笑，但這是不是扮鬼臉呢？梅爾維爾寫道，克雷加特是個「本性邪惡的狂人，不是因爲邪惡的訓練、腐化的書或放蕩的生活使然」，他「與生俱來，本性使然，簡言之，『他的腐敗行爲是天性。』」[3]以下也是他對克雷加特的描述：「明白善，卻無力行善；像他這樣精力過剩、獨一無二的天生好手，除了退回到他的本性之外，還有什麼能倚靠的呢……。」梅爾維爾是在描述原魔（daimonic）的力量，一種比人們生存需求更緊要的力量；用歌德的話說，是使人們敢於挑戰整個宇宙的力量。因此，如果它不斷地滋生擴大，遲早當它意圖推翻本性自身時，便會以悲劇收場。

在最基本的層次上，梅爾維爾的故事劇情相當清晰地展開。一個夜黑悶熱的晚上，比利睡在甲板上，一名水手靠近他，尋求比利加入叛變計劃。比利憤怒地譴責整個想法。但就像不願傷害他人感受的稟性善良者一樣，比利沒有斷然說「不」，甚至從來不曾想要告訴其他船員。

後來，克雷加特在船長面前斥責比利，說他計劃叛變，並把比利叫來問話。當克雷加特不斷重複他的控訴時，比利對此不公的待遇感到震撼，瞠目結舌得說不出話來。船長嚷道：「爲你自己辯護」；他注意到比利有語言障礙，又說：「慢慢來，我的好孩子。」但是這種父親般的關懷讓比利的語言障礙更形嚴重。在此無能的憤怒中，比利的所有激情，都匯聚到殺死克雷加特的那一拳上去了。

船長知道自己別無選擇，在戰爭期間的戰艦法律下，比利必須被吊死。船長在絞刑執行前去探視比利，發現他對自己即將到來的死亡，「有若孩童聽聞般的無動於衷」，他吻了吻船長的臉頰，並且說：「當最後審判日到來時，無知比宗教更值得伴隨。」比利在第二天破曉時，被吊死在大桅下桁。行刑前，就在面色凝重、低聲啜泣的水手目睹下，比利大喊：「願神祝福船長！」船員們受此影響，也重複地這麼喊。這是比利心靈純淨，沒有惡意報復之心的證明。

比利．巴德和肯特大學的學生之間有何異同？二者最大的不同是，比利揮出了打死克雷加特的一拳，而在肯特大學，學生是被殺死的一方。但是我們不應讓自己的判斷或倫理，被瞬間的肌肉運動所決定，因爲這樣我們就得完全依靠個人的自制力了。我們成了沒有倫理內容的形式主義。這是所有嚴厲的教條主義所犯的錯誤，不論它是宗教還是科技導向，我們的主要目的便是在避免這種過度的嚴苛。

比利．巴德與學生們有幾項重要的共同特色。二者都是**根本無知的具體化**，都歷經了完全出乎意料的結局。不論是比利或是學生們，都沒有覺察到這個世界的邪惡；他們自己不允許也不願意去理解人類的殘酷與人性喪失。二者都與基督上十字架的「替罪受難」模式相符：比利．巴德是出於梅爾維爾的設計，學生們則是因爲他們成爲無數大衆的象徵。梅爾維爾對其故事主人翁的綜合評語，也特別適用於學生：比利．巴德的「巨大痛苦是由一位心胸寬闊年輕人的處子經驗而來，他體驗到在某些人身上運作的魔鬼化身。」

當我們進一步深入了解這個故事時，我們發現有關無知的重要事項。為什麼比利沒有**感知到**克雷加特對他的敵意？他並不是沒有被警告。在書中扮演類似《伊底帕斯》中泰瑞西爾斯（Tiresias）先知角色（和當代文化中的精神分析師）的船上老水手鄧司克（Dansker）一再告訴比利，克雷加特「憎惡他」。但是當比利開心地說「可是他對我從來都是笑語相迎的」時，鄧司克指出，這同樣是克雷加特邪惡計謀的徵兆。比利對「疑心」或「不信任」，渾然不知。我們必須把這些特質的欠缺——這對了解當代世界和原魔的內在世界，是絕對必要的——看成是比利性格中的致命傷；而比利的口吃，只不過是他這個致命傷的外在生理症狀罷了。

梅爾維爾說過許多次：「**無知是他的眼罩**。」這是一句了不起的話，尤其前面一句是：如果比利曾經「覺察到自己做過或說過任何激怒長官的事，情況就不一樣了，**他的看法就算沒有比較銳利，也會比較清澈**。」比利**不願**看到必有其情由。事實上，比利利用了自己受人喜愛的優勢；他記得克雷加特曾對自己說過：「英俊就是英俊」；他在被帶到船長辦公室接受詢問的途中想說，「船長對我似乎很和善」，自己「可能會被指派到更好的新工作崗位。」簡言之，保持自己的無知是比利生活的有用策略，儘管這是完全無意識的行爲。

另外要注意的是，如果比利曾經覺察到自己做過或說過任何激怒長官的事，「他的看法就算沒有比較銳利，也會比較清澈。」他確實因爲被自己遮蔽，而沒有**看出**或**理解**。梅爾維爾的想法很奇怪，他認爲**靈性與無知是對立的**。它們非但**不同**，而且互相**對立**。書中的比利並不具備靈性特質（「靈性的領域對比利而言，是完全難以了解的」）。比利的「根本無知」被定義爲「難以壓抑的異端思想的爆發」。當比利被吊死時（這本書就在梅爾維爾去世前完成），船長覺得他的無知是「比宗教更好的事物」。比利．巴德「透過生前如此錐心刺骨的深刻經驗，如今得到靈性的淨化了。」

以上都在補充說明，比利無知卻不具靈性的事實。靈性需要體驗，也以體驗爲基礎——誠如梅爾維爾所言，靈性撫慰了自我，深化了意識和覺知，淨化和鍛鍊了我們的眼光——而無知就像眼罩一樣，極易阻礙我們成長，阻礙我們新的覺察，讓我們無法認同人類的苦難和歡樂（二者對無知者都完全陌生）。

經驗有二個潛在的極端：保持無知，隔離你不喜歡的事物，設法保留伊甸園的狀態；或者努力提升靈性，朝向詩人華茲華斯（William Wordsworth）所說「人性中的深度音樂」移動。

麼是早上四條腿、中午兩條腿、晚上三條腿，若答不出來便爲斯芬克斯吃掉，後來伊底帕斯在無意中殺死自己親生父親後，解答了斯芬克斯的謎題，並殺死斯芬克斯，娶了自己的親生母親，成爲底比斯國王）與龍怪不是我們自己的侵略性與暴力的投射嗎？④就像當代人一樣，早期的城邦公民同樣難以控制自己內在的侵略性與暴力傾向。他們只能把自己內在的龍怪，**向外**投射到城外洞穴的神話怪獸身上。這是人類先祖動人的努力，他們試圖把自己的「動物」、「黑暗」、「狂野」、「隱匿」等傾向，逐趕到城市四周的森林裡去。

年復一年，徘徊在底比斯（Thebes）城門外的斯芬克斯，以撲食人類做爲自己應得的贖金。「雖然她只有謀殺這個動作，但是其中卻有一種象徵」，布魯諾斯基這麼寫道。（布魯諾斯基，《暴力的容顏》，p.2）除非有人猜到謎語的解答，否則斯芬克斯的詛咒便無法破除。猜謎需要運用理性與直覺，這是非常人性的行爲；而這個謎語的答案竟然是「人」。儘管說法可能會有些許不同，但是這對我們來講一直是個謎：爲什麼「人」會要活人犧牲？那種粉碎、破壞和吃食自己同胞的需要？《三便士歌劇》（*Threepenny Opera*，譯註：一九二八年猶太裔德國人庫特・懷爾〔Kurt Weill, 1900-1950〕的作品）的歌詞說道，「人以他人爲食」，這是每一次人類社會崩解，赤裸裸地暴露出人類存在的本質時，都會被迫要面對的眞理。是不是我們內在有著什麼質素，會讓我們爲了自己的男子氣概而吃人呢？雖然這個想法實在太殘酷，而使人不忍去想，但是我們仍然必須對它審思一番。

更具啓發意義的是，解答斯芬克斯謎題的人（伊底帕斯），就是**將斯芬克斯帶回自己內在正確位置的人**。伊底帕斯是個勇於認清自己事實的人：人類——至少在幻想層次（因此行爲的意義有其價值）——是姦母弒父的；他以眞實的觀點看待自己，他了解善惡共存於自己內在，他了解自己內在的斯芬克斯。伊底帕斯這位懷著決心、憤怒與毅力，致力追尋自己身分的人說：「我必須弄清楚我是誰？我來自哪裡？」伊底帕斯是迫使自己**看到**全貌的人；接下來，就是永恆衝突的戲劇化行動，他挖出自己的**雙眼**，那人類洞見的器官，擁有意識以及了解世界和人類生活的象徵。伊底帕斯這位智者稍後會到科羅納斯（Colonnus，譯註：《流浪在科羅納斯的伊底帕斯》〔*Oedipus at Colonnus*〕是伊底帕斯三部曲的第二部，年老的伊底帕斯在知道自己弒父姦母的可怕眞相後，挖出雙眼並來到雅典城外的科羅納斯，將自己的遭遇與疑問想個明白。羅洛・梅針對伊底帕斯神話的精彩詮釋，請參考《哭喊神話》第五章）沈思疚責與責任的問題。他一生的情節所要訴說的是：處理斯芬克斯的唯一方法，就是把她帶回我們心靈中她眞正的家，並且在那兒直接面對她；也就是面對疚責與責任。我們的選擇很清楚：必須在城門外對斯芬克斯獻出活人犧牲，否則我們就得接受自己內在眞實的疚責與責任。無法承接自己疚責的人，會不斷將本身的疚責，投射到城外的斯芬克斯身上。

龍怪是個類似的象徵；社會爲了抹去自己身上的邪惡，遂把它投射在森林龍怪這個圖像上，以每年獻祭童男童女的方式與之打交道。龍怪不是外邦人，牠在城內有盟友，事實上每個人的內在都有牠的盟友。「如果聖喬治（St. George）眞是基督宗教的聖徒，那麼他所對抗的龍怪，就是更古老的活人犧牲儀式，而這也是人創造出來的。」（布魯諾斯基，《暴力的容顏》，p.3）聖喬治似乎主要待在北歐地區，那裡樹林茂密、充滿預兆，容易引人墜入快樂和恐怖的遐思。漫步林間會帶給我們狂喜，部分是因爲樹林賦予我們的靈感，讓我們活出自己富於詩意和愛欲的遐思。在許多故事和畫作中，騎士從龍怪口中救出柔弱仕女的情節，都是發生在樹林中，這絕非偶然；我們會很好奇，這位仕女到底跑到那裡去做什麼呢？但是又會隨即想起，她是在強大的投射力量下，鼓動美麗情想的雙翼飛到那兒的。它基本上是一種愛欲的投射，是仕女與騎士共有的現象。

現在回到我們在這一節開始的問題：爲什麼人們會經常以童男童女做爲貢品呢？雅典每年送給克里特島上牛頭人身怪獸邁諾托的七位童男童女，只不過是無數案例中的一個罷了。爲什麼我們總是犧牲那些**無知者**？他們顯然對嗜人肉的龍怪特別有吸引力；牠對溫柔、無助、無能者的偏愛，更甚於閱歷豐富者。我們每個人的遐想中眞的都是如此的；無知與無能的人和沒有經驗的人，總是別具吸引力。是因爲我們能提供經驗給這些人，於是就可以增加我們的自尊？我們從未聽說龍怪吞噬八十歲老女人或老男人的事。只有童男童女才能滿足龍怪的口味。

我們最多只能從人類當代處境的觀點，來回答這個問題。我們千萬不可以認爲，人類有了足以誇耀的當代文明，就已經「超越了原始的人類犧牲」。我們照做不誤，只是犧牲的不是七名童男童女，而是數以萬計的人罷了。我們獻祭犧牲的神祇叫魔洛（Moloch）。美國已有超過五萬名年輕人在越戰中犧牲了，如果再加上越南人，這一定得算進去，犧牲的數目便達百萬以上。古老龍怪的當代形式，竟然在越戰這樣的事件中重新復活，眞是令人感到奇特；焦土政策、火燒坦克、遍地煙硝瀰漫、國家枯萎凋零，以及越南人民的大屠殺，在在都是龍怪翻版的例證。當代的魔洛神是很貪婪的。意思是說，我們有太多內在的侵略性和暴力需要投射出來。雖然我們是以抗爭、內在衝突、認命、冷漠等方式表現，但是我們是會繼續這麼做的。

人類爲什麼要特別把童男童女獻祭給這個魔洛神？要系統地回答這個問題並不容易，可能是因爲我們的思路與所謂的軍事需要全都攪混在一起——例如，我們會徵召年輕人打越戰，是因爲他們比較容易學會開飛機或開槍——而事實上這卻與我們的問題毫不相干。不過這聽起來好像是刻意的合理化。它與犧牲這個古老儀式之間的平行對應關係，緊密得令人難以忽略。

整個軍事運作顯然是妒嫉年輕人的，妒嫉那些年歲較少的無知者。對青春的崇拜會讓這種情況更糟，特別是在美國，什麼都是越年輕越好。那些失去無知已久的長者，宣告了青春少年必須迎擊的戰爭；於是我們經歷了一大套制服、樂隊、歌曲，以及大量口號宣傳的複雜儀式；而這多半是我們對日本或越共侵略和暴力的投射。

依循常規而行的保守人士，也**害怕**青春少年。這在我們的當代社會中特別明顯。**妒嫉**與**恐懼**是犧牲的二項動機，在它們尚未惡化之前，對我們暫時是有益的。

人類生活中似乎本來就具有**要克服無知的衝動**，這很奇怪，但卻可以理解。雖然很詭異，但是這會不會和我們想快點揮別犧牲者角色的內在衝動有關？正常的小孩都想要長大，想體驗真正的自己，變成一個成年人。儘管他對危險的經驗具有自然的防衛屏障，但是他仍期待可以充分自立，好早日卸去這些屏障。我們一般都有想讓無知消散的傾向。剛進入青春期的女孩，常不自覺地表現出搔首弄姿的模樣，正是克服無知的原始衝動所上演的部分戲碼。亞當與夏娃的誘惑，由吃下蘋果和獲得「善惡知識」的象徵表達出來，這是想去經歷體驗以及把無知拋卻，使其成爲過去式的莽撞衝動。

性經驗被視爲是無知喪失和「經驗」獲得的象徵，這點絕非偶然。年少時急著想擺脫貞操的魯莽衝動，反而會造成經驗的**喪失**而非獲得。這個經驗本身通常沒什麼震撼力（我的某些女案主還記得，自己對奪去其貞操的男人說：「就這樣了嗎？」）。在女孩／女人和男孩／男人的轉變中，個人可以被解放進入一個全新的經驗層面；如果他準備好拋卻自己的無知，這種經驗便會爲他帶來無限可能的覺知與溫柔。

在校園的抗議行動中，我們經常可以看到抗議學生的怪異需求：希望自己被逮到，並想藉此克服自己的無知；這通常是無意識的行爲。我的一位朋友是東部一所大學的大三學生，他所參加的抗議活動，剛開始似乎亂無頭緒。後來學生對準「預備軍官訓練團」；他們在反「預備軍官訓練團」的抗爭活動中，很快獲勝得點。不久他們佔據了一座學術大樓。當警察抵達時，我的朋友從後窗跳出逃走，他的自保需求顯然與他的抗爭需求有衝突。接著他又加入另一個團體，主張黑人在校園的平等僱用原則。學生堅持上述事情要立即辦成，並把系主任「抓」住監禁起來，直到目的達成爲止。預期的結果發生了：我的朋友和他的同伴被警察全數抓起來，並且很快被大學退學。我的朋友本是全校最優秀的學生之一，現在他被逐出課堂，每天有用不完的閒散時間。

他做了什麼？他跑到新英格蘭去，花上幾個星期的時間靜坐冥想。有人可能會認爲，這就是抗爭的眞正目的——他想被逮到。他喚來混沌的世界，給予他某種生命的結構；有一連串穩定的成就在支撐他的年輕人，是名人之子，從來還未見過足以測試其力量的事物，也沒有任何阻礙他前進和測試他勇氣的事物出現。這樣的學生所渴求的是，和他原先的無知等量其觀的經驗。就某種意義而言，年輕人已經失去他們的無知：集中營和原子彈已經解構了他們的世界，但是他們卻沒有對等的經驗來回應它。他們渴求的是，和他們早逝的無知足以匹敵的經驗。

「龍怪和斯芬克斯都在你的內在。」如果龍怪與斯芬克斯果眞駐留在那兒，我們必須先察覺到牠們。我們的錯誤不在於我們造出神話；那是人類想像力健康和必要的功能，是朝向精神健康的助力。我們以理性教條爲基礎否認這個需要，這只會讓我們內在和世界的邪惡更難處理。不，龍怪和斯芬克斯本身不是問題。問題在於你是投射出牠們，還是面對或整合牠們。承認牠們就在我們的內在，就是承認駐足在同一個人內在的善與惡；邪惡潛能的增加是與善良的能力成正比的。我們尋求的善，是一種漸增的敏感、一種鋒利的覺知，也是對善惡高度覺察的意識。

布魯諾斯基《暴力的容顏》中的一個角色普魯克斯（Pollux，譯註：這個名字典出於希臘神話，普魯克斯是雙子座的弟弟，爲天神宙斯化身成天鵝與麗達所生的兒子，是美女海倫的雙胞胎兄弟）在故事的結尾說：「暴力有墮落天使的面孔。」但是，除了人類之外，誰是墮落天使呢？墮落天使外，誰是人類呢？因此下一句台詞便是卡絲塔拉（Castara）的答話：「原諒人的暴力……因爲暴力擁有人的容顏。」（布魯諾斯基，《暴力的容顏》，p.166）

註釋

①《紐約時報》，一九七〇年五月十九日。

②同性戀的因素顯然加入了故事中，但它們並非主要因素，硬要如此說，難免過度簡化。我認爲這些因素是，克雷加特無法在他的世界裡，容忍比利・巴德的一個面向；他的世界中當然尚有其他的面向。

③這是梅爾維爾由柏拉圖那兒借來的句子。我建議讀者不必陷入它是否爲「與生俱來，本性如此」的無用辯論，這個說法顯然與當代心理學所教導的許多道理完全相反。不如讓我們把「邪惡天性」當作原型來思考，而不只是以環境的變化來處理這個問題。

④布魯諾斯基（Jacob Bronowski）在《暴力的容顏》（*The Face of Violence: An Essay with a Play*，增訂版，Cleveland: World, 1967, p.2）中，也有同樣看法。

11 *Power and Innocence*

反叛者的人道精神

The Humanity of the Rebel

反叛者最重要的目標是尋求內部的改變，
也就是態度、情緒，以及人民願景的改變。
他的個性似乎就是無法接受成功，享受安詳的成果；
很快就會不安於現狀，而開始尋找新的疆域。

我認為，愛好暴力是人類對抗社會約束，自古即有的象徵姿態。邪惡之人可以利用衝動，但是把衝動視為邪惡則是災難。因為強大的社會沒有不認可抗議者的；不從野生動物身上汲取力量的人，就不是真正的人。暴力是爐邊的斯芬克斯，牠有一張人的臉。

——布魯諾斯基，《暴力的容顏》

楚浮（Francois Truffaut, 1932-1984，譯註：生於巴黎，童年在納粹鐵蹄下度過，十四歲失學，但終於成爲法國新浪潮派導演之一，代表作有《四百擊》等）的電影《野孩子》（*The Wild Child*，譯註：楚浮一九六九年作品）重現了十八世紀的一個眞實事件，它讓我們感受特別深刻。電影情節是關於一位醫生想教導在樹林中過著動物生活的野孩子，讓他重新過人類的生活。楚浮稱作維克多（Victor）的這位多情男孩，從頭學習說話和數數。但是這些學習有何進展並不明確。在失望的心情下，楚浮飾演的這位醫生決心測試一下這位野孩子，以確定維克多是否還是人類，當這孩子受到不公義的懲罰時，會不會反擊？

當維克多犯錯時，他被罰關在衣櫥裡，當他正確地完成任務時，楚浮還是將他關在衣櫥裡。維克多立即大力反抗。醫生帶著認同的高興表情說，這孩子身上擁有人類最重要的質素。

這個質素是什麼?那就是以寧爲玉碎、不爲瓦全的態度對抗不義。這是最根本的憤怒，一種匯聚個人全力以對抗不公的能耐。①雖然它可能會被混淆、隱藏或僞飾，但是這種與不義奮戰的基本能力，卻是人類獨具的特質。簡言之，也就是反叛的能力。

在我們這個時代，當多數人都困在焦慮與無助時，人們在心理上容易變得冷漠，並且會把干擾我們表面平靜的生活的人，驅趕到城外去。諷刺的是，當人們在流變時代最需要反叛者補充新血時，卻最不能聽進他們的心聲。

當反叛者被驅逐時，我們也斬斷了自己的生命線。因爲就像文化生命血水一樣，反叛的功能乃是文明的根基。

首先，我必須區隔反叛者與革命家。兩者之間是針鋒相對的。革命家（revolutionary）尋求外在政治變革，「推翻、棄絕政府或統治者，並取而代之。」其字根爲周轉（re-volve），字面意思是翻轉，就像輪子轉圈一樣。當現有政府統治下的處境變得難以忍受時，某些團體就可能會尋求推翻該政府，堅信新的形式一定會更好。然而，許多革命只是一個政府取代另一個政府，是五十步與百步之差；公民因爲要忍受過渡期不可避免的無政府狀態，處境甚至比先前更糟。因此，革命帶來的傷害比好處還多。

反叛者則是「反抗權威或壓制的人，亦即打破現有習俗或傳統的人。」②他的特性就在於永不休止。他最重要的目標是尋求內部的改變，也就是態度、情緒，以及人民願景的改變。他的個性似乎就是無法接受成功，享受安詳的成果；他總是在捅馬蜂窩，征服一個疆域後，很快就會不安於現狀，而開始尋找新的疆域。他深爲不安的心靈所吸引，因爲他同樣永遠無法接受愚蠢的操控。③他就像蘇格拉底一樣，以政府的牛蠅自許——防止政府自滿自足，因爲那是邁向墮落的第一步。雖然反叛者的外表看起來非常的自我中心，一直「朝自我邁進」，但這只是不實的表象；反叛者的眞正內涵是絕不輕率魯莽的。

反叛者的眞正意義在於唾棄權威，他主要追求的不是政治系統的更替。他可能會贊成這種政治變革，但那不是他的主要目標。他的反叛是爲了實現大衆肯定的人生與社會願景。每一次的反叛行動都預設了某種戰略價值。當革命家把權力集中在自己身上時，反叛者則不把權力當成目的，也沒有運用權力的條件；他會分享自己的權力。就像二次世界大戰的法國反抗軍一樣，反叛者的奮鬥不僅是爲了解民衆於倒懸，也是爲了維護自己的人格完整。對他而言，這是同樣一回事。

殺死主人的奴隸是革命家。他只能取代主人的位置，等著被後起的革命家殺害。反叛者卻能夠了解，主人就算不如奴隸痛苦，也同樣困在奴隸制度中；他反叛的是造就主奴關係的體系。他的反叛一旦成功，也可以使主人免除擁有奴隸的恥辱。④

文明需要反叛者

反叛者的人道精神就在於，他們的行爲促進了文明。反叛者的功能在於撼動僵固的習俗和文明秩序；這種撼動雖然痛苦，卻有其必要，如此社會才能免於沈悶和冷漠。顯然，我所指稱的不是那些自稱反叛者的人，而是那些眞正的反叛者。文明就是從這些人身上開花結果的。

文明肇端於反叛。泰坦人普羅米修斯（Prometheus），從奧林匹斯山諸神那兒偷了火當作禮物送給人類，並促成人類文化的誕生。天神宙斯將這位反叛者用鐵鍊綑在高加索山（Mount Caucasus），白天禿鷹飛來吃掉他的肝臟，夜晚肝臟又會長回去，只爲了第二天再被吃掉。這是創意者飽受煎熬痛苦的故事，而夜間的休息使他恢復體力，得以忍受第二天的煎熬。

值得注意的是，普羅米修斯解除痛苦的唯一方式，就是有神明願意爲他放棄永生。

奇龍（Chiron）就這麼做了。這是對必朽人生的眞切肯定！意思是說：「我心甘情願放棄生命的不朽來肯定人性；我願以死來肯定人類文明。」這就是海德格（Martin Heidegger, 1889-1976，譯註：存在主義哲學家）再三說過的：是死亡造就了人性。我們必死的事實，與人類的反叛以及生生不息的文明密切相關。只有反叛者，才能徹底明瞭這個眞理。

類似的反叛行爲和接納必朽，在亞當與夏娃這個人類文明起源的解釋中，也佔有重要的地位。他們的行爲本質是反叛，是受到毒蛇這個自然邪魔性質的鼓動而引發的。

普羅米修斯與亞當夏娃這兩則故事的明顯相似之處在於，諸神被視爲是人類的敵人；祂們要讓人類永遠臣服。耶和華害怕吃了善惡知識果實的亞當夏娃，會把永生之樹的果子也吃下去。人類必朽的事實再一次被納入，成爲創意與文明不可或缺的先決條件。我們渴望不朽，我們努力形塑不朽的象徵，我們爲死亡而受苦，事實確是如此。湯瑪士（Dylan Marlais Thomas, 1914-1953，譯註：英國當代詩人）的詩說：「別輕饒了美好的夜晚「震怒，爲夜晚的消逝而震怒。」（湯瑪士，《詩集》〔*Collected Poems*〕，New York: New Directions, 1939, p.128）如果我們不知道自己將要死去，我們不會比神明更具創意，只會整日懶洋洋地躺在奧林匹斯山上，日復一日，永無終止，每天無聊至極，只靠偶爾與人類發生戀情來打發日子。

包括焦慮、疚責與責任感在內的意識本身，是亞當夏娃被逐出伊甸園時誕生的。這一切都是在一件反叛行爲中發生的。心理學對此一現象並不陌生：除非個人能夠說「不」，否則「是」便沒有太大意義。意識需要個人反向意志的運作；是每個人生活中的衝突造就了意識，迫使當事人產生質疑，開始凝聚那自己並不知道已經擁有的力量。

以奧瑞斯提斯（Orestes）的故事爲例。這是一個人類爲自己生命負責的典型故事，它同時也闡述了文明的先決條件。它與普羅米修斯和亞當夏娃的故事相似，都在敘述人類朝向人性發展的壯舉；而奧瑞斯提斯認同父親的事實，也不應讓我們忽視故事本身更將強調的另一個事實，亦即個人的存在必須從反叛與自己臍帶相連的母親開始。在奧瑞斯提斯殺死親生母親後，他與邁西尼（Mycenae，譯註：邁西尼是奧瑞斯提斯的故鄉。其父阿加曼儂率軍出征特洛伊城，回來後遭妻子謀殺，隨後奧瑞斯提斯與姊姊爲父報仇殺死母親）再也沒有關係，他要忍受復仇女神（Erinyes，譯註：Furies 的希臘名字）的迫害，後者也眞的把他逼瘋了。同樣地，許多處於精神病邊緣的心理治療案主，其掙扎就是在求得個人的自主。在亞斯克列斯《奧瑞斯提亞》三部曲的最後一部《優曼尼底斯》（*Eumenides*，譯註：奧瑞斯提斯因弒母罪避難到戴爾菲〔Delphi〕的阿波羅的神廟中，但是復仇三女神步步追趕，將他逼到將近瘋狂的地步。阿波羅指點他到雅典娜那裡，尋求公正的裁決。奧瑞斯提斯來到雅典城，並由雅典公民和雅典娜共同審判，並赦免其罪）中，舞台上演出的是奧瑞斯提斯的行爲：他的疚責與贖罪，他爲自己的行爲負責，以及他最終在由**人（非神）**組成的法庭上得到諒解。爲自己和同胞負責而反叛的重要，是這個故事描寫的重點。

我們也注意到一項令人震驚的歷史常規：爲上個世代犧牲的反叛者，在下個世代便得到社會的崇祀。蘇格拉底、耶穌、布萊克（William Blake, 1757-1827，譯註：英國浪漫詩人先驅之一）、佛陀、克里希那（Krishna）等皆是，不勝枚舉。如果我們更仔細檢視前面兩位人物的話，我們將看到反叛者以自己的視野挑戰公民同胞的例證。耶穌的箴言說道：「傳統如是說，……我卻如是說……」雖然蘇格拉底拒絕逃避法律，但是他卻向法律挑戰：「雅典的公民，我應該服從神而不是你們，只要我活著的一天，我將永遠遵循哲學的教誨。」兩位爲我們引介的乃是對反叛教訓的虔誠信守；他們都在挑戰社會的結構與現況。社會對於習俗、法律和現有秩序的威脅，容忍有其限度。但是如果文明只有習俗，沒有注入新成分灌溉它的成長——也就是**只有**既定的秩序——就會帶來消極與冷漠的停滯。社會慣用的方法是，反叛者在世時，讓他犧牲成爲烈士，當他死後，無法再改變他的訊息時（**既定**了），就把他挖出來神化，並且予以崇祀。

如果神明想讓人臣服，爲什麼我們不乾脆說：「離開祂們！」然後，我們就可以如同歷來的理性主義者一樣，把耶穌和蘇格拉底看成是具有敏銳心靈的人物。但這是對神明功能的誤解。在文化上，神明是我們理想與願景的象徵（**象徵**包含不同種類的眞實，它也是眞實本身的一部分）。神是人所渴求但卻無法擁有的力量象徵。我們總是把自己的看法與視野放大。完全否認神明在人類生活中的功能，會讓自己的生活變得貧乏，尤其會使我們的理想和願景空洞。但是當我們擴大並淨化了我們的看法（如正義）和願景（如更好的世界）時，我們也擴大了神明的象徵。這就是爲什麼我們會在《舊約聖經》中，讀到亞伯拉罕（Abraham）與神爭論的古怪現象，他希望神不要毀了多瑪城與蛾摩拉城（Sodom & Gomorrah，譯註：聖經中的二個淫亂之城），他說：「你離遠點！難道要審判世上的一切公義？」（〈創世記〉18：25）他因爲**神沒有依循他的原則而責罵神**。在《舊約聖經》中，總是不斷會有——根據他對神該是什麼與神該做什麼的新看法——反抗神的人物出現。

如果把神說成是完美的、無以名狀的，那麼這個詭異的現象——許多神學家較勁的地方——就無法解釋了。但是，當我們把神看成是大化遷流的基石（生命**既定的**面向），以及人類本具的靈視能力（個人**自主的**面向）時，這樣的神就具有深刻的意義了；我個人相信，層次比較高的宗教都是如此看待神的。最高層次的反叛是以「神上之神」（God above God）的名義進行的。那是田立克在《存在的勇氣》書中最後部分的標題，它最能反映出我的觀點。

反叛與社會的辯證關係

反叛者堅持自己的身分要受到尊重；他爲了保持知性與靈性的完整，會對抗社會的壓力。他與那些從俗、權變、使自己泯滅天性心聲的團體，則是保持距離的。在人類歷史與個人的生命過程中，這種存在於個人與社會、個人與團體，以及個人與社群之間的辯證過程，是持續不斷的。當這個辯證關係的任何一端被忽略了，人格就會變得貧乏。人有時難免有做點驚世駭俗之舉的衝動，和刺激一下鄰人的遐想。但非常弔詭的是，人若要長保心智的健康，還得仰賴它們。同樣弔詭的是，儘管社群會譴責憤怒之情，但是卻也由此獲得健康、活力和新的成長。這再次顯示，人類的發展不是單維地朝向某種「日新月異」的境界前進，而是一個正反辯證的動態過程；當它們「向上成長」時，也會「向下」伸展，當它們長得更高時，也會紮得更深。

伊甸園的神話所描繪的是對神的反叛。其實它反對的是權威、現況，以及任何攀附過去和蔑視未來的事物。在這個反叛行動的解說中沒有點明的是，反叛的結果不是非此即彼的選擇，而是辯證的互動；換言之，要有權威，我們才能對抗。我們用來反抗文化的語言和知識，正是從我們的文化中習得的；我們反抗父母，但是我們也愛他們。

反叛者也需要他的社會。他的語言、概念及他與人們互動的方式，都是來自他目前反抗的文化。他出身於社會，也批判社會，並與試圖改革的人站在同一陣線；他從來都是他所反抗的文化的成員。如果我們認爲，殺死先知的文明是不知感恩的，那麼我們會看到，在反叛行爲中感恩與否的問題，也是十分荒謬的。因此，我把這種關係稱作辯證的。它是一個動態的相互關係，兩端彼此依存；一端發生變化，另一端也會跟著變動。

布魯諾斯基說得好：

人們因此有權擔憂，社會可能會將他們去勢。但是，如果少了像希臘或義大利城邦國家這樣的健全社會，個人要充分發揮自己的天賦，幾乎是不可能的。自我的動物驅力，或是自然的叢林，總是等待機會要瓦解他的城市。然而，儘管這股勢力是反社會的，但並非全然陌生或不好。驅動它的心智滿懷人類的願望。希臘人記得，不論好壞，心都是從我們的動物軀體獲得力量的。⑤

社會的本質就在於壓制個人。漢娜・鄂蘭指出這一點，並對人們經常以爲團體**應該**各自不同，深感驚訝。從瑞奇（Wilhelm Reich）到佛洛姆的這些當代作家，提到社會時就憤怒異常，他們常用「官僚的」、「極惡的」、「科技怪物的」這類字眼，來宣洩煩躁，似乎我們今日的處境全是社會的錯。這一方面是因爲出自某種烏托邦的幻想，認爲只要社會能夠正常教育我們，我們就會過得不錯；另一方面，這就像小孩說父母沒有比自己高，與自己也沒什麼不同一樣，全是欺瞞的甜言蜜語。這些都不是我們可以寄望於社會的。因爲以某種意義而言，社會就是**我們自己**。反叛者是一種分裂的人格。因爲他知道是社會在養育他，滿足他的需求，並讓他穩當地發展潛能；但是，他也飽受社會箝制之苦，覺得社會是令人窒息的。

反叛者不斷努力想把社會轉變成社群。卡繆說：「我反叛——於是**我們**存在。」（卡繆，《反叛者》，p.295）在我們身處的時代，反叛者會對抗機械化的官僚趨勢，不是因爲它們本身是邪惡的，而是因爲它們是使現代非人化，使人失去人格尊嚴的最重要管道。同理，反叛者也反對奢華，因爲他知道「財富會腐蝕權力，富足對共和國的福祉……特別危險。」（漢娜・鄂蘭，《論暴力》，p.10）

反叛者也可能是服飾絢麗（偶爾雖然有點破爛）的社會出離者。這些年輕人因爲在越戰、污染，以及伴隨科技進步而來的非人化現象方面，確實感覺個人價值與生命受到威脅，所以暫時脫離社會一段時間。他的行動除了抗議社會的嚴苛之外，也讓他擁有一段屬於自己的時間。佛陀和耶穌在開始傳道前，也曾分別隱退山野，尋求內心的平靜和諧。這與做為中世紀學生完整教育一部分的流浪時期，也有相似的地方。

社會出離者確實不能全盤否定自己的文化，也無法割斷他自己的臍帶。他的語言、他的思考方式，甚至他抗議的對象等文化的內涵，都會跟隨著他到山林和沙漠去。不過他在退省期間，可以得到新的觀點和自覺，這對他日後可能會有幫助。我與嬉皮交談得到的印象是，他們有些人因為一年左右的「出離」社會，而使他們免於精神病的侵擾。他們從幼稚園、小學、高中、大學到研究所，一連串沈重的負擔，早已讓他們有窒息的危險，這個出離期給了他們一段喘息的時間。出離往往可以達到與精神分析類似的目的。其實，出離者選擇了一種比較圓滿的解決問題方式；此外，這總比花大錢住精神病院好多了。他從這趟看似輕率的流浪之旅歸返後，往往能夠以全新的認眞態度，來看待自己和社會的關係。

我們在心理學教科書中可以找到許多實驗，案主從隔壁房間玻璃窗看到某人痛苦地扭曲著，但卻可以「服從」指令去「傷害」，或甚至「殺害」他的行動「受害人」。這些顯然是操縱的實驗。⑥有人可能會因此認定說，人類可以被制約變成任何納粹形式的服從，或是成爲螞蟻般的殖民組織。但是我們同時不要忘了，有時確有個人可以脫離這一團混亂，像是冒險犯難反抗團體的反叛者，即使入獄也在所不惜。貝利根兄弟（Berrigan brothers）和邦霍夫（Bonhoffer）是我們立刻會想到的例子。埃爾斯伯格（Daniel Ellsberg，譯註：曾任美國軍方高級分析員，因公佈美國國防部越戰必敗文件，被判一一五年刑期，後受惠於水門事件被撤銷指控；他的故事曾拍成電影 *The Pentagon Papers*）決心公開五角大廈的機密文件，便是爲了減少越戰的無意義殺戮而採取的實際行動。

是什麼會讓個人從被制約的群眾中站出來，當一位反叛者呢？從埃爾斯伯格的個案中，我們可以找到許多片面的答案：他同情苦難的越南人，特別是在旅行越南期間所看到的無助孩子。因爲無法有效引起麥克納馬拉（McNamara，譯註：詹森總統時期一九六一—六八年任美國國防部長，由於他捲入越南決策太深，當時許多人稱越戰爲「麥克納馬拉的戰爭」，一九六八年二月離開五角大廈，一九九五年出版越戰回憶錄）等有權採取行動阻止戰爭者的注意，所以十分沮喪；還有他自己的風格、他的浮誇，以及他爲求心理平靜的長期掙扎等都是原因。姑且不論個人行爲的動機爲何，重要的是埃爾斯伯格**確實**站了出來。他的確展現了對抗

「法律與秩序」的行動。在傳遞眞相這件事上，埃爾斯伯格所佔據的是發軔於普羅米修斯原型的地位。埃爾斯伯格是典型的現代英雄，因爲在我們這個一切講究科技、隨俗而冷漠的時代，他卻可以站出來，運用大衆傳媒和現代科技爲他的反叛行爲服務。

個人與社會之間的辯證性衝突，是我們無可迴避的生活現實。我們要不就是以建設性的、熱情的和尊嚴的態度來面對現實，要不就是浪費自己的能量和財力，去對抗一個不依我們喜好組成的宇宙。不論社會有多少改變——許多得祈求上蒼來改變——個性化的走勢與社會從俗操縱傾向之間的根本辯證情境，是永遠會存在的。

某些社會承認其公民有破壞、抗議、叛亂等需要，並給予一定的空間。希臘酒神式的飲酒狂歡、嘉年華會、暴動式的恣意喧鬧等，都是明顯的例證。古希臘人的例子多如流水：包括依洛西斯（Eleusinian，譯註：希臘最古老的祭祀儀式，主要祭祀穀神狄米特〔Demeter〕和她的女兒珮賽鳳〔Persephone〕）的奧秘，山頂的祭典舞蹈（Corybantic dances，譯註：Corybant 是古希臘的女祭司，她在神祇祭典時會跳一種看似無法控制的瘋狂靈魂出體舞蹈，類似乩童的表演，特別是在對酒神巴克斯〔Bacchus〕的崇拜中會出現）〔有些只有婦女才能參加〕，以及柏拉圖《對話錄》中蘇格拉底與柏拉圖在朋友的酒宴上，用酒來讓靈感自然流露的技法等。這就是酒神戴奧尼索斯（Dionysus，譯註：戴奧尼索斯與巴克斯爲同一個神）代表的精神：在跳舞、歡樂、荒誕的惡作劇，以及壓抑的宣洩中，盡情揶揄所有的權威，讓魔鬼的傾向徹底舞動起來。如果社會不能有戴奧尼索斯式的解放，將生命活力賦予形式和秩序，又如何會有健康的阿波羅面向（**Apollonian aspect**，譯註：阿波羅面向指的是希臘神話中太陽神阿波羅，所代表的理性、和諧、平衡與正義的文化，羅洛・梅曾在其他著作中，引述史賓格勒的《西方的沒落》，來說明、比較近代西方過度物質化的浮士德式文化，與古典的阿波羅文化）呢？我們美國人難以理解，這些嘉年華節慶對古今社會的健全，究竟提供了怎樣的助益，因爲只有在紐奧良的「食肉星期二」（*Mardi Gras*）中，還奄奄一息地保留著這類古代的慶典。化妝舞會當晚，個人把責任暫擱一旁，以潛藏或超越的匿名身分現身。以天主教國家爲主的大部分歐洲地區，都會在辛苦的四旬齋（Lent，譯註：復活節前夕的前四十天〔星期天除外〕）齋戒前最後的慶典上，恣情縱欲地狂歡一番。

我們需要屬於自己的嘲諷權威方式。我們有萬聖節與愚人節。但是我們厭惡鄰人和醜化地方長老的幻想，卻需要有紓解的管道——簡言之，就是對阻礙限制我們的社會，以象徵的方式展現我們暗自報復的夢想。這方面有個有趣的例子，就是某位被當作替罪羔羊的國王，他清楚自己將在某個揶揄當局的暴動亂局中被殺死，但是仍然接下了王位。此外，讓我們看看在神子耶穌被釘上十字架這個事件中，終極的宗教權威又是怎樣被嘲弄的。在韓德爾（Handel）的《彌賽亞》（*Messiah*）中，當我們提及這個被人類責備、辱罵和掌摑的基督時，我們所表達的乃是人類亙古以來的輕蔑原型，而被釘在十字架上的神子則代替我們接受了這一切。不屑與嘲弄的外顯，能夠使我們更清楚地看到和體驗到宗教信念中的正向意義；事實上，所有這些所謂負向和破壞情緒的表達，也都具有同樣的功能。我們可以改變這些人性善惡的形式，但是要改變有關它們的事實，就勢必斬除某一部分的人性經驗，而使得自己變得貧乏。

美式生活中的過度浪費，難道和缺少這種戴奧尼索斯式的儀式無關嗎？暴力問題便是顯例。偵探故事、對幫派電影英雄的認同，以及三〇年代禁酒令後神化罪犯的作法，這些都是因爲「我們對壓抑社會報復的夢想」欠缺解放良機才造成的症狀。

> 在我們這樣機械化的社會中，你不能真的密封起那些深度的抗議情緒，也無法偶爾以做作的驚悚片和逃避法律秩序的方式，將它們吸納。……在我們這樣的階級社會中，反社會情緒首先是一種力量，也是部分狂妄的領導人藉以成名的商品，於是它成為所有受迫害者暴力之夢的代言人。⑦

承認反叛者的價值，把這些魔鬼勢力導向到建設性，將有一段漫漫長路要走。因爲反叛者所做的，是我們其他人想做卻不敢做的事。要知道，基督心甘情願地爲人們承擔原罪與責罰；祂的行動、生活與死亡，都是代我們而爲的。祂就是祂所以是一位反叛者的原因。於是，反叛者和救世主變成同一個人。反叛者以反叛的行爲解救我們。我在前面論述的主題——文明需要反叛者——在此又得到了驗證。

反叛的藝術家

初訪巴黎聖母院大教堂，看到屋頂下那些神情睥睨的滴嘴獸時，有誰不會感到驚奇與困惑呢？這些半人半獸的食人魔，在大白天下坐觀巴黎，雕刻的石像露出輕蔑的表情，對著底下城市廣場上熙來攘往的人潮吐舌——巴黎人難道是魔鬼的人質嗎？答案再清楚不過了。這是我們所有人內在緊張的表現，是光明與黑暗以及善與惡的辯證。法國這個國家能夠蓋出如此美麗的大教堂，這些內在原魔力量的表現是很重要的。因爲點亮我們世界的藝術家——例如那些雕塑家——是與原魔一起生活、一起呼吸的。如果我們切斷與此幽冥世界的關連，那麼我們習慣稱爲美的事物（奧登提醒我們，美這個字在當代不應該太常用）就不可能存在了。

十誡第二項「不可接納任何鐫刻形象以及天地水土的肖像」的古老禁令，是藝術家必須面對的挑戰。這是偶像崇拜的禁令；也是對古希伯來人的原始魔法頒佈的禁令，不准他們把動物或活人的肖像畫在沙上施法。地中海四周的農夫至今對照相仍然感到遲疑，這顯然是早期感受的延續，認爲如果有人以拍照或繪畫錄下其形象，那麼他們靈魂的一部分就被擄獲了。所謂「鐫刻的形象」必然與人的**形體**有關，這對當事人的自主性十分緊要。雖然我把它說成是「原始的」觀念，但是這其實也是個精練的洞見。因爲任何有水準的藝術家所繪製的畫像，與繪畫對象的外貌並沒有什麼關連，反而與在對象身上看到的某種內在形體，關係比較密切。不論我們怎樣描述這個問題，它的確是藝術家獻身最需要的勇氣表現。必須有極大的叛逆性，才能對抗此原型禁令。

藝術是暴力的替代品。就像驅使某些人走向暴力的衝動一樣，意義的饑渴、狂喜的需求，以及冒險的衝動，驅使著藝術家進行創作。他們天生就是人類最偉大的叛徒。我說的不是做爲社會抗爭武器的藝術；藝術可以是社會抗爭的武器，就像德拉克瓦（Eugene Delacroix, 1798-1863，譯註：法國浪漫主義畫家）所運用的那樣，而且藝術家往往站在社會運動的最前線。但是我所眞正要說的意思是，藝術家的整個作品，就是要反抗會讓社會變得

哲威爾（Robert Motherwell）便說過，這個時代是藝術家必須創造自己社群的頭一遭。但是現在卻有若干藝術家說，**沒有**他們能夠融入的有意義社會。他們沒有自己的社群。這個社會看似崇拜藝術家，但這是虛假的；實際上，當代社會只是把他當成買賣，任何人只要有錢，都可蒐購藝術家的全部畫作，然後再把它們拋棄到田野的坑洞中去。

社會可以爲藝術家掛冠加冕——就像布魯諾斯基提到他們爲那個替罪羔羊國王所做的一樣。這個情況就發生在波洛克（Jackson Pollock, 1912-1956，譯註：美國抽象表現主義〔Abstract Expression〕畫家）的身上。他出現在《生活》（*Life*）雜誌——大眾傳播初始期的最高「王座」——的封面上，有一行斗大的標題寫著：「波洛克是最偉大的美國畫家？」他被公認具有偉大的成就，而這種名氣是很難承受的。不久，他便開車翻落路旁而死。羅斯科（Mark Rothko, 1903-1970，譯註：俄裔美國抽象畫家，與波洛克齊名）也是成功致富後以自殺收場。藝術家的自殺可能有很多意涵，它們似乎也支持了我的藝術家朋友的看法：社會看重藝術家的價值全是虛情假意。藝術家其實是次等公民；他被當成裝飾性的「糖霜」，而不是生命的麵包。我們這個時代用財務投資的觀點來崇拜藝術，於是便快樂地繼續走著它耍弄科技花招的道路。眼前就可看到這樣的景況：曾經是摩登世界奇蹟之一的紐約大樓天空線，已經逐步地被大財團毀掉了，隨意樹立起的摩天大樓堆疊擠撞在一起，完全看不出有任何整體形式或景觀。沒錯，這些大樓都是以玻璃、閃亮的鋁，以及其他各種有趣的建材建造的。但是我們也可以拿一些有趣的材料來蓋一座糞坑。

當代藝術家發現自己身處異境，而且很容易陷入絕望之中。譬如有些藝術家說，蒙德里安把反叛發揮到了極致，但是他的反叛卻沒有對人產生太大的價值。他們也指出，越戰的戲碼實在太過生動，像是轟炸村民和焦土戰略等，而大家卻冷漠地接受了這一切。你如何能如此有效地迫使人們去觀看（這本是藝術家的功能）呢？我們時常談論梅森（Charles Manson）的晚期暴力，不論其中有多少是出自他十三年服刑期間的犯罪「進階教育」，他的撒旦式異端崇拜已經說明，謀殺犯是怎麼把自己的眞實犯案過程，像藝術體驗般記錄在影片和音樂中。

我們可以也必須記下這些事。沒錯，我對藝術家做爲反叛者的概念，的確可以被誇大到病態的程度，特別是當暴力已成爲文明的家常便飯，每天在每個城市的馬路上、汽車內，以及編寫的電視暴力節目中都會出現時，更是如此。但是可以被推衍到病態極端的事實，並不是就能成爲常規，反對常規的論證一樣不能成立。性犯罪與健康的性愛經驗是不能相提並論的。

這些擾人的事實使得藝術家做爲反叛者的論述，更加值得認眞思考，也更加眞切。

身爲反叛者的藝術家是文化的牛蠅。他的任務是，繼續發揮他觀看與表現新形式的天份，使我們在這些新形式中，也能觀看和體驗到我們周遭的世界。如果我們想要知曉新世界的靈性內容爲何的話，我們就必須留心藝術家。

反叛者的局限

知道反叛者的行動是與內含的限制並存時，多數人都感到很驚訝。那的確就是他與革命家的主要區別，後者關心政治變遷，只體驗到外在的限制。但是反叛者關心的是人們的態度與動機，因此會有內在的局限。他所提議的秩序，有其必然的邊界，這就是他所受的限制。在描述這些局限時，我會以理想的詞彙來釐清我的觀點。

首先，是反叛者願景的普遍性問題。他的生活理想，催生了他的反叛，不只適用於他自己，也適用於其他人；而其他人當中還必須包括他的敵人。再使用我稍早用過的比喻，如果奴隸殺了主人，他便只好篡奪主人的王座，而自己也會被殺；就像蘇丹的宮闈慘變一樣，我們會在以血還血的報復中不斷循環。自我發展的趣味對反叛者而言是次要的；他最關心的還是自己的願景。在他的世界願景中，他的行動是受到限制的。蘇格拉底不得與斯巴達（Sparta）進行秘密交易的限制，不是出自想置他於死地的雅典人，而是他個人所選擇的倫理要求。耶穌如果拿起劍來，就違反了祂自己的理念。

反叛者嚴厲譴責爲了個人而報復的行爲（事實上，這適足以孕育他的受挫感和自尊的傷害——感受儘管眞實但卻不是眞正反叛行動的基礎）。他沒有要求報復的權利，更沒有時間去做。反叛者的本質就在於，他有能力超越自己受傷的自尊，而認同他的子民與普世理想。

另一項局限是反叛者的慈悲。我們在埃爾斯伯格的案例中注意到，反叛者的慈悲就是他成爲反叛者最重要的原因。他認同受難者，並且懷抱著爲此苦難做些事的熱情。這來自他對其他人的敏感與同理，而後者則催化了他的願景。沒錯，反叛者有時會爲了普遍推行自己的理想而過度投入，以致忽略了自己的家庭。當然，他就像我們所有人一樣，是具有善惡性質的血肉之軀。他的同理心使他對大眾更慈悲——不僅對自己家人如此——並使他能形成自己的願景。

局限的產生也是因爲，**反叛者與他人之間的心靈交流**。他人對現實的看法，既限制也鍛鍊了他的看法；從雙方的交流中，他們爲彼此創造出更大的價值。這就是對話之於反叛者很重要的原因。對話包括情緒、氣質和不同目標的糾葛，這些在眞實的互動中都會發生。眞正的反叛者知道，讓對手沈默是他最不願意做的事；對手的滅絕，將剝奪他和其他存活者的成就——特立獨行、原創性，以及洞觀的能力等，這些敵人也可以擁有和分享的質素。如果我們希望敵人死去，那就沒有人類的社群了。若是失去與敵人對話的機會，我們將變得貧乏。我們失去的不只是敵人的好觀念，還有他們對我們的限制。

反叛者致力爲世界賦予新形式與新模式。這個模式的產生，是因爲吾人具有一顆無法降服衝動的心；此心能從混沌無意義的世界中，形塑出秩序和形式來。波蘭小說家龔布洛維茲（Witold Gombrowicz, 1904-1969）寫道：「雖然我們自渾沌中誕生，但是爲何無法與它聯繫？一旦我們注視著混沌，秩序、模式和形態就在我們眼前誕生了。」（引述自內涂，〈權力與知識分子〉，p.32）不僅對小說家是如此，對畫家、工程師和知識分子，也是如此——沒錯，對我們所有人都是如此。世界的形成是由觀看這個簡單的動作開始的；而觀看則把事物排列成對我們有意義的完型。是我們設定了秩序。它是人心在這個世界不斷尋求意義的產物；而這個世界則是一個萬物唯心造的世界。是的，自然在白天黑夜間的確自有其律動；自有其平衡與協調、溽暑與隆冬。但是當我寫下「溽暑與隆冬」時，我顯現了人心的特質；沒有我們的模式，功能只是盲目而無意義的重複。然而一旦人心注視著這個渾沌，秩序便誕生了。因爲人心與自然渾沌的相遇，所以產生了某種意義，使我們知所遵循。

反叛者便是能夠超越大衆，清醒地抓住這個意義的人。卡繆寫道：「從〈反叛者〉的觀點而言，反叛的行動似乎是一種對清晰與統合的要求。」「弔詭的是，最基本的反叛形式所表達出來的，乃是一種對秩序的渴望。」（卡繆，《反叛者》，p.23）那些政治當權者不會信任反叛者的願景，並以自己的權力反對之。但是在這個新的願景中，在這種模式與秩序中，反叛者本身的局限因素就呈現出來了。當我們在寫十四行詩或其他詩作時，詩人選擇的形式對他產生的限制，就好像河岸對河流的拘束一樣。否則，創意便會荒謬地四處亂散，河水也就淹沒在沙裡了。

即使是自我實現這種個人目標，也有其限制。由於美國的無知形式——越來越強調更高的道德完美——觸目皆是，因此抑制了人類潛能的運動。隨時行善並不會使我們成爲倫理的巨人，反而會成爲小偷。⑨我們對於善惡兩性，毋寧應兼具敏銳才對。道德生活是善與惡之間的辯證。

特別在對暴力的了解上，我們更必須察覺到自身善惡兼具的事實。誠如卡繆說：

不論我們怎麼做，在人心孤明之處，總還會保有些許的狂放。我們的內心為自我放逐、犯罪與荒廢都預留了一片天地。但是我們的任務不是讓它們任意奔流到世上來；而是在人我心中與之奮戰。反叛，不向俗世降服……仍是今日奮鬥的基礎。形式的源頭，真實生活的來源，使我們在野蠻與無形的歷史運動中，永遠卓然挺立。⑩

人們身上善惡兼具的事實，使我們不得墮入道德的傲慢。沒有人可以堅持自己的道德優越。就是出於這種限制感，諒解才有可能。

……反叛——抗拒粗鄙無文、拒絕「權變」、堅持自我和個性的重要——往往是健全人格的標記。如果規定要剝去部分的自己，那麼寧可放任不羈。社會所禁止的這類表達行為，就是〔法律的〕輕罪，而最確切的輕罪，也不過就是搞不清楚狀況，或是找錯對象胡亂打傷人而已；但是，有些罪行背後是有主張的，我們也不應該太快就對找我們麻煩的事安上惡名。偉大人道主義者的靈魂中，通常會有驕傲的反骨，他們會對偽俗與不義之事激起憤慨，而這些事在社會上似乎是多得令人咋舌。社會之道自是刁蠻，難怪這些打落牙齒和血吞的人會是「硬漢」。我認為許多與輕罪有關的研究和社會行動，若能承認違法者的恣意性格中具有潛在價值，將會更明智些。年少時期既不羞赧亦不叛逆的人，在生理長成的歲月中，對自己或他人可說毫無價值。

註釋

①我在本章中的核心概念，受到許多心理學家的肯定。以下爲巴倫（Frank X. Barron）所言（《創意與心理健康》〔*Creativity and Psychological Health:Origins of Personal Vitality and Creativity Freedom*〕，Princeton: Van Nostrand, 1963, p.144）：

……反叛——抗拒粗鄙無文、拒絕「權變」、堅持自我和個性的重要——往往是健全人格的標記。如果規定要剝去部分的自己，那麼寧可放任不羈。社會所禁止的這類表達行爲，就是〔法律的〕輕罪，而最確切的輕罪，也只不過是搞不清楚狀況，或是找錯對象胡亂打傷人而已；不過，有些罪行背後是有主張的，我們也不應該太快就對找我們麻煩的事安上惡名。偉大人道主義者的靈魂中，通常會有驕傲的反骨，他們會對僞俗與不義之事激起憤慨，而這些事在社會上似乎是多得令人咋舌。社會之道自是刁蠻，難怪這些打落牙齒和血吞的人會是「硬漢」。我認爲許多與輕罪有關的研究和社會行動，若能承認違法者的恣意性格中具有潛在價值，將會更明智些。年少時期既不羞赧亦不叛逆的人，在生理長成的歲月中，對自己或他人可說毫無價值。

②這個定義出自《韋氏大辭典》（*Webster's Third New International Dictionary*），Springfield, Mass.: G. & C. Merriam, 1961。

③傑弗遜總統（Thomas Jefferson）說「我已在神壇前起誓，永遠敵視奴役人心的任何暴政形式」；這句話幾乎已成爲反叛者的通關密語。

④在《反叛者》一書中，卡繆針對此一區別，提出強有力而睿智的看法。我說明奴隸概念的核心，就是來自於他的看法。

⑤布魯諾斯基，《暴力的容顏》（*The Face of Violence: An Essay with a Play*），增訂版，Cleveland: World, 1967, p.4。

⑥當我讀到這些實驗時，一直覺得有許多事實是實驗者所未見到的。例如，案主與實驗者之間的人際互動關係便是；換言之，案主對實驗者的信任，以及因此自然交付給實驗者的責任，是否被忽略了呢？事實的眞相是，案主在加入這項實驗之初，曾經談到有關要了解他個人責任的問題。我記得讀大學高年級時，我參與過心理實驗，當時我被告知去做許多事。雖然我暫時把自己交付給實驗者，但是心中卻浮現出千百個有關他的實驗的念頭。要找出事實眞相而不只是表象，我們就需要了解所有這些主觀的事項。

⑦布魯諾斯基，《暴力的容顏》，pp.64, 65。

⑧我在此顯然並不是把醫生的工作價值或困難，和藝術家的部分相提並論。我只是說生理面向大體上比較穩定，而藝術家的對象——社群及其樣態——是變化非常劇烈的。

⑨這種道德的傲慢會出現在心理分析的早期；「我們爲極少數人能選擇正確的道路感到慶幸」這句話，初學者常常會掛在嘴邊，或是會隱含這樣的意思。

⑩卡繆，《反叛者》，p.301。

12 *Power and Innocence*

邁向新社群

Toward New Community

要徹底地把對方當成一個人來看待。
溝通會帶動社群的形成——
換言之，溝通會帶來了解、親密，
以及過去所欠缺的相互敬重。

我們無法避免
使用權力，
無法逃避造成世界痛苦
的衝動，
因此讓我們，措辭小心
在矛盾中堅強，
熾烈地愛。

——布柏（Martin Buber, 1878-1965，猶太思想家）
〈權力與愛〉（Power and Love）

告別無知

如果我們希望減緩暴力，就必須對症下藥。爲什麼多數減緩暴力的「良方」，都讓人覺得搔不到問題的癢處呢？

以電視有罪的呼籲爲例吧！最大聲疾呼者就是精神科醫師沃特漢（Frederic Wertham,

1895-1981），他相信暴力「受社會約制，也可以從社會層面上來預防。」（布金〔Hedy Bookin〕引述沃特漢所言，〈媒體明鏡〉〔The Medium Is the Mirror〕，收錄在《與暴力對話》〔*Dialogue on Violence*〕，里奧柏德〔Robert Theobald〕主編，New York: Bobbs-Merrill, 1968, p.58）他認爲大衆傳播媒體要爲暴力的擴散負責，因爲媒體刺激了孩子們的暴力思想，讓人們習慣於暴力，並創造出美國的「冷酷」世代，他們熱中競爭、冷漠無情，認爲暴力是一種生活方式。

但是這個論證假定，五十年前左右大衆傳播誕生時，暴力才隨之登上美國的舞台，可說是相當晚近的事，這根本是背離眞相。暴力問題早在美國現身：隨便問問僅存的印地安人，或是用武力遂行統治的拓荒者，就會明白了。難道沃特漢醫師會希望電視不再報導越戰？電視不是惡魔，戰爭才是。大衆傳播就像一面鏡子，沃特漢醫師這種強辯之徒是否想打破鏡子，讓我們對人類的自我毀滅永遠保持幸福的無知？布金在批判沃特漢醫師的觀點時，說：「他的觀點基本上就是『原始的無知』（original innocence）這個概念。」「若不是大衆傳播這條毒蛇，誘之以無知的禁果，人類永遠不可能這麼邪惡。」（布金引述沃特漢所言，〈媒體明鏡〉，收錄在《與暴力對話》，p.58）

沃特漢的論證若能針對電視的被動性，就會比較有力，因爲電視的固定收視所帶來的，不是觀衆的參與，而是冷眼旁觀。如此，就會產生眞正的無能感，而無能又極可能帶來暴力。

專家提出的其他務實建議，往往讓人覺得不錯，但是卻不夠深入。勞倫茲（Konrad Lorenz）建議多舉辦國際體育競賽，以削弱國家間的競爭能量。建議本身是不錯，但是主要還是在處理症狀。美國與中國大陸之間的桌球賽，比較是基於兩國態度轉變的結果——這是在尼克森總統已經計劃訪問中國大陸之後發生的事。史托（Anthony Storr）的努力控制生育和採取安樂死的提議，都有其價值；二者均著眼於降低全球人口漸增的壓力，後者則讓老者能夠有尊嚴地離世。但是，問題已經上身，我們必須爲已經存在於西方世界的侵略與暴力，尋求因應之道。

暴力是一種症狀。這個疾病有許多變型，可能是無能爲力、沒有價值，或是不公義——簡言之，就是認定自己不是個人，在這個世界無家可歸。爲了方便起見，我將此疾病簡稱爲「無能」，但是我完全了解，暴力也必然會啓動某些希望，而且絕望也伴隨著希望，使當事人以爲現況一定會因爲自己的痛苦或死亡而改善。

要直搗暴力的核心，我們就必須與無能打交道。理想上，我們必須找出分享和分配權力的方式，以便讓我們這個科層社會的每個人，都可以感受到自己是被重視的，他對其他同胞也有價值，自己不會被鄙夷地拋出社會，扔置在一個冰冷髒濕的地方。

權力是人類與生俱來的天賦。它是自尊的來源，也是相信個人在人際關係中受重視的根基。不論是黑人、女性、罪犯、精神病院患者、面對越戰毀滅的學生，或是面臨人口過剩和環境污染的學生，這些問題基本上是相同的，就是要讓個人覺得他有份量、有價值、「會受到注意」。我說的不是使人成為獨立個體的外在機會——過去二百年來種種的設計發明，基本上已經解放了人類。我說的毋寧是，個人相信自己是受到重視的，在心理和靈性上能看重自己，也受到別人的肯定。

我想要說明一下權力分配如何可能，以及它如何減輕暴力的問題。當許多其他高等學府飽受暴力摧殘之際，奧克拉荷馬大學（University of Oklahoma）卻能以創意而非壓迫的方式，避免了校園暴動。一九六七年九月，在新任校長何勒曼（J. Herbert Holloman）的領導下，該校制定了普查所有教育方案和校園重整的計劃。為了達成這個目標，受學校管轄的所有團體，分別組成了二十三個委員會，成員包括教師、學生、行政人員、一般民眾、校友和立法者。對學生而言，這並不是象徵性的代表而已。他們的意見是該研究最精髓的部分。

當肯特大學發生槍擊事件，學生暴動橫掃全美高等學府時，奧克拉荷馬大學也發生騷動，但卻不見暴力事件。學校熟悉內情的人士表示，學生在學校改造計劃中佔有核心地位，是使他們沒有訴諸暴力的主因。這就是**權力的分配**——不是父權心態的權力施捨，而是眞的賦予學生權力。學生的判斷受到重視和鼓勵，也被採用；好像如果沒有學生的參與，改造計劃就不能成功一樣。這是一種**負責**的權力，它和當事人（學生）發展的層次協調一致。①權責相符，相輔相成。當威脅眞的發生時，便不會升高爲暴力了。學生爲什麼要變得暴力相向呢？他們又不是無能；事實證明，他們在學校的發展上已經佔有一席之地。

當時有一件趣事，可以顯示該校氛圍的轉變。就在肯特大學槍擊事件後幾天，一群激進的學生帶著一面越共國旗，騎摩托車穿越「預備軍官訓練團」的遊行隊伍，並在「預備軍官訓練團」的大樓外面示威抗議。那時氣氛緊繃到接近引爆點。負責「預備軍官訓練團」的上校和大家一樣都感受到這緊繃的氣氛；在此緊繃的狀態下，不是採取行動，就是引發暴力。該怎麼做呢？上校注意到自己辦公室內的咖啡壺，眼睛一亮，於是把那壺咖啡拿出去，找幾個人幫忙倒咖啡給抗爭的學生喝。一位當時就在附近的教員說：「這溫暖了我的心」；此舉讓抗爭學生印象深刻，現場的緊張氣氛大爲降低，暴力沒有發生。溝通於是成爲可能。

我後來曾與這位上校交談，他不是個別有創意的人，否認自己有利用非暴力或利他策略化解危機的意圖，或甚至有意希望此舉可以帶來任何效果。他只是覺得自己必須做點什麼，那壺咖啡只是舉手之勞。這是個有趣的例子，幾乎已達引爆點的能量積累，竟然能在爆發之前，被引導到建設性而非破壞性的方向去。

「如果我能說出心裡的話」

溝通必須有力量。要在冷漠或敵意的族群面前挺身而出，說出心裡的話，或是對朋友誠實說出刺傷人心的眞相，都得有自我的肯定與堅持才行，有時甚至還需要有點侵略性。這個觀點因爲是不證自明的，所以往往會被忽略掉。因此布柏才會要我們「在矛盾中堅強」。從事心理治療的經驗使我相信，不受憤怒驅使，以簡單眞誠的方式，和他人溝通自己深刻的想法，是需要極大勇氣的。我們一般只有跟自己權力相當的人，才能公開地溝通。

暴力本身就是一種溝通。對於像比利．巴德這樣的無產階級者，這更是眞理：因爲他們無法用嘴溝通，所以訴諸暴力。不論暴力是如何地粗糙原始，它仍然是一種語言，在某些狀況下可以使用，在某些其他狀況下更屬必要。

非洲的黑人很暴力，因爲他們不具備與人溝通應有的自尊。他們無法挺身與殖民者溝通自己的情感；事實上，在無由建立系統陳述的情況下，他們並不確定自己眞正的情感內涵。只要白人殖民者回心轉意，不再搾取非洲人獲利，並且關心黑人的權利，暴力就會減緩。

法農（Frantz Fanon）指出，除了食物與軍備外，強國還有更重要的東西要給弱國。那就是詩人。因爲詩人（或作家）精於溝通。他們能夠以普及的形式說話，讓任何膚色國籍的人民都能聽懂。他們說的是自主尊嚴的語言，無關種族膚色；他們能夠爲黑人培育出健全的人格，以及其他做人必備的特質。因爲他們知道，沒有溝通就沒有社群，而社群則是人類爲了身心靈的滋養，而共同生活在一起的可能藝術。

當比利・巴德因謀殺罪在艦長室被船上軍官審判時說，要是他能動口說話，就不會動手殺死大副克雷加特了，這句話是什麼意思？他說找不到的這番「話」是什麼呢？顯然那不只是說話而已，不是爲了塡補空虛，讓人們免於恐懼的無意義閒聊。透過比利的說話，梅爾維爾所指的必然是那種可以克服暴力衝動，而且讓人們彼此連結的溝通。這是一種協調的語言，一種修補彼此關係的談話。

在心理治療中我們發現，夫妻相處的困難，可以從彼此溝通困擾的程度，粗略地估算出來。當夫妻一方很難了解另一方在說（或不說）什麼的時候，我們就可以認定二人失和了。當事人根本沒有（或不想）調整到和對方相同的頻率上。把話說得很艱澀抽象，也是相同問題的症狀；當事人不想溝通誠實的情感，把眞正的自我阻隔起來。當敵意漸增，投射也就跟著增加；雙方很容易爭辯，距離越來越遠，這些都是敵意增加的顯現。我們知道自己離暴力的階段已經不遠。心理治療致力於反轉這個過程，好讓雙方可以在相同的頻道內對話。就算男女雙方決定離婚，至少他們是共同決定的；在這個過程中，我們看到了相當程度的社群意識。

溝通是在新的層次恢復了人類原初的「我群狀態」。眞誠的溝通得靠眞誠的語言。眞誠的談話是有生命的——說話的人不只用語言，也用身體溝通；他的姿態、動作、表情、聲調，都在傳遞和語言相同的內容。他所說的不是脫離肉體的聲音，而是他人看來有生命的整體。

除非我們看重對方，認爲他值得對話，値得花力氣說明我們的想法，否則就不會與他溝通。這不是駁倒或褒獎對方的溝通。溝通背後隱含了阿德勒所謂的「社會關懷」。你必須先關心他人，然後才會願意花時間傾聽他說的話。這表示個人與他人產生關連的方式，不是把他人當作性欲宣洩的對象，或是被利用來排遣寂寞，或是把他人當成束西，而是要徹底地把對方當成一個人來看待。溝通會帶動社群的形成——換言之，溝通會帶來了解、親密，以及過去所欠缺的相互敬重。

社群可以被簡單地定義為能夠自由交談的團體。社群是可以把我們內心深處的想法與他人分享的地方；它可以讓我們表達深度的情感，並且確知將得到他人的了解。當代積極追尋社群的現象，部分原因是我們的社群經驗基本上已經煙消雲散，這讓我們感到孤寂。從**社群**（community）這個字衍生出非常豐富的一組字群，全都具有強烈的意涵。譬如說**公社**（commune）是個具有正面意味的新字；**教會**（communion，譯註：這個字也有心靈交流之意）是個帶有新義的古字，對許多人而言，甚至更具正向的意義。此外，還有**共產主義**（communism）這個許多人視為負面的同系字詞。這些字具有共同的字根。

破壞性的暴力會摧毀社群。如果我像該隱（Cain，譯註：聖經人物）一樣殺了人，我就必須逃入沙漠，為自己謀殺親兄弟亞伯（Abel）而深感疚責；於是我和其他社群成員之間出現了裂隙。就這層意義而言，我的世界縮小了，我殺了自己的一部分。

我在社群中需要有敵人存在。他讓我保持警覺和活力。我需要他的批評。說起來奇怪，我需要他，以便有人可以對抗。萊辛（Lessing）曾說：「我願意長途跋涉去見我最痛恨的敵人，只要我能從他那裡學點什麼。」但是除了向敵人學習到特定的事物外，我們在情緒上也需要他們；我們的心靈活動少不了他們。人們常覺得奇怪，爲什麼當敵人死去或喪失能力時，自己就感到十分空虛？這些在在顯示，敵人就像朋友一樣不可或缺。眞正的社群必然少不了兩者。

社群是我能接受自己孤寂的地方；而孤寂區分爲兩部分：一部分是可以克服的，另一部分是無所遁逃的。社群是我能夠仰賴同胞支持的團體；它是我生理勇氣的來源之一，因爲我知道我可以依靠夥伴，我保證夥伴也可以依靠我。在社群裡，我連自己社群成員也反對的道德勇氣，甚至可以得到反對者的支持。

愛與權力

普莉西拉（譯註：參見第一章）告訴我，她的故鄉有人自殺，如果「有人認得他的話」，這個人便不會自殺；她說的這句話是什麼意思？我相信她要表達的意思是，這個人沒有可以傾訴的對象，沒有人願意聽他說話或注意他。她要說的是，沒有人對他慈悲，而慈悲會是他形塑自尊的基礎。如果有這樣關愛他的人存在，他便會認爲自己活著有價值，而不會自殺。

意思雖然不是很明白，不過她還有一點要說的是，了解和關愛之間沒有清楚的分野。二者合而爲一。如果我對某人夠了解，我自然會對他慈悲；當我對某人慈悲時，我便會試著多去了解他。這就是爲什麼當你不喜歡的人說話時，你幾乎不可能去傾聽、接受和理解他所說的內容。我們如果不能閉上耳朵，也會自然地緊閉心扉，把我們不喜歡的人排拒在千里之外。

正如權力培育與溝通的關係一樣，它也是慈悲的必要條件。案主在心理治療的初期通常會失去人際關係的能力，以致幾乎無法對他人慈悲。普莉西拉就無法把自己導向他人。表現慈悲的人必須有一定的安全感，以及擁有可以賦予他人關心的某種權位才行。少了自尊和自我肯定，可以付出的東西便所剩無幾；個人在付出以前，必須先要有點東西可以「傾注」才行。

我對某些同僚的意見不太能苟同，他們認爲人有二種：以愛過活的人和以權力過活的人。我相信，這樣的二分將把我們帶回過往的幻覺中；換言之，人要不是擁有「沒有權力的愛」，就是擁有「沒有愛的權力」（這通常不是我們喜歡的人）。

在這一點上，我與布柏的立場一致，他說：「不要反抗，『讓愛統治！』」他繼續說道：

你能證明它是真的嗎？
只有下定決心：每天早晨
我都要重新在
對愛說是和對權力說不之間抉擇
並且在尊重現實下勉力前行。②

如果我們要「尊重現實」的話，我們就必須明白權力與愛之間是一種辯證關係，它們彼此哺育滋養。我們必須把注意力轉移到愛和權力之間的交互作用上；此外，權力需要愛，否則就是濫情，愛也需要權力，否則就落入操控。不具慈善的權力以殘酷收場。破壞性的權力通常是來自那些曾被嚴重剝奪的人，例如奧立佛因爲在華府的抗議活動成效不彰而感到沮喪，於是幻想射殺所有在超級市場購物的老太太們。創造性的權力如滋養和整合的權力，只有在個人內在已具備自尊和肯定時，才有可能出現。

在建立了權力與愛的關係之後，我現在要說的是愛超越權力的經驗。這在歌德的戲劇中出現，主人翁浮士德與魔鬼立下盟約，以擁有無限的知識與感官經驗。魔鬼梅菲斯托菲里斯（Mephistopheles）只能給他權力，而且也確實給了他。浮士德曾深愛瑪格麗特和特洛依的海倫，他以爲自己可以很容易或不經意地離開她們。但是當浮士德的靈魂就要降服於魔鬼時，他卻因爲瑪格麗特的愛而獲救。「母親」（the mothers）重新進場，帶著每個人與自然和人類間的臍帶到來。

這個愛征服權力的類比，所揭示的乃是一個人類經驗的原型，它以各種不同的方式向所有的世人訴說。我們可以再體會一下布柏下面這首詩的含意：

我不知道我們還剩下什麼
如果愛不是形變的權力
而權力不是迷失的愛的話。

我們人類的愛不斷迷失成爲權力，而權力則偶爾會受到愛的影響而形變。我只有在一種情況下不同意布柏的主張，那就是它被用來逃避權力的眞相，而且不願意承認我們全都是社會權力結構的一部分。

慈悲是奠基於人類彼此了解的一種特殊形式的愛。慈悲是對人類同舟一命、生死與共命運的體念。**慈悲來自於社群的認同**。慈悲讓我們體會到人類的同胞情誼，但是要具體實行這個信念，我們還得將本能加以鍛鍊才行。慈悲是我們對他人的情感連結，但不是因為我「發揮了潛能」（就算有人曾經如此！）。慈悲使我們對他人有如此的情感連結，是因為我們無法發揮潛能——換言之，大家都是凡夫俗子，潛能的發揮與否永遠是我們的掙扎。我們於是放下成神成聖的需求，以便參與人類的苦難與命運。就像布魯諾斯基所說的：「凡人皆寂寞。……因為我們孑然一身，所以懂得彼此體恤。我們也明白，除了慈悲以外，再也沒有什麼有待發掘的了。」③

人性的一切於我皆不陌生，這是慈悲的信念。我因此能夠了解，人性將隨著敵人一起殞落。世界的殘酷在過去兩千年來並沒有明顯的減少——孩子們仍然因為與他們無關的事而受苦——因此我們不需要象徵性的勝利。就是在面對這個人生的兩難時——對抗殘酷現實但無關具體成就——人類在自己的人性深處發現了自己。

慈悲賦予我們成就權力與愛的人性基礎。慈悲與暴力相對立；當暴力向對手投射出帶有敵意的形象時，慈悲卻接納自身的這個原魔衝動。它讓我們學習到如何不以譴責的方式去評斷他人。雖然愛自己的敵人需要神的恩典，但是對敵人慈悲，卻是人性的可能。

我們的慈悲會像埃爾斯伯格一樣被越戰點燃嗎？我們許多人因爲無能阻止這場殘酷的大屠殺，提不出任何有效的作爲，而且在可能的另類選項中載浮載沈，所以我們的絕望之情便一直沒有出路。這場戰爭幾乎舉世憎恨，多數人很想早點忘掉它。但是不論我們如何抗議，戰爭依然繼續下去，而逐步耗損掉我們的誠實、天眞，甚至語言。但是，就算我們竭盡所能想要儘快結束這場戰爭，越南終究可能會長期受制於美國——希望我們這樣說，沒有不敬的意思。越南的種種邪惡，確是魔鬼般的行徑，但是它卻可以做爲美國洞觀生命的參考借鏡，從而有利於她的將來。產生悲劇意識可以讓我們得到此一洞觀，覺察到我們與邪惡共謀，以及參與到非人性機械化的破壞中，也可以讓我們產生這樣的洞觀。過去兩次世界大戰所沒能做到的，可能會由越南這個蕞爾小國完成；雖然越南與美國權力的差距完全不可以道里計，但是不管多少苦難上身，她仍然能夠繼續自己的堅持。我們會覺得疚責是正常的，這或許是美國從不成熟的青少年，轉化爲成熟負責國家的開端。到目前爲止，雖然歷經種種的負向教訓，我們的無知依然如故。讓我們期待，這個悲慘事件能讓我們就此揮別無知。

邁向新倫理

本書第三部的論證，引導我們朝向一個與新時代走向契合的新倫理發展。簡言之，這是一種動機倫理，認爲每個人都必須爲他的行動**後果**負責。

我們現在可以談一談比利・巴德的悲劇性致命弱點了。儘管老水手鄧司克努力提醒比利，大副克雷加特對他的敵意漸增，但是比利對於自己對克雷加特產生的影響卻仍渾然不覺。比利想要繼續對此保有無知。但是他的無知正是對此重要覺知的防衛——使他躲在盾牌後滋養自己的幼稚。他的渾然不覺無可避免地促使他殺死了克雷加特，也使自己被判絞刑。

同理，我們這個時代最大的邪惡，就蘊含在個人被排除承擔責任的處境中；例如，可能被遣派到校園去鎮壓的國民兵，以及越戰中受命槍殺無辜平民的士兵，都毋需承擔責任。不過也有良善戰勝邪惡的個案，駕直昇機降落美萊村，用槍制止凱利中尉繼續屠殺的美國士兵便是（譯註：關於美萊村與凱利案，請參見第八章）。

人類的未來就掌握在這些獨立的男女個體手中，他們能在人類的團體意識中保持清醒。他們把個體與團體間的張力，當成是自己開展倫理創意的泉源。到目前爲止，我們只被偏頗地教導其中一個面向。我們學著爲自己的信念負責，這樣是不夠的。我們學著爲自己行動的純潔負責，這樣也不夠。這兩種作爲都是個人主義式的，發源於文藝復興時期的倫理。要提醒自己的是，我們可以對自己的信念誠懇堅定，但卻完全是錯誤的。對與錯才是我們必須負責的。但願我們不要雙手沾滿罪惡，在炸死麥迪遜的數學家，以及在越戰殺戮千萬無辜百姓後，才學會這一點。

我們可以凸顯個人主義，過著獨立完整的個體生活；或者，我們也可以凸顯社群的團結性，認同某個團體，由它爲我們決定，並按照它的規範行事。任何一方如果忽略了另一方，則必會使我們誤入歧途。然而我們若能保持平衡的話，兩種立場都是倫理選擇的參考。第一個立場認爲應該保留個人自主這個質素，這是所有倫理必須考量的；第二個立場則認同人際責任這個質素，而這也是所有倫理必須斟酌的。

讓我們將上述的倫理，與心理學家最常用的取向——也就是成長的倫理——加以比較。人類的「無限潛能」是我們最常聽到的名詞，我們也被要求盡可能地多多「發揮」。但是，我們卻往往忽略了一項體認，那就是這項潛能永遠無法發揮，除非在限制之下，否則就無法經驗到它的存在。我們的錯誤在於，以爲潛能完全沒有極限，好像生命歷程會一直「向前和向上」發展。我們只要每天進步一點，便會越變越好的幻想，是從科技走私過來而後訂定的倫理教條，根本不適用。這是科技的歷程，但是在倫理、美學，以及其他靈性的事務中，**進步**是沒有地位的。現代人在倫理上不見得會比蘇格拉底或希臘人更優越，雖然我們蓋大樓的方式不盡相同，但是也不會蓋得比眾神廟（Parthenon）更美。

互動團體（encounter-group）活動的課程公告中，最常見這種錯誤；上面會列著「相見歡」（Creative Encounter）的課程，然後在下一次的公告中列上「相見歡進階」的課程。或者先列上「享樂」的課程，然後再下一期的課就是「更多的享樂」。然後你還能怎樣？雖然人生像羅馬式懸吊蠟燭，你可以把它懸吊得越來越高，高到地球外還是永遠地升高。但是如果它一旦迸裂了，那時你又在哪裡？歡樂越高，恐懼之情也越增，我們卻完全忘了這一點。遺忘也是英國浪漫詩人布萊克的智慧：

人生苦樂；
若明此理
安渡世間，

苦樂細膩交織，
一襲魂靈聖衣。④

能覺察人是苦樂交織的存在，是能爲自己意向負責的先決條件。我的意向有時是邪惡的——我內心的龍怪或斯芬克斯，有時擾攘喧騰，有時得其所現——但是我應該竭盡所能接受它是我的一部分，而不要把它投射到你的身上去。

成長不可能是倫理的基礎，因爲它有善也有惡。我們每過一天便更接近病痛和死亡。許多神經病患比正常人更能看淸這一點：他害怕變得更成熟，因爲由神經症患者的角度看來，每往前進一步便更接近死亡。癌症是一種病，是部分人體細胞不成比例地瘋狂成長。陽光通常對身體是好的，但是陽光特別會讓結核菌滋生，因此必須把感染的部分遮蔽起來。當我們必須以某個質素平衡另一個質素時，我們就需要比單一面向的成長倫理更深刻的判準才行。

問題來了：我們在此提議的倫理與當今的基督宗教倫理系統有何關係？此處基督宗教必須以它的現況務實地看待，而不是耶穌理想中的基督宗教。基督宗教的倫理是從舊約早期「以眼還眼，以牙還牙」的正義系統演化而來，換言之，正義的槪念來自邪惡的平衡。後來基督宗教與猶太教的倫理把焦點轉移到內在的態度上：「心裡想什麼，就是什麼樣的人。」愛的倫理終於成爲判準，甚至發展成理想的誡律：「愛你的敵人。」

但是在這個倫理發展的過程中，我們卻忘記，愛自己的敵人需要神的恩典。依據尼布爾（Reinhold Niebuhr, 1892-1971，譯註：美國神學家，著有《人的本性與命運》〔*The Nature and Destiny of Man*〕）的說法，這是「不可能的可能」（a possible impossibility），除了神的恩典之外，它絕不可能眞正實踐。必須要有神的恩典我才可能去愛希特勒，但是我目前絕不會想要擁有這樣的恩典。少了神的恩典，愛你的敵人這條戒律便只是道德戒律；它主張，個人只要精進道德、努力修身，就可以達到這樣的狀態。結果差了十萬八千里，變成一種過度簡化和虛僞的倫理形式。這將導致道德上的軟弱，那是因爲我們對眞實視而不見，而這就會妨礙我們促使社會進步的善行。缺乏「毒蛇智慧」的宗教無知者，會在無意間造成相當大的傷害。

我們似乎也有意忘記，從《舊約聖經》以降有關原魔現身這回事。丹尼爾・貝利根（Daniel Berrigan，譯註：參見第二章）在談到耶利米（Jeremiah，譯註：希伯來先知，舊約聖經人物）時，充分地表達了我的看法：

「拔出又打倒，破壞再推翻，建造和種植。」這些字眼聽在現代人耳裡，是十分「刺耳的」。但是這些對耶利米說的話，卻是所有抱持種系漸進說（gradualism）——那些認為善會不斷提升的史觀——者的敵人。……

這是真的嗎？神不是帕布倫（Pablum）的尼加拉（Niagara），祂為了自己幼稚的舒適，作弄了那些道德中立的人，而這些人卻面無表情地仰息承歡。……「因此，我會與你爭鬥」〔神對耶利米這麼說〕。這是神的最高稱讚，也是人生戲劇化磨難的保證。⑤

文化演進過程中另外發生了一件事，那就是當代的基督宗教倫理，特別是在過去的五百年內，已經與始於文藝復興的個人主義合流了。這越來越成爲孤獨個人的倫理；他在封閉自我的孤寂處境中勇敢挺立著。個人主義強調的是對自己信念的眞誠。這在美國的分離派清教主義，更是如此；拓荒生活中所孕育的個人主義，對此有強烈的影響。於是，**真誠**便成爲美國個人生活信念的重點。我們把梭羅（Henry David Thoreau, 1817-1862，譯註：著有《湖濱散記》等書，其著作在一九六〇年代受到重視，被視爲簡樸生活的代表）這一類人理想化，而他顯然是做到了這一點。此外，美國對人格發展也特別強調，但似乎總是隱含著道德的意味。威爾遜總統（Thomas Woodrow Wilson, 1856-1924，譯註：美國第二十八任總統，原是普林斯頓大學教授）稱此爲「他人無可忍受的人格」。倫理與宗教大致上成了星期天的事，週間則是賺錢的日子；其實人們賺錢無時無日不在進行，只是手段不致玷污人格罷了。因此，我們便看到一個奇怪的情況：人格無瑕的工廠老闆，不合理地剝削數千名的勞工。有趣的是，基本教義派——最強調個人人格習慣的新教形式——往往也是最具民族主義色彩和戰爭心態最濃的黨派；他們對任何促進中俄兩國與世界其他國家相互了解的形式，都激烈地反對。

對於這個倫理發展過程最重要的批評是，它並沒有眞正把人類的凝聚性含括在內。它所謂的「群衆」，在個人道德發展過程中的重要性，只是個人反對的對象，以及個人被告誡不可受影響的事物罷了。身爲樂於助人的合群動物，我們的「倫理」成就竟然只是從豐富的資產中，拿出杯水車薪換來的。既然這樣的「人格發展」與資本主義體系和賺錢的習性若合符節，於是有社會地位的人便永遠不會忘記，要與「比較不富裕的人」分享其財富。但是這很難瞞騙貧窮的人，也永遠無法讓我們脫離自己的個人主義軀殼。

我們所欠缺的是對他人的同理心；也就是認同黑人、囚犯、窮人等無權者的苦與樂。關心社會凝聚性的馬克思主義者，看重的自然是無產階級，而不是本位主義的中產和上流階級，於是獲得廣大群衆的追隨。難怪強調世界主義、兄弟情誼和同志關係的馬克思主義者，會擄獲這個世界的想像和感動，因爲這正是人心所向。

我們毋需——事實上也絕不可——放棄我們對整體與個體任何一方價值的關懷。我認爲，自文藝復興以來的個人成就，應該要與我們的新群性，以及願意爲同胞承擔的責任，取得一定程度的平衡。在大衆傳播媒體當道的今日，我們再也不能忘卻他們的需要了；忽略他們就是在表達我們的憎恨。相對於大愛，「了解」是人性的可能；我們應該以了解朋友的方式，來了解我們的敵人。了解是慈悲、同情與慈善的開始。

人類的潛能不只向上發展，同時也往下拓展範圍。就像貝利根說的：「往前跨出一步，同時也挖掘了人可以走出的深度。」我們將不再認爲，美德的獲取只是把罪惡抛卻，而倫理階梯上爬升的距離，也不是從有多少留在後面決定的。否則，善不再是善，只是人格中的自以爲是。同理，惡如果不靠善的能力來平衡，就只剩下無聊、乏味、懦弱和冷漠。事實上，我們每過一天都會對善惡更加敏感。這個辯證是人類創造力的根基。

我們得坦白承認，人類的邪惡能力需視我們對虛假無知的突破而定。只要我們仍舊單向思考，我們就會以無知遮掩我們的行爲。這種逃避良知的反歷史作爲已不再可能。

我們要爲自己的行動後果負責，也要盡可能地對這些後果保持警覺。

當善的能力增加時，惡的能力也隨之漸增，心理治療的案主要接受這個事實特別困難。案主已經十分習慣自己無能爲力，無論是像普莉西拉的眞正無能，或是像奧立佛把它當成必要的策略。對權力的直接覺察，會讓他們生命的方向失衡，他們也不知道**如果**承認了自己的邪惡該怎麼辦。普莉西拉無法想像自己眞能傷害別人和我這位治療師；她是如此慣於被人傷害。莫西荻只有小時候在貧民窟街坊的打鬥和歇斯底里中，或是對丈夫抓狂時，才能傷害別人。但是瘋狂或是歇斯底里，正是不願意認淸自己所爲的方式。

人若能了解自己和他人都具有陰暗面，明白原魔力量可以爲惡爲善，而且知道人不能拋棄它，沒有它也無法獨存，這就是很大的恩賜了。當他覺察到，自己的成就多半與由此原魔衝動引發的衝突密不可分時，也同樣是一樁幸福的事。生命是善惡的混合；沒有純粹的善這回事；如果沒有惡的潛能，也就沒有善的潛能。這就是人的經驗之所在。人生不是脫離惡，才成就善，而是**雖然有惡**，依然爲善。

註釋

①奧克拉荷馬大學規劃執行委員會（University of Oklahoma Executive Planning Committee），《大學的未來》（*The Future of the University: A Report to the People*），克里斯譚森（Gordon A. Christenson）主編，Norman, Okla.: University of Oklahoma Press, 1969。這些委員會的計劃非常有趣，每個委員會研究的都不是自己在大學裡的專長，如人文或法律等，而是另一個領域。規劃者相信，各小組在不用爲自己辯護的領域中，能夠表現得最好。因此他們將權力中的競爭性，拿掉了相當一部分。

②布柏，〈權力與愛〉，收錄在《人文信仰》（*A Believing Humanism*），New York: Simon and Schuster, 1967, p. 45。

③布魯諾斯基，《暴力的容顏》，增訂版，pp.161-62。他又加了一句：「多年的絕望情緒終了時，在你的內心只有人性長得像草葉片一樣高。」

④錄自《詩選》（*Complete Poetry and Selected Prose of John Donne and Complete Poetry of William Blake*），New York: Modern Library, 1941, p.598。

⑤丹尼爾・貝利根，《人性無限》（*No Bars to Manhood*），New York: Bantam Books, 1971, p.97。

內容簡介

關於「權力」的本質，羅洛・梅如是說：「權力是一切生物的根本。尤其是人類，在每次與天、地、人的競爭中，都必須運用權力並面對挑戰的勢力……文明就是這樣的成果之一。」但許久以來，多少人假「權力」之名，行「暴力」之實？是其他人遮住眼睛、摀著耳朵假裝看不見、聽不到，還是他們果眞無邪、無知甚或無能？作者深入探究人之所以爲人的意義，揭露權力心理學的重要面向，欲透析「暴力和無知有關係嗎？無知必然會埋葬自己嗎？被剝奪者有能力時，如何將自己的暴力轉向建設性的用途，將夢想和靈視轉向社會和個人的利益？」如此龐大但必須正視的人類難題。

現代人熱中競爭、冷漠無情、習慣暴力，已將暴力視爲一種生活方式，然而，它畢竟是一種「症狀」，並且有許多變型，但卻也必然會啓動某些希望來改善現況；因爲，權力是人類自尊的源頭，是每個人必然的天賦。在這本深具衝擊性的書中，羅洛・梅論證權力的新觀點，並提出視權力爲判定善惡基礎的新倫理。他從價值的渴求、瘋狂、語言、無能、權力與愛、存在的力量、侵略、戰爭中的狂喜、毀滅與創生的暴力，談到文明需要反叛者、邁向人類新倫理，條分縷析地探索暴力的來源與本質，行文中不變的是他對現代人心靈困境的關懷，與爲之共同尋找出路的邀請。

暴力不只存在於社會新聞、電視畫面、遠方戰火或電玩遊戲中，因爲我們可能正是別人眼中的黑人、女性、罪犯、精神病患、越戰軍人、異教徒或掌權者。暴力不歇，但這不是宿命，保持清醒，告別無知，透過有力量的溝通、愛和慈悲就有可能化解。「人生不是脫離惡，才成就善，而是雖然有惡，依然爲善。」羅洛・梅如是總結。

作者

羅洛・梅（Rollo May）

美國存在心理學家，一九〇九年生。幼年命運多舛，雙親長期不合，終至離異，姊姊曾不幸精神崩潰。大學因參與激進學生刊物遭退學。另行入學畢業後，赴希臘三年，任大學英文教席，並隨阿德勒（Alfred Adler）短期研習。返美後，旋入聯合神學院，與存在主義神學家田立克（Paul Tillich）以師友相交，深受其思想啓迪。

梅年輕時甚爲結核病所苦，不得不入療養院靜養三年，然此病反成爲其生命轉捩點。面對死亡、遍覽群籍之餘，梅尤其耽讀存在主義宗教思想家齊克果（Kierkegaard）之著作。出院之後，入懷特學院（White Institute）攻讀精神分析，遇蘇利文（Harry Stack Sullivan）與佛洛姆（Erich Fromm）等人，終於一九四九年獲得紐約哥倫比亞大學首位臨床心理學博士學位。他是一位受歡迎的演講者，同時在哈佛、耶魯和普林斯頓大學任教，並曾擔任懷特學院的訓練兼主任分析師。畢生致力於將存在心理學引入美國，一九九四年病逝於加州。

譯者

朱侃如

中興大學外文系學士，美國天普大學新聞碩士。譯有《神話》、《坎伯生活美學》、《千面英雄》、《女性主義》、《維根斯坦》、《榮格心靈地圖》、《哭喊神話》、《權力與無知》（皆立緒文化）等書。

責任編輯

馬興國

中興大學社會系畢業，資深編輯。

國家圖書館出版品預行編目 (CIP) 資料

權力與無知：羅洛．梅經典／羅洛．梅（Rollo May）著；朱侃如譯.
-- 二版. -- 新北市新店區：立緒文化，民 105.09
面；　公分. --（新世紀叢書；127）
譯自：Power and Innocence: A Search for the Sources of Violence

ISBN 978-986-360-068-8（平裝）

1. 權力

571.9　　105015311

權力與無知：羅洛．梅經典

Power and Innocence: A Search for the Sources of Violence

出版——立緒文化事業有限公司（於中華民國 84 年元月由郝碧蓮、鍾惠民創辦）
作者——羅洛．梅（Rollo May）
譯者——朱侃如

發行人——郝碧蓮
顧問——鍾惠民

地址——新北市新店區中央六街 62 號 1 樓
電話——(02) 2219-2173
傳真——(02) 2219-4998
E-mail Address —— service@ncp.com.tw
劃撥帳號—— 1839142-0 號 立緒文化事業有限公司帳戶
行政院新聞局局版臺業字第 6426 號

總經銷——大和書報圖書股份有限公司
電話——(02) 8990-2588
傳真——(02) 2290-1658
地址——新北市新莊區五工五路 2 號
排版——伊甸社會福利基金會附設電腦排版
印刷——祥新印刷股份有限公司

法律顧問——敦旭法律事務所吳展旭律師

分類號碼—— 571.9
ISBN —— 978-986-360-068-8
出版日期——中華民國 92 年 9 月～ 96 年 12 月初版 一～二刷（1 ～ 5,000）
中華民國 105 年 9 月～ 106 年 5 月二版 一～二刷（1 ～ 1,500）
中華民國 109 年 7 月二版 三刷（1,501 ～ 2,200）

定價◎ 350 元（平裝）

立緒文化事業有限公司　信用卡申購單

■信用卡資料

信用卡別（請勾選下列任何一種）

□VISA　□MASTER CARD　□JCB　□聯合信用卡

卡號：________________

信用卡有效期限：______年______月

訂購總金額：________________

持卡人簽名：________________（與信用卡簽名同）

訂購日期：______年______月______日

所持信用卡銀行________________

授權號碼：________________（請勿填寫）

■訂購人姓名：________________ 性別：□男□女

出生日期：______年______月______日

學歷：□大學以上□大專□高中職□國中

電話：________________ 職業：________________

寄書地址：□□□

____

■開立三聯式發票：□需要　□不需要（以下免填）

發票抬頭：________________

統一編號：________________

發票地址：________________

■訂購書目：

書名：________、______本。書名：________、______本。

書名：________、______本。書名：________、______本。

書名：________、______本。書名：________、______本。

共______本，總金額________________元。

⊙請詳細填寫後，影印放大傳真或郵寄至本公司，傳真電話：(02)2219-4998

心理學與哲學思考

羅洛・梅 Rollo May

愛與意志：羅洛・梅經典

生與死相反，
但是思考生命的意義
卻必須從死亡而來。

ISBN:978-986-360-140-1
定價：420元

自由與命運：羅洛・梅經典

生命的意義除了接納無
可改變的環境，
並將之轉變為自己的創造外，
別無其他。
中時開卷版、自由時報副刊
書評推薦
ISBN:978-986-6513-93-0
定價：360元

創造的勇氣：羅洛・梅經典

若無勇氣，愛即將褪色，
然後淪為依賴。
如無勇氣，忠實亦難堅持，
然後變為妥協。

中時開卷版書評推薦
ISBN:978-986-6513-90-9
定價：230元

權力與無知：羅洛・梅經典

暴力就在此處，
就在常人的世界中，
在失敗者的狂烈哭聲中聽到
青澀少年只在重蹈歷史的覆轍。

ISBN:978-986-3600-68-8
定價：350元

哭喊神話

呈現在我們眼前的....
是一個朝向神話消解的世代。
佇立在過去事物的現代人，
必須瘋狂挖掘自己的根，
即便它是埋藏在太初
遠古的殘骸中。

ISBN:978-986-3600-75-6
定價：380元

焦慮的意義：羅洛・梅經典

焦慮無所不在，
我們在每個角落
幾乎都會碰到焦慮，
並以某種方式與之共處。

聯合報讀書人書評推薦
ISBN:978-986-360-141-8
定價：420元

尤瑟夫・皮柏 Josef Pieper

二十世紀最重要的哲學著作之一

閒暇：一種靈魂的狀態 誠品好讀重量書評推薦

Leisure, The Basis of Culture
德國當代哲學大師經典名著

本書摧毀了20世紀工作至上的迷思，
顛覆當今世界對「閒暇」的觀念
閒暇是一種心靈的態度，
也是靈魂的一種狀態，
可以培養一個人對世界的關照能力。

ISBN:978-986-360-107-4
定價：280元

大譜文化閱讀卡

姓　名：

地　址：□□□

電　話：(　　)　　傳　眞：(　　)

E-mail：

您購買的書名：＿＿＿＿＿＿＿＿＿＿＿＿＿＿＿＿

購書書店：＿＿＿＿＿＿市（縣）＿＿＿＿＿＿＿＿＿書店

■您習慣以何種方式購書？

□逛書店 □劃撥郵購 □電話訂購 □傳真訂購 □銷售人員推薦
□團體訂購 □網路訂購 □讀書會 □演講活動 □其他＿＿＿＿

■您從何處得知本書消息？

□書店 □報章雜誌 □廣播節目 □電視節目 □銷售人員推薦
□師友介紹 □廣告信函 □書訊 □網路 □其他＿＿＿＿＿＿

■您的基本資料：

性別：□男 □女　婚姻：□已婚 □未婚　年齡：民國＿＿＿＿年次

職業：□製造業 □銷售業 □金融業 □資訊業 □學生
□大眾傳播 □自由業 □服務業 □軍警 □公 □教 □家管
□其他＿＿＿＿＿＿＿＿＿＿＿＿＿＿＿＿

教育程度：□高中以下 □專科 □大學 □研究所及以上

建議事項：

愛戀智慧 閱讀大師

廣告回信
北區郵政管理局登記證 北臺字8448號
免貼郵票

立緒文化事業有限公司 收

新北市 2 3 1

新店區中央六街62號一樓

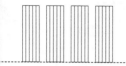

請沿虛線摺下裝訂，謝謝！

立緒文化 閱讀卡

感謝您購買立緒文化的書籍

為提供讀者更好的服務，現在填妥各項資訊，寄回閱讀卡（免貼郵票），或者歡迎上網http://www.facebook.com/ncp231即可收到最新書訊及不定期優惠訊息。